Michael Bröning, Holger Weiss (Hg.)

Politischer Islam in Westafrika

Afrikanische Studien

Band 30

LIT

Michael Bröning, Holger Weiss (Hg.)

Politischer Islam in Westafrika

Eine Bestandsaufnahme

LIT

Umschlagbild: DPA

Bibliografische Information Der Deutschen Bibliothek
Die Deutsche Bibliothek verzeichnet diese Publikation in der Deutschen Nationalbibliografie; detaillierte bibliografische Daten sind im Internet über http://dnb.ddb.de abrufbar.

ISBN 3-8258-9349-9

Auslieferung/Verlagskontakt:
Grevener Str./Fresnostr. 2 48159 Münster
Tel. +49 (0)251–62 03 20 Fax +49 (0)251–23 19 72
e-Mail: lit@lit-verlag.de http://www.lit-verlag.de

Inhalt

Einleitung
Politischer Islam in Westafrika

Michael Bröning

Der Begriff „Politischer Islam" ist zu einem Reizwort politischer Debatten in der Bundesrepublik geworden – und auf Reizworte wird in der Regel mit Reflexen reagiert. In der medialen und auch fachpolitischen Debatte haben sich dabei in den letzten Jahren zwei Extrempositionen herauskristallisiert, die das Spektrum der öffentlichen Meinung begrenzen: Die eine postuliert eine weitgehende Unvereinbarkeit „islamischer Werte" mit als „westlich" begriffenen Konzepten wie Pluralismus, Demokratie und Rechtstaatlichkeit. Dagegen plädiert die andere kategorisch und pauschal für eine „Verständigung" mit lediglich missverstandenen „islamischen" Akteuren.

Es gehört zu den Besonderheiten der Debatten innerhalb dieses Spektrums, dass sie mit großer moralischer und ideologischer Vehemenz geführt werden und immer wieder zu einem wahren – fast möchte man sagen – Glaubenskrieg ausarten. Doch kann eine solche ideologische Überfrachtung tatsächlich überraschen? Schließlich ist der Diskussionsgegenstand „Islam" äußerst unklar definiert, gleichzeitig aber von enormer politischer Brisanz. Noch bestimmender scheint jedoch der identitätsstiftende Aspekt dieser Diskussionen: Schließlich definiert jede Kategorisierung des „Anderen" zugleich auch das eigene Selbstverständnis und erschwert so eine distanziert-nüchterne Bestandsaufnahme und eine vorurteilsfreie Analyse. So scheint es, dass sich die geführte Diskussion immer wieder an den oben umrissenen Kristallisationspunkten polarisiert und die Spannung zwischen islamophilen Vereinfachungen und islamophoben Horrorszenarien nur selten überwindet.[1]

Charakteristisch für die geführte Debatte ist dabei zugleich die analytische Fixierung auf eine sehr begrenzte Auswahl von Akteuren. „Der Islam" wird dabei immer wieder mit der „arabischen Welt" gleichgesetzt, der auch unreflektiert Staaten wie die Türkei oder der Iran zugeordnet werden. Andere historische Ausprägungen, wie etwa islamische Traditionen Südostasiens oder einzelner Regionen Afrikas, verschwinden dabei oft aus dem Blickfeld. Sie werden bestenfalls in Fußnoten behandelt und als nicht verallgemeinerungsfähige Sonderfälle den Spezialisten überlassen. So wird letztlich ein einziger „typischer" Islam

1 Vgl. Jörg Späte: Dialog mit moderaten Islamisten. In: Zeitschrift Entwicklungspolitik, 21, 2005, S. 42.

konstruiert, mit dem die Auseinandersetzung, bzw. – je nach Perspektive – der Dialog zu führen ist.

Bedauerlicherweise wird in dieser Diskussionskultur oft übersehen, wie facettenreich das Spektrum innerhalb der islamischen Welt ausfällt und wie intensiv inner-islamische Auseinandersetzungen um jede Art von religiös-politischer Deutungshoheit geführt werden. Eben dies ist für „den Islam“ jedoch durchaus bezeichnend. Der aktuelle Hinweis der *Foreign Affairs* auf den „Zusammenprall zweier konkurrierender Ideologien innerhalb der Islamischen Welt“ und den dort geführten „Krieg der Ideen“ in bezug auf die Vereinbarkeit von islamischen und säkularen Werten wird durch die martialische Formulierung nicht unrichtiger, sondern weist in die richtige Richtung.[2] Bei der undifferenzierten Konstruktion eines monolithischen Islam als Partner, bzw. Gegner „des Westens“ bleibt dabei zudem allzu oft unbeachtet, dass eine solche Definition letztlich die Position radikaler Islamisten aufgreift. Schließlich ist es grade diesen Akteuren ein Anliegen, islamische Spektren und Variationen einzuschränken, vielseitige islamische Traditionen aus ihren jeweiligen lokalen Kontexten zu lösen, und eine von jeder „unislamischen Neuerung gereinigte“ Version des Islam als einzig mögliche zu präsentieren.[3] Kategorisch argumentierende Beobachter des „Westens“ wirken dabei bisweilen nahezu als Spiegelbild ihrer ebenso kategorisch argumentierenden Gegner in der Islamischen Welt.

Obwohl sich die Beschäftigung mit dem „Politischen Islam“ in den vergangenen Jahren weitgehend auf den Nahen- und Mittleren Osten sowie auf Nordafrika und vereinzelt Südostasien beschränkt hat, geriet auch Subsahara-Afrika Ende der 1990er Jahre für einen kurzen Moment ins Zentrum des Interesses. Ursache hierfür waren die Terroranschläge des Jahres 1998 in Kenia und Tansania, die das Themenfeld „Islam in Ostafrika“ scheinbar unvermittelt auf die politische Agenda setzten.[4] Bezogen auf das westliche Afrika sorgten Unruhen im Vorfeld

---

2 Im Original Englisch. Vgl. Zeyno Baran: Fighting the War of Ideas. In: Foreign Affairs (84, Nr. 6), November/December 2005, S. 68. Deutlich wird allerdings auch hier eine recht simple Darstellung der inner-islamischen Auseinandersetzungen sowie der fast schon klassisch zu nennende Versuch, Phänomene des aus US-Sicht so wahrgenommenen „War on Terror“ durch eine Terminologie des Kalten Krieges begreifbar zu machen. So definiert Baran etwa die islamistische *Hisb ut-Tahrir* (Partei der Befreiung) als „Islam's Bolsheviks“. Ibid., S. 70.

3 Mohammed Ayoob: The Future of Political Islam: The Importance of External Variables. In: International Affairs (81, Nr. 5), Oktober 2005, S. 953.

4 Obwohl heute interreligiöse Spannungen in Kenia und Tansania zunehmen, ist die Bedeutung islamistischer Akteure in Ostafrika nach wie vor eher gering. Siehe Jeffrey Haynes: Islamic Militancy in East Africa. In: Third World Quarterly (26, Nr. 8), Winter 2005, S. 1323-1339. Wie im westlichen Afrika gilt auch im östlichen Teil des Kontinents, dass religiöse Spannungen vor allem innerhalb der religiösen Gemeinschaften ausgetragen werden. Vgl. Dominic Johnson: Politischer Islam und christlicher Fundamentalismus – Herausforderungen für das östliche Afrika. Kurzbericht aus der internationalen Entwicklungszusammenarbeit der Friedrich-Ebert-Stiftung, Januar 2004.

der Miss-World-Wahlen 2002 in Kaduna (Nigeria) und vereinzelt in westlichen Medien aufgegriffene umstrittene *Shari'a*-Urteile für kurzfristig erhöhte Aufmerksamkeit. Eine umfassende Auseinandersetzung mit Ausprägungen des Islam als politischem Faktor in Afrika blieb jedoch aus. Dabei ist eine Renaissance des Religiösen nicht nur im Nahen- und Mittleren-Osten und etwa in den Vereinigten Staaten, sondern eben auch in Afrika zu beobachten.[5] Zudem sind gerade Gesellschaften des westlichen Afrika besonders stark durch islamische Traditionen geprägt. Dies ist nicht nur aber doch zum großen Teil durch das beträchtliche demographische Gewicht der Muslime in der Subregion zu erklären: Nahezu ein Drittel aller Muslime des afrikanischen Kontinents leben heute in den Staaten des westlichen Afrikas und Muslime stellen dort in zahlreichen Staaten entweder eine absolute oder doch zumindest eine relative Bevölkerungsmehrheit.

Vor diesem Hintergrund will der vorliegende Sammelband zu einem besseren Verständnis und zu einer differenzierteren Wahrnehmung des „Politischen Islam" als gesellschaftlichem Faktor im westlichen Afrika beitragen. Dies auch angesichts der Tatsache, dass die Islamwissenschaft in Deutschland sich bisher eher zögerlich mit Entwicklungen des Islam in Afrika auseinandergesetzt hat.[6] Die oben umrissene Dichotomie in bezug auf eine Auseinandersetzung mit islamischen Phänomenen ist naturgemäß auch im Hinblick auf das westliche Afrika zu beobachten. Traditionell wird „der Islam" in Westafrika dabei stärker als ein „weniger orthodoxer" und letztlich „friedlicherer" *Islam Noire* beschrieben, der sich grundlegend vom „arabischen Islam" unterscheidet. Sicher wäre es unsinnig, spezifische Charakteristika des Islam in Westafrika zu leugnen – aber eine solche Einschätzung erscheint doch als zu pauschal.[7]

Ziel des vorliegenden Bandes ist demnach eine Bestandsaufnahme des „Politischen Islam" im westlichen Afrika, die sowohl auf traditionelle Strukturen als auch auf aktuelle Entwicklungen eingeht. Dabei wird unter dem Begriff „Politischer Islam" ein weites Feld von „geistlichen und weltlichen Akteuren des Islam" verstanden, die für eine – wie auch immer geartete – politische Wirkung des kultu-

---

5 Vgl. etwa Stephen Ellis und Gerrie Ter Haar: Worlds of Power – Religious Thought and Political Practice in Africa. Oxford 2004. Eine Ausnahme bildet etwa die GTZ-Eigenmaßnahme „TZ und Islam in Afrika". Siehe Elvira Ganter: Entwicklungszusammenarbeit in islamisch geprägten Ländern. Eschborn 2005.

6 Eine Ausnahme bildet hier sicherlich der Afrikaschwerpunkt der Islamwissenschaft der Universität Bayreuth.

7 Zudem ist sie ideengeschichtlich im Kolonialismus verwurzelt. Vgl. Roman Loimeier: Gibt es einen afrikanischen Islam? Die Muslime in Afrika zwischen lokalen Lehrtraditionen und translokalen Rechtleitungsansprüchen. In: afrika spectrum (37), 2002, S. 175-188.

rell-religiösen Phänomens „Islam“ verantwortlich sind.[8] Identifiziert werden sollen insbesondere relevante Akteure, ihre politischen Agenden sowie ihre gesellschaftspolitische Bedeutung.[9] Obwohl die vorliegenden Beiträge sich schwerpunktmäßig mit der Bedeutung des „Politischen Islam“ befassen, gehen doch fast alle zugleich auch auf das Verhältnis von islamischen zu christlichen Akteuren ein. Diese haben im Rahmen der religiösen Renaissance auch in Westafrika erheblich an Bedeutung gewonnen und sind grade in Form pfingstkirchlicher Organisationen heute deutlich stärker wahrnehmbar als noch vor einigen Jahren.[10]

Naturgemäß finden sich in einem geographisch und ethnisch so heterogenen Raum wie der Subregion Westafrika eine Vielzahl von unterschiedlichen politischen und sozialen Entwicklungen. Bei der Auswahl der hier zusammengefassten Beiträge wurde deshalb versucht, die Bandbreite der verschiedenen politischen Tendenzen zu erfassen. Die vorliegenden Beiträge beziehen sich dem gemäß zunächst auf zwei vorwiegend von Muslimen bewohnte Sahelstaaten: Mali und Senegal. Beide sind betont laizistisch aber dennoch – wenngleich in ganz unterschiedlichem Ausmaß – weitgehend von islamischen Organisationen und Bewegungen beeinflusst. Daneben werden zwei Staaten behandelt, in denen Muslime einen sehr bedeutenden Anteil an der Gesamtbevölkerung stellen, deren politische Entwicklungen von dieser Situation jedoch auf völlig unterschiedliche Arten geprägt werden: Côte d'Ivoire und Nigeria. Schließlich wird die Funktion und Bedeutung des „Politischen Islam“ in einem Staat untersucht, in dem Muslime nur eine Minderheit der Bevölkerung ausmachen: Ghana. Die einzelnen Beiträge verweisen dabei auf – nicht nur für den Laien – durchaus überraschende Ergebnisse.

In ihrem einführenden Beitrag zur „Historischen Entwicklung des Islam in Westafrika“ verweist Ursula Günther (Universität Hamburg) zunächst auf die religiöse Demographie des afrikanischen Kontinents, in dem die muslimische Bevölkerung mittlerweile etwa 50 Prozent der Gesamtbevölkerung ausmacht. In ihrer Rückschau zeichnet sie die wichtigsten historischen Entwicklungslinien nach, veranschaulicht die friedliche Ausbreitung des Islam in Westafrika durch

---

8 Vgl. Sabine Riedel: Der Islam als Faktor in der internationalen Politik. In: Aus Politik und Zeitgeschichte (37), Bonn 2003, S. 15ff. Die Forschung verweist häufig auf Mängel dieses Begriffs. Trotz aller Unzulänglichkeiten hat sich der Terminus „Politischer Islam“ jedoch in der öffentlichen Debatte weitgehend durchgesetzt.

9 Außer in Einzelfällen kann eine exakte Bezifferung etwa der Mitgliederstruktur islamischer Organisationen nicht geleistet werden, dies liegt in der Natur des Untersuchungsgegenstandes begründet. Vgl. David Westerlund & Eva Rosander: African Islam and Islam in Africa. London 1997, S. 308.

10 Vgl. hierzu Niels Kastfelt (Hg.): Scriptural Politics – the Bible and the Koran as Political Models in the Middle East and Africa. London, 2003.

Kopplung an Transsahara-Handelsrouten und stellt doch klar, dass der Islam in der Region „über Jahrhunderte ein rein urbanes Phänomen" blieb. Die Verwurzelung islamischer Glaubensinhalte in außerstädtische Bereiche gelang erst im 17./18. Jahrhundert und ging einher mit einer lokalen Kontextualisierung, die von orthodoxen Glaubensregeln im Einzelfall erheblich abweichen konnte. Ein eindrucksvolles Beispiel hierfür zitiert Günther etwa in der Praxis des islamischen Gelehrtenstaates *Masina,* in dem im 18. Jahrhundert Frauen eine derart bedeutende gesellschaftliche Stellung innehatten, „dass eine körperliche Züchtigung undenkbar" erschien und aus islamischem Recht abgeleitete Körperstrafen an Frauen statt am Körper der Delinquentin an einem ihrer Besitzgegenstände vollzogen wurde. So wurde zum Beispiel das Dach des Hauses exemplarisch gezüchtigt. „Der Effekt der Demütigung war der selbe", stellt Günther klar, und doch ist dieses Beispiel der pragmatischen Auslegung mit verbreiteten Überzeugungen über die Inflexibilität orthodoxer Glaubensinhalte kaum in Deckung zu bringen. Dabei begreift Günther diesen Fall als „nicht etwa nur typisch für Westafrika, sondern als ein Phänomen, dass sich überall in der muslimischen Welt beobachten lässt. Auch wenn es konservative Tendenzen innerhalb der muslimischen Orthodoxie gibt, die es lieber sähen, dass sich eine normative Lesart des Islam durchsetzt". Sind Vertreter solcher und vergleichbarer Strömungen die „natürlichen Verbündeten ‚des Westens' im Kampf um die Standortbestimmung des Islam in der Moderne"? Zumindest die US-amerikanische RAND-Corporation zeigt sich hiervon in einer aktuellen Studie überzeugt.[11]

Eine historische Perspektive wählt zunächst auch Holger Weiss (Universitäten Abo und Helsinki) in seinem Beitrag zum „Politischen Islam" und der Positionierung der muslimischen Minderheit in Ghana. Zwar existiere im gegenwärtigen politischen Diskurs des Landes durchaus ein latenter „Muslim Factor", doch dieser müsse eher als Versuch begriffen werden, ethnische Identitätsmuster auf lokaler Ebene durch eine religiöse Dimension der Identitätskonstruktion zu ersetzen: Eine einheitliche muslimische Gemeinschaft in Ghana existiert bislang ebenso wenig wie eine christliche. Als problematisch erscheint für Weiss in erster Linie eine ökonomische und politische Marginalisierung der muslimischen Minderheit, die sich durchaus in einem interreligiösen Konfliktpotential auf lokaler – nicht aber auf nationaler Ebene – niederschlägt. Diese Marginalisierung hängt kausal auch mit historisch ableitbaren Defiziten im Bildungsniveau der muslimischen Minderheit zusammen, die heute bezeichnenderweise grade von muslimischen Führern kritisiert werden. Mittlerweile gehen wichtige Impulse zur Überwindung von Analphabetismus und fehlender beruflicher Qualifikationen –

11 Angel M. Rabasa et.al. (Hg): The Muslim World after 9/11. Santa Monica 2004, S. 23.

auch von Mädchen – von muslimischen Würdenträgern aus. Trotz dieser Schwierigkeiten fällt das Resümee von Weiss grundsätzlich optimistisch aus: „The Muslim community in Ghana cannot be regarded as posing a threat to Ghanaian society or even challenging the secular order of the Ghanaian state. Muslim leadership has underlined time and again that their communities are an integrated part of Ghanaian society. Political issues, such as an attempt to introduce Muslim Law or even an Islamic Order are ruled out by the Muslim leadership."

Naturgemäß anders gelagert scheint die Position des „Politischen Islam" heute in Mali, wie der federführend von Hamidou Magassa verfasste Artikel zu „Islam und Demokratie in Westafrika – der Fall Mali" verdeutlicht. Der Beitrag beschreibt als Endprodukt eines inner-malischen Diskussionsprozesses die aktuelle Lage des „Politischen Islam" in einem Staat, der zu rund 90 Prozent von nominellen Muslimen bewohnt ist und in den vergangenen 15 Jahren eine bemerkenswerte demokratische Entwicklung durchlebt hat. Obwohl islamische Organisationen in einzelnen Sachfragen – wie zum Beispiel in der aktuellen Debatte zum Familienrecht – durchaus kritisch Position beziehen, gehen sie – so Magassa –„nicht soweit, den staatlichen Laizismus offen in Frage zu stellen". Vielmehr scheint es, dass die spezifisch malische Version eines „Laizismus ohne jeden antireligiösen Zug französischer Prägung", d.h. eines Laizismus, der für religiöse Artikulation und Entfaltung Spielräume gewährt, ein Arrangement der religiösen Kräfte mit der säkularen Republik ermöglicht. Deutlich wird zudem, dass der Dualismus zwischen säkularer Republik und islamischen Traditions- und Reformbewegungen zwar durchaus spannungsgeladen ausfällt aber sich dennoch nicht unbedingt als Kampf zweier Wertesysteme darstellt. Vielmehr erscheint er als Prozess der Austarierung, in dem beide Seiten in einzelnen Fragen bewusst Zurückhaltung üben. So verzichtet etwa der Staat in der Regel auf Interventionen in Konflikten innerhalb religiöser Strukturen – etwa in bezug auf die Besetzung von religiösen Ämtern. Im Gegenzug intervenierte der *Hohe Islamische Rat* des Landes gegen das Bestreben einzelner islamischer Verbände, die Präsidentschaftswahlen 2002 durch offene Wahlempfehlungen religiös zu polarisieren.

Ebenfalls bemerkenswert fällt Marie Mirans (SOAS London) Beitrag zur „Political Economy of Civil Islam in Côte d'Ivoire" aus. Viel ist angesichts der aktuellen Auseinandersetzungen in der Elfenbeinküste geschrieben worden über eine vorgebliche direkte Konfrontation zwischen „christlich animistischen Stämmen des Südens und der starken muslimischen Bevölkerungsgruppe des Nordens".[12] Miran verweist dagegen darauf, dass eine solche Wahrnehmung an den

12 Siehe etwa Peter Scholl-Latour: „Kampf der Kulturen" in Afrika. In: Welt am Sonntag, 12. Januar 2003.

Realitäten im Land vorbei geht, da im Süden längst mehr Muslime beheimatet sind als in den nördlichen Regionen der Côte d'Ivoire. Der Süden erscheint seit langem nicht mehr als „christliches Gegenstück" zu einem muslimischen Norden, sondern hat sich bevölkerungstechnisch und kulturell zum islamischen Zentrum eines – zumindest relativ – mehrheitlich muslimischen Staates entwickelt. Entgegen weitverbreiteten Stereotypen definiert Miran den aktuellen Konflikt konsequent als „not even remotely religious" und verweist auf die stabilisierende Rolle islamischer Organisationen in der gegenwärtigen politischen Situation: „Côte d'Ivoire's Islamic reform movement has repudiated the goal of an Islamic state, mobilized religiously ecumenical support, promoted women's rights, and championed republican and secular ideals. Muslim civic organizations, along with other religious and secular actors, are indispensable partners to reestablish the State's legitimacy and rebuild a more peaceful society."

Eine ähnlich überraschende Position bezieht auch Roman Loimeier (Universität Göttingen) in seinem Beitrag zum „‚Politischen Islam' in Contemporary Senegal". Ohne die Bedeutung der muslimischen Bruderschaften für das politische Leben Senegals herunterzuspielen, beschreibt Loimeier eine komplexe Neuaustarierung der Beziehungen zwischen muslimischen Bruderschaften und dem senegalesischen Staat. Diese Beziehungen waren seit Erlangung der Unabhängigkeit stets durch einen in beiderseitigem Interesse liegenden *„échange de services"* gekennzeichnet, der eine Kooperation mit dem säkularen Staat für die Bruderschaften attraktiv erschienen ließ. Diese Wechselbeziehung wurde unter der Präsidentschaft von Abdou Diouf ausgesetzt und erst von seinem Nachfolger in der *Présidence*, Abdoulaye Wade, wieder aufgenommen. Insbesondere verweist Loimeier auf eine weitgehende „fragmentation of authority" innerhalb der Sufi-Bruderschaften, die letztlich auch Konsequenzen für deren politische Wirkung nach sich zieht. So ist im Senegal zu beobachten, dass die politischen Wahlempfehlungen der Sufi-Führer in Form eines so genannten *Ndiggel* in den vergangenen Jahren – wie in der Präsidentschaftswahl 2000 – von den Wählern weitgehend ignoriert wurden. Diese Praxis der Verzahnung von Politik und Religion gilt heute als weitgehend gescheitert, obwohl sie traditionell als symptomatisch für das Verhältnis von Staat und Religion im Senegal wahrgenommen worden ist. Allerdings kann dies nicht als „Entpolitisierung" der ubiquitären Sufi-Bruderschaften verstanden werden. Loimeier macht vielmehr deutlich, dass vereinfachende Darstellungen, die in den Bruderschaften pauschal ein moderates Gegenstück zu radikaleren islamischen Akteuren sehen, zu kurz greifen. „Sufi relations with the state may appear ‚peaceful' at one moment, but transform with a turn in state policies into opposition and resistance". Und nicht nur das: „Seemingly ‚peaceful' Sufi sheikhs correspondingly have the potential to provide, under appropriate circumstances, a religio-dogmatic legitimization for Jihad, as their forebears did in respective contexts in the past". US-amerikanische Vorstellungen, in denen der sufistische Islam pauschal als „natürlicher Verbündeter des Westens"[13] eine bedeutende Rolle einnimmt, erscheinen vor diesem Hintergrund als durchaus zu hinterfragen.

Während für Loimeier gewalttätige Eskalationen eher als Möglichkeiten aufscheinen, bestimmen militante Formen des „Politischen Islam" in Nigeria seit Jahren die Entwicklung des Landes. In seinem Beitrag begreift Ousmane Kane (Columbia University) sich radikalisierende Tendenzen der Islamisierung des öffentlichen Lebens allerdings nicht als „neue Front im globalen Krieg gegen den Terror", sondern als Reaktion auf den Verlust von realem politischem Einfluss nördlicher Eliten seit dem Amtsantritt von Präsident Obasanjo. „Discontented Northern elites lobbied for the reenactment of the *Shari'a* as an attempt to destabilize Obasanjo's government. They strove to promote the theological aspects of Islam as a religion in order to preserve their own influence." Das Eskalationspotential interreligiöser Konflikte – vor allem in Norden des Landes – scheint angesichts dieser Instrumentalisierung durchaus brisant. Derartige Konflikte sollten – laut Kane – jedoch als das verstanden werden, was sie sind: Primär interne Auseinandersetzungen um politische Vormacht. „There is no evidence that links Nigerian Islamic politics to an international jihadist agenda, primarily targeting Western interests or pro-Western governments in the Muslim world."

Diese Einschätzung widerspricht offen Hypothesen über ein wachsendes Engagement des Netzwerkes *„Al Qaida"* und anderer islamistischer Organisationen im westlichen Afrika, die grade in den USA häufig zu hören sind. So haben gravierende Sicherheitsbedenken die US-Regierung in den vergangenen Monaten dazu bewogen, ihr militärisches Engagement im westlichen Afrika deutlich auszubauen. Hervorzuheben sind hier im wesentlichen die Pan-Sahel-Initiative (PSI), die ein militärisches Training der Armeen von Algerien, Mali, Niger und Tschad vorsieht, sowie die *Trans-Sahara Counterterrorism Initiative,* die insgesamt zehn Staaten Nord- und Westafrikas umfasst, deren Finanzierung jedoch noch nicht garantiert ist.[14] Sicher ist die positive Reaktion der betroffenen Staaten auf diese Initiativen in erster Linie der Attraktivität einer kostengünstigen Qualifikations-

13 Rabasa, op.cit., S. 23.

14 Anthony Lake et. al.: More Than Humanitarianism – A Strategic U.S. Approach Toward Africa. Council on Foreign Relations, Washington 2005, S. 57. Jüngstes Beispiel für ein gemeinsames militärisches Training von US-Kräften und Militärs westafrikanischer Staaten war die Operation „Flintlock" im Juni 2005.

maßnahme für lokale Streitkräfte zuzuschreiben.[15] Darüber hinaus jedoch ist zu berücksichtigen, dass die Bestätigung angenommener islamistischer Aktivitäten im westlichen Afrika längst auch von einzelnen Staaten gezielt eingesetzt wird, um Aufmerksamkeit und Hilfsbereitschaft bei westlichen Geldgebern zu erhöhen, die nur zu gerne bereit sind, einer befürchteten islamistischen Eskalation durch großzügige Unterstützungsmaßnahmen entgegenzuwirken.[16]

Während Ousmane Kane die aktuelle Entwicklung in Nigeria eher auf einer Makro-Ebene behandelt, nähert sich Franz Kogelmann (Universität Bayreuth) der Thematik analytisch stärker auf einer Mikroebene und wirft ein erhellendes Schlaglicht auf die aktuelle Debatte um die Einführung der *Shari'a* in Nigeria. In der Summe zeichnen beide Beiträge komplementär ein tiefenscharfes Bild der derzeitigen Lage. Kogelmann zeigt zum einen, dass „die anfängliche Euphorie vieler Muslime Nigerias für das *Shari'a*-Projekt" mittlerweile einer „weitgehenden Desillusionierung gewichen" ist. Darüber hinaus konstatiert er vor dem Hintergrund der *Shari'a*-Debatten einen tiefgreifenden Bedeutungsverlust des traditionellen religiösen Establishments im zeitgenössischen Nigeria: So findet sich religiöse Deutungshoheit heute mehr und mehr bei sich religiös definierenden Politikern sowie einem „islamischen Neo-Establishment".

Welche vorläufigen Schlüsse sind aus dieser Bestandsaufnahme des „Politischen Islam" im westlichen Afrika nun zu ziehen? Bei aller gegebenen Vorsicht scheint zum einen deutlich zu werden, dass ein grundsätzlicher Widerspruch zwischen demokratischer Entwicklung und muslimischer Bevölkerungsstruktur ausgeschlossen werden kann. Obwohl demokratische Prozesse – etwa im Senegal und in Mali – sicher nicht in jeder Nuance mit demokratietheoretischen Ansprüchen in Deckung zu bringen sind, haben sich doch in beiden Staaten robuste demokratische Gesellschaftsformen einer „islamischen Demokratie" gebildet, die an einer laizistischen Verfassung festhalten. Als charakteristisch kann hier insbesondere der dezidiert nicht „anti-religiöse Laizismus" beider Staaten betrachtet werden, der eine gewisse Entfaltung politisch-islamischer Tendenzen innerhalb der republikanischen Gesellschaftsordnung zulässt, dabei aber zugleich durchaus konsequent etwa die Gründung offizieller islamischer Parteien verhindert. Aufschlussreich fällt in diesem Zusammenhang ein Vergleich mit Maghrebstaaten aus, in denen die Einbindung von gemäßigten Islamisten die Erfolgsaussichten

15 Persönliche Kommunikation von Verteidigungsminister a.D. Zeiny Moulaye mit dem Autor am 7. Juli 2006 in Bamako.

16 International Crisis Group: Islamist Terrorism in the Sahel: Fact or Fiction? Africa Report Nr. 92, Brüssel 2005, S. 3.

von Demokratisierungsprozessen offenbar durchaus begünstigt.[17] Dagegen scheinen repressive Systeme – bzw. eine politische Marginalisierung von Muslimen – radikale Tendenzen des „Politischen Islam" eher zu fördern. Ohne naiv eine treuherzig-arglose Herangehensweise auch an radikale Formen des „Politischen Islam" zu empfehlen, scheint doch eine *kritische* Gewährung von Entfaltungsmöglichkeiten – wie in vielen Staaten Westafrikas praktiziert – grundsätzlich als gangbarer Weg. Allerdings kann aus den hier zusammengetragenen Beiträgen keine pauschale Richtungsempfehlung abgeleitet werden, wie auf Tendenzen des radikalen Islam im Einzelfall zu reagieren ist. Dies mag unbefriedigend sein, trägt jedoch der Komplexität der Situation in den einzelnen Gesellschaftssystemen Rechnung. Denn in jedem Fall erscheint es angebracht, den analytischen Blick in bezug auf „den Islam" in Westafrika zu schärfen. Dies auch und vor allem für die tatsächliche Vielzahl islamisch argumentierender Akteure und die wahren Ursachen lokal ausbrechender Konflikte. Wenn der vorliegende Sammelband hierzu einen Beitrag leistet, hat er seine Aufgabe erfüllt.

17 John P. Entelis: The Democratic Imperative vs. the Authoritarian Impulse: The Maghrib State between Transition and Terrorism. In: The Middle East Journal (59, 4), Herbst 2005. Isabelle Werenfels: Vom Umgang mit Islamisten im Maghreb. Stiftung Wissenschaft und Politik, Berlin 2005. Eine Gegenposition findet sich etwa bei F. Gregory Gause III: "Can Democracy Stop Terrorism?" In: Foreign Affairs (84, Nr. 5), September/Oktober 2005, S. 62f.

Literatur

Mohammed Ayoob: The Future of Political Islam – The Importance of External Variables. In: International Affairs (81, Nr. 5), Oktober 2005, S. 953ff.

Zeyno Baran: Fighting the War of Ideas. In: Foreign Affairs (84, Nr. 6), November/ December 2005, S. 68 ff.

Stephen Ellis und Gerrie Ter Haar: Worlds of Power – Religious Thought and Political Practice in Africa. Oxford 2004.

John P. Entelis: The Democratic Imperative vs. the Authoritarian Impulse: The Maghrib State between Transition and Terrorism. In: The Middle East Journal (59, Nr. 4), Herbst 2005.

Elvira Ganter: Entwicklungszusammenarbeit in islamisch geprägten Ländern. Eschborn 2005.

Gregory Gause III: „Can Democracy Stop Terrorism?" In: Foreign Affairs (84, Nr. 5), September/Oktober 2005, S. 62ff.

Jeffrey Haynes: Islamic Militancy in East Africa. In: Third World Quarterly (26, Nr. 8), Winter 2005, S. 1323-1339.

International Crisis Group: Islamist Terrorism in the Sahel: Fact or Fiction? Africa Report Nr. 92, Brüssel 2005.

Dominic Johnson: Politischer Islam und christlicher Fundamentalismus – Herausforderungen für das östliche Afrika. Kurzbericht aus der internationalen Entwicklungszusammenarbeit der Friedrich-Ebert-Stiftung, Januar 2004.

Niels Kastfelt (Hg.): Scriptural Politics – the Bible and the Koran as Political Models in the Middle East and Africa. London 2003.

Anthony Lake et. al.: More Than Humanitarianism – A Strategic U.S. Approach Toward Africa. Council on Foreign Relations, Washington 2005.

Roman Loimeier: Gibt es einen afrikanischen Islam? Die Muslime in Afrika zwischen lokalen Lehrtraditionen und translokalen Rechtleitungsansprüchen. In: afrika spectrum (37), 2002, S. 175-188.

Angel M. Rabasa et.al. (Hg): The Muslim World after 9/11. Santa Monica 2004.

Sabine Riedel: Der Islam als Faktor in der internationalen Politik. In: Aus Politik und Zeitgeschichte (37), Bonn 2003, S. 15ff.

Peter Scholl-Latour: „Kampf der Kulturen" in Afrika. In: Welt am Sonntag, 12. Januar 2003.

Jörg Später: Dialog mit moderaten Islamisten. In: Zeitschrift Entwicklungspolitik, 21, 2005, S. 42.

Isabelle Werenfels: Vom Umgang mit Islamisten im Maghreb. Stiftung Wissenschaft und Politik, Berlin 2005.

David Westerlund & Eva Rosander: African Islam and Islam in Africa. London 1997.

Historische Entwicklung des Islam in Westafrika – ein Abriss

Ursula Günther

1. Einleitung

Die Bedeutung des Islam in Afrika lässt sich zunächst anhand von Zahlen illustrieren: Die muslimische Bevölkerung Afrikas stellt inzwischen ungefähr die Hälfte der Gesamtbevölkerung des Kontinents.[1] Von den ca. 409 Millionen MuslimInnen[2] leben etwa 143 Millionen im Maghreb und in Ägypten, die restlichen zwei Drittel leben südlich der Sahara, fast ein Drittel davon (132 Millionen) in den Ländern Westafrikas. Außer in Benin, Ghana, Liberia und Togo bilden sie dort eine relativ klare Mehrheit der Bevölkerung. In Ostafrika leben 90 Millionen MuslimInnen (circa 21 % der Bevölkerung), in Zentralafrika (inklusive Sudan) sind es mit über 43 Millionen etwa 10%. Im südlichen Afrika, und hier insbesondere in Südafrika, stellen MuslimInnen mit knapp 1 Million eine verschwindend geringe, in politischer und gesellschaftlicher Hinsicht jedoch sehr einflussreiche Minderheit.

In den Ländern des Nordens (Ägypten, Libyen, Tunesien, Algerien, Marokko) ist der Islam Staatsreligion. Im subsaharischen Afrika ist dies nur noch im Sudan und den Bundesstaaten im Norden Nigerias der Fall, das mit über 128 Millionen Einwohnern das bevölkerungsreichste muslimische Land des Kontinents ist.

Selbstverständlich geben diese Zahlen weder Auskunft über Religiosität oder gar deren Grad, geschweige denn über die Zugehörigkeit zu einem bestimmten Dogma, einer Rechtsschule, einer Bruderschaft und den damit verbundenen Lesarten und Interpretationen des Islam oder gar über politische und/oder islamis-

1 Aktuelle Daten zur Bevölkerung Afrikas, die auch Auskunft über den prozentualen Anteil an MuslimInnen geben, finden sich in den jeweiligen Länderartikeln des CIA World Factbook und beziehen sich auf 2005. Allerdings sind nicht alle Angaben zur muslimischen Bevölkerung auf dem neuesten Stand. Vgl. http://www.cia.gov/cia/publications/factbook/index.html (letzter Zugriff am 28.11.2005). Laut UNO beträgt die Bevölkerung Afrikas im Jahr 2005 905.936, das entspricht einer Differenz zum World Factbook von 19,08 Millionen. Vgl. http://esa.un.org/unpp/ (letzter Zugriff 28.11.2005). Grundsätzlich gilt zu bedenken, dass diese Zahlen eher Annäherungswerte darstellen und Angaben zu religiösen Gruppen häufig je nach politischer Großwetterlage variieren, ganz davon abgesehen, dass manche statistische Erhebungen für einige Länder nicht allzu aktuell sind.

2 Zur Schreibweise des I in der Wortmitte: Wenn kein neutraler Begriff vorhanden ist, verwende ich diese Schreibweise, die beide Geschlechter mit einem Ausdruck umfasst. Wird nur die feminine oder maskuline Form verwendet, so ist auch nur das jeweilige Geschlecht gemeint.

tische Positionen. Wohl aber verweisen sie auf eine – wie auch immer gestaltete – Verbundenheit mit einer bestimmten muslimisch geprägten Kultur bzw. einem islamischen Ethos. Die jeweiligen Lebensformen und/oder Gemeinschafts- sowie Gesellschaftsentwürfe zeichnen sich durch großen Variantenreichtum aus. Einerseits ist dies auf unterschiedliche historische Erfahrungen mit dem kulturellen und religiösen Referenzsystem Islam zurückzuführen, die durch entsprechende Formen und Träger der Islamisierung geprägt wurden, andererseits spiegelt dieses Spektrum die regionale, ethnische und kulturelle Vielfalt des afrikanischen Kontinents.

Selbstverständlich zeigt sich die Bedeutung des Islam nicht nur im Hinblick auf die demographische Präsenz von MuslimInnen, sondern auch darin, dass diese sich selbstbewusst in die politische Arena einbringen, nach eigenständigen, d.h. durchaus auch islamischen Lösungen für die sozialen und politischen Probleme ihrer Gesellschaften suchen, eigene Zukunftsvisionen entwickeln und entsprechenden Einfluss auf sozio-politische Diskurse nehmen.

Grundsätzlich ist der Grad der Integration der muslimischen Bevölkerung bzw. auch religiöser Minderheiten in die jeweilige multireligiöse und multiethnische Gesamtgesellschaft ein Indikator dafür, inwieweit Konflikte und Auseinandersetzungen mit religiösem Impetus geführt werden. Dies gilt für das gesamte subsaharische Afrika. Für Westafrika lässt sich folgendes festhalten:[3]

- In Gambia, Guinea, Mali, Mauretanien, Niger und Senegal stellen MuslimInnen die Mehrheit der Bevölkerung, dementsprechend bedeutsam ist hier ihre gesellschaftliche und politische Rolle. Da religiöse Minderheiten in diesen Ländern weitgehend integriert sind, ist bei Konflikten die Zugehörigkeit zu einer Religion weniger bis gar nicht entscheidend, wohl aber die zu einer Ethnie.
- In Burkina Faso, Guinea-Bissau und Sierra Leone machen MuslimInnen einen großen Teil der Bevölkerung aus, ohne allerdings notwendigerweise die Mehrheit zu stellen. Da sie in die politischen Strukturen integriert sind, treten religiöse Fragen hinter politischen, regionalen, ethnischen und ökonomischen in den Hintergrund.
- In der Elfenbeinküste verhält es sich bevölkerungspolitisch ähnlich, allerdings sind MuslimInnen im Vergleich zur christlichen Minderheit BürgerInnen zweiter Klasse und marginalisiert. Das macht sie tendenziell zu einem gesellschaftlich destabilisierenden Faktor.[4]

3 Die folgende Kategorisierung orientiert sich an Roman Loimeiers Einteilung in: Elger 2003: 24f.
4 Zu einer anderen Einschätzung kommt in diesem Band Marie Miran.

- In Nigeria sind MuslimInnen eine bedeutende Bevölkerungsgruppe, ohne jedoch entsprechend in politische Prozesse eingebunden zu sein. Politische, ethnische und regionale Konflikte nehmen in Nigeria daher oft die Form von religiösen Auseinandersetzungen an.
- In Benin, Ghana, Liberia und Togo sind MuslimInnen eindeutig in der Minderheit und in vielen Fällen auf eine spezifische Region konzentriert.[5] Sie sind entweder integriert oder so marginal, dass sie als politische Akteure kaum wahrgenommen werden. Konflikte zeichnen sich hier nicht durch religiösen Charakter aus, sondern sind ethnischer oder regionaler Natur.

Auch wenn der Sudan nicht zu Westafrika zählt, so muss er hier doch Erwähnung finden, weil die Konflikte dieses Landes mit großer Sorge betrachtet werden und entsprechendes Misstrauen gegen die Auswirkungen und Auswüchse von islamischem Fundamentalismus schüren. Dies gilt für den gesamten Kontinent. Der Sudan zeichnet sich durch eine muslimische Mehrheit aus, die die politischen Strukturen dominiert. Gleichzeitig ist die Bevölkerung sehr heterogen, die nichtmuslimischen Minderheiten sind beträchtlich und überdies nicht integriert. Sie stellen die Oppositionsbewegungen und hinterfragen den islamischen Charakter des Landes mit Vehemenz.

Im Folgenden soll die historische Entwicklung der Islamisierung Westafrikas skizziert werden. Dieser Skizze geht – zur besseren Orientierung – eine überblicksartige und lediglich den großen Linien folgende Darstellung der politischen Landschaft Westafrikas zwischen dem 11. und dem 16. Jh. voraus. Dabei liegt der Fokus auf den Reichen, in denen die Herrscher sich allmählich zum Islam bekannten. Das ging nicht notwendigerweise mit der zeitgleichen Konversion der Bevölkerung einher. Diese fand – zumindest in großem Umfang – deutlich später statt. Die Ausbreitung und Verankerung des Islam in den unterschiedlichen westafrikanischen Gesellschaften erfolgte – anders als im nördlichen Afrika – nicht plötzlich, sondern verlief in einem sich über Jahrhunderte erstreckenden Prozess, der in unterschiedliche Phasen mit wechselnden Kräften und Institutionen als Träger der Islamisierung eingeteilt werden kann. Diese sollen im Einzelnen dargestellt werden: Zunächst einmal soll die Bedeutung des Handels als Wegbereiter der Islamisierung und intellektuellen Entwicklung erörtert werden. Dieser langen Phase friedlicher Entwicklung folgten sozialrevolutionäre Bewegungen im 18. und 19. Jh., deren Führer den *Jihad* ausriefen, um ihre Reformen durchzusetzen, d.h. die Islamisierung Westafrikas nahm militante Formen an. Die Kolonisierung Westafrikas durch europäische Mächte mündete in eine weitere Phase der Isla-

---

5 Allerdings findet sich die Mehrzahl aller Muslime in Ghana mittlerweile im Süden des Landes. Siehe hierzu den Beitrag von Holger Weiss in diesem Band.

misierung. Mit einer Skizze der wichtigsten Tendenzen der jüngeren postkolonialen Vergangenheit schließt dieser einführende Beitrag.

Der Begriff *kulturelle Interaktion* beschreibt den Prozess des Kultur- und Religionskontakts treffend, denn der Islam inspirierte, belebte und beeinflusste vorhandene Strukturen und war gleichzeitig für diese durchlässig, d.h. er ließ sich von lokalen Kulturen und Traditionen durchaus bereichern. In dieser Hinsicht wurde eine beträchtliche Integrationsleistung vollbracht, die zu spezifischen lokalen und kontextbezogenen Ausprägungen führte. Kunst und Architektur, z.T. einzigartige Mischungen aus islamischer Struktur und afrikanischer Darstellung, legen auch heute noch eindrucksvoll Zeugnis von dieser Interaktion ab.

Unter Islamisierung möchte ich hier nicht nur eine geographische und demographische Kategorie im Sinne von Ausbreitung des Islam verstanden wissen. Vielmehr sollte der Begriff um Aspekte des religiösen Selbstverständnisses erweitert werden. Auf Basis dieses Verständnisses können Reformen und Erneuerungen entsprechender Lesarten berücksichtigt werden, d.h. jüngere Dynamiken und Entwicklungen reihen sich ein in die Geschichte der Einbettung und Verwurzelung des Islam in die jeweiligen afrikanischen Kontexte. In dieser Hinsicht ist der Prozess der Islamisierung noch nicht abgeschlossen.[6]

2. Das Sandmeer als Tor zu den *Bilad al-Sudan*[7]

Die Sahara – vermeintliche Grenze zwischen dem bereits im 7. Jh. von arabischen Muslimen eroberten Norden Afrikas und den *Bilad al-Sudan*, den „Ländern der Schwarzen“ südlich der Sahara – fungierte als Verbindung zwischen den beiden Regionen und bedeutete für die wüstenerprobten Berber das Tor zu Fernhandel in großem Stil, und zwar nicht erst seitdem die Araber den Maghreb erobert hatten. Handel erwies sich für die Nomaden des Nordens als geeignete Möglichkeit zusätzlicher Existenzsicherung. Der enorme europäische Bedarf an Gold im Mittelalter und der frühen Neuzeit wurde zum großen Teil über die Ressourcen der westafrikanischen Reiche gedeckt. Außer mit Gold handelten diese mit Elfenbein und Sklaven im Tausch gegen Salz, Tuch, Pferde, Kupfer und später auch Waffen. Vor allem Gold und Elfenbein aus Westafrika gelangte so über den Transsaharahandel zum Mittelmeer und von dort weiter nach Norden oder Osten.

6 Es wird vermutet, dass Afrika heute zu zwei Dritteln muslimisch wäre, wenn die europäischen Großmächte den Kontinent nicht kolonisiert hätten.

7 Bei arabischen Begriffen verwende ich in der Regel die eingedeutschte Schreibweise – soweit eine solche existiert. Auf Silbenlängungen, Emphatika und die Assimilation nach dem Artikel wurde der Einfachheit halber verzichtet.

Für Händler bzw. Handelskarawanen stellte die Wüste keine Barriere oder gar Gefahr dar. Ein System der sicheren Durchreise mit einer Art kommerzieller Patronage garantierte einen ungestörten Reiseverlauf und die Sicherheit der Reisenden. Damit war die Voraussetzung für regelmäßige Karawanen gegeben. Außerdem entwickelte sich schnell eine entsprechende Infrastruktur entlang der jeweiligen Handelsrouten, die für den transsaharischen Handel insgesamt förderlich waren. Dank dieser Faktoren war der Boden für die ausgedehnte Phase der friedlichen Ausbreitung und späteren Verwurzelung des Islam in Westafrika bereitet.

3. Die politische Landschaft Westafrikas vom 11. bis zum 16. Jahrhundert [8]

Im Zusammenhang mit der politischen Landschaft Westafrikas berichtet der andalusische Geograph al-Bakri schon 1068 von drei Königreichen: Gao, Takrur und Ghana (nicht zu verwechseln mit dem heutigen Ghana, s. Karte).[9] Zu dieser Zeit hatten die Könige von Gao und Takrur den Islam bereits angenommen. Im Unterschied zur Bevölkerung Takrurs hatte es die von Gao ihrem Herrscher in religiöser Hinsicht allerdings nicht gleichgetan. An Ghanas Hof gingen muslimische Gelehrte und Übersetzer zwar ein und aus, ein muslimisches Königreich, d.h. ein Reich, dessen Herrscher sich zum Islam bekannte, auch wenn dies nur nominell sein mochte, sollte es aber erst Mitte des 12. Jh.s werden.

Sowohl die Entdeckung neuer Goldminen in Bure (heutiges Guinea) als auch die damit verbundene Etablierung neuer Handelsrouten weiter östlich schmälerten den Einflussbereich des als fortschrittlich und wirtschaftlich florierend beschriebenen Königreichs Ghana merklich, weil die Erschließung weiterer, d.h. nicht ghanaischer, Goldquellen mit dem Verlust des Monopols über den Goldhandel und damit mit dem Verlust der Quelle des Reichtums einherging.

Nach dem Fall Ghanas entwickelte sich das ursprünglich kleine Königreich Mali schnell zu einem großen multiethnischen Reich und sollte bis zum 14. Jh. die Vormachstellung in der Region übernehmen. Unter der Regentschaft des from-

---

8 Die entsprechende Quellenlage ist ausgesprochen umfangreich: Es liegen ausführliche Zeugnisse sowohl von arabischen Geschichtsschreibern und Geographen als auch von lokalen Gelehrten vor. Besondere Erwähnung verdienen die Aufzeichnungen des Forschungsreisenden Ibn Battuta.

9 Weiter östlich, am Ufer des Tschad-Sees, entwickelte sich ab 1200 das Reich von Kanem-Borno. Unter dem zum Islam konvertierten Herrscher Dunama Dibbalemi erstreckte es sich bereits Mitte des 13. Jh.s bis ins heutige Libyen und in das nigerianische Hausaland und spielte für die dortige politisch-religiöse Entwicklung eine wichtige Rolle.

men Mansa Musa im 14. Jh. erlebte das Reich eine kulturelle und wirtschaftliche Blüte. Infolge diverser Initiativen des muslimischen Herrschers nahm die Präsenz des Islam beträchtlich zu, so holte er muslimische Baumeister und Gelehrte ins Land und ließ Schulen und Moscheen errichten. Timbuktu entwickelte sich zu einem wichtigen Zentrum des Handels und islamischer Gelehrsamkeit und wurde von zahlreichen muslimischen Gelehrten aufgesucht. Durch Ibn Battutas Aufzeichnungen wissen wir, dass Timbuktu Anfang des 14. Jh.s noch eine kleine, unbedeutende Stadt mit einem relativ hohen Anteil an Berbern war. Dank Mansa Musas Förderung des intellektuellen Lebens genossen die Gelehrten der Stadt recht schnell – und zwar bereits zu Beginn des 15. Jh.s – den Ruf, vom Niveau her nicht nur ihren arabischen Pendants in nichts nachzustehen, sondern diese sogar häufig zu übertreffen.

Im 15. Jh. übernahm das Königreich Songhay die regionale Vorherrschaft, gliederte mit Timbuktu und Djenné die wichtigsten großen Städte des Sudangürtels in sein Reich ein und verhalf ihnen zu weiterer Blüte. Mit dem Verlust dieser Handels- und Gelehrtenzentren wurde Mali auch von den Transsaharakontakten und der Verbindung zur weiteren muslimischen Welt abgeschnitten, außerdem verließen zahlreiche einflussreiche zugewanderte Muslime das Reich. Die meisten Könige und Verwalter in Songhay waren Muslime, und wie zuvor in Mali und Ghana war der Einfluss des Islam auf die breite Bevölkerung eher gering. Timbuktus Ruf als Zentrum der Wissenschaft und seine reich bestückte Bibliothek zogen im 16. Jh. sogar Gelehrte aus dem nordmarokkanischen Fes an, obwohl die Stadt mit al-Qarawiyyin selbst über eine renommierte Universität verfügte. Ende des 16. Jh.s war Songhay zu einer Größe angewachsen, die nicht mehr effektiv zu verwalten war. Es kam zu bürgerkriegsähnlichen Zuständen. Der entscheidende Faktor für den Zerfall bzw. die Zersplitterung des Reichs war letztendlich eine Invasion der Marokkaner, die den subsaharischen Goldhandel kontrollieren wollten. Damit war der Niedergang Songhays besiegelt und auch das letzte der drei großen Reiche des mittelalterlichen Westafrikas von der Landkarte verschwunden. Es entstanden zahlreiche kleine Fürstentümer, die häufig in kriegerische Auseinandersetzungen miteinander verwickelt waren, wie z.B. im Hausaland im heutigen Nordnigeria.

Karte 1: **Die großen Westsudanreiche zur Zeit des europäischen Mittelalters**[10]

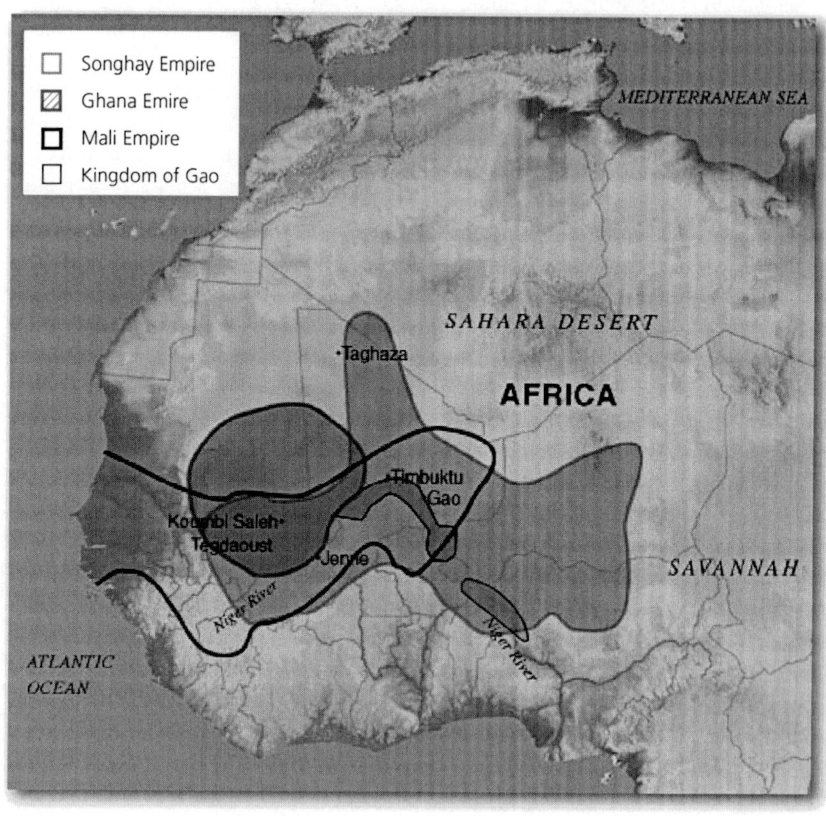

10 Quelle: http://www.metmuseum.org/toah/hd/wsem/hd_wsem.htm. Zugriff am 29.11.2005 – von der Autorin adaptiert.

4. Handel als Wegbereiter der Islamisierung und intellektuellen Entwicklung

Mit der Islamisierung der Berber Nordafrikas kamen ihre westafrikanischen Handelspartner, besonders aber auch die Herrscherhäuser der großen Reiche, in Kontakt mit einem neuen kulturellen und religiösen Referenzsystem.[11] Vom 10. Jh. an stieg die Präsenz muslimischer Händler und Gelehrter in Westafrikas Städten, die ersten nordafrikanischen und einheimischen muslimischen Gemeinschaften entstanden. Diese Handelsdiaspora verband eine gemeinsame Religion, eine *lingua franca* – Arabisch – sowie ein gemeinsames Rechtssystem, die Shari'a. Die Gemeinschaften sollten sich bald erweitern, weil sich viele der niedergelassenen Händler mit einheimischen Frauen vermählten.[12]

Muslimische Händler besaßen nicht nur in ihren eigenen Gesellschaften hohes gesellschaftliches Ansehen. Da der Prophet Mohammed selbst Händler war, bestanden von muslimischer Seite keinerlei Vorbehalte gegenüber diesem Berufsstand, im Gegenteil, die Verehrung des Propheten manifestierte sich auch in entsprechendem Respekt vor Menschen, die denselben Beruf wie dieser ausübten. Das galt besonders für die mit Fernhandel betrauten Händler, die zu langen Abwesenheiten von der eigenen Gesellschaft gezwungen waren. Damit waren sie über große Zeiträume auch von religiös Gleichgesinnten isoliert. Vielleicht wurde ihnen deshalb eine gefestigte kulturelle und religiöse Identität nachgesagt, sie galten als fromm und sehr um die Erfüllung ihrer religiösen Pflichten bemüht. Dies spielte vermutlich in nicht-muslimischen Kontexten ebenfalls eine Rolle, denn auch dort wurde den Händlern sehr viel Respekt entgegengebracht. Entscheidend für ihren sozialen Status in der Diaspora dürfte allerdings ihr Bildungsstand gewesen sein. Sie waren in der Regel des Lesens, Schreibens und Rechnens kundig und verfügten über Verwaltungserfahrung.

Noch bedeutsamer als die Händler waren für den Kultur- und Religionskontakt, der in eine fruchtbare wechselseitige Begegnung mündete, allerdings die in den Karawanen mitreisenden Gelehrten, die sich zusammen mit den Händlern niederließen. Es waren Experten in theologischen und rechtlichen Fragen, Seel-

11 Nordafrikas Islamisierung verlief im Vergleich zum restlichen Afrika einzigartig. Einerseits gingen Islamisierung und Arabisierung Hand in Hand, andererseits ist die Verbreitung des Islam überwiegend auf die politische Kontrolle der Araber zurückzuführen, deren Eroberungszug bereits im ersten muslimischen Jahrhundert (d.h. Mitte des 6. Jh.s) erfolgte. Bis die in Nordafrika ansässigen Berber weitgehend islamisiert waren, sollten allerdings einige Jahrhunderte vergehen.

12 Da in der islamischen Tradition die Religionszugehörigkeit des Vaters maßgeblich für die der Kinder ist, wurden – auch wenn die Ehefrauen sich nicht zum Islam bekannten – die Kinder als MuslimInnen geboren. Vgl. Elger 2003: 146f.

sorger und *Marabouts,* d.h. Männer, die die *baraka,* Gottes Segen, besaßen und denen heilende und/oder magische Fähigkeiten nachgesagt wurden. Sie begleiteten die Händler, da sowohl während die Karawane unterwegs war als auch in den entsprechenden Handelsenklaven vor Ort immer wieder diverse rechtliche und verwaltungstechnische Fragen zu klären waren. Hier war das Spezialwissen der Gelehrten erforderlich. Darüber hinaus besaßen sie – wie auch etliche Händler – beträchtliche Erfahrung in Verwaltungsdingen und waren überdies in Traumdeutung, Heilung, Schutzzauber, Geistbeschwörung und vergleichbaren Praktiken bewandert. Ihr Wissen und ihre Frömmigkeit öffneten ihnen die Türen an den Höfen und bei den städtischen Eliten, wo sie als Berater, Verwalter, Lehrer und Diplomaten tätig waren. So waren sie schnell in die Gesellschaft integriert, ihre religiöse, soziale und politische Rolle kam der traditioneller Priester gleich. Entsprechend bedeutsam war ihr Einfluss, besonders an den Höfen.

Der Reisende und Konsul Joseph Dupuis schreibt zu Beginn des 19. Jh.s Folgendes zu den magischen Fähigkeiten bzw. Praktiken muslimischer Gelehrter oder Marabouts:

> *The talismanic charms fabricated by the Muslims, it is well known, are esteemed efficacious according to the various powers they are supposed to possess, and here is a source of great emolument, as the article is in public demand from the palace to the slave's hut; [...] Besides this class of charms, they have other cabalistic scraps for averting the evil of natural life [...].*[13]

Mit dem Ausbau des Handels entstanden diverse Handelsniederlassungen, parallel dazu wurden Zentren islamischer Gelehrsamkeit mit entsprechenden Bildungseinrichtungen geschaffen. Nicht erst zu diesem Zeitpunkt stellte sich für die sich häufiger in fremden und nicht-muslimischen als in den eigenen Gesellschaften aufhaltenden Muslime die Frage, wie man sich im Umgang mit „Ungläubigen" (arab. *Kafir*) zu verhalten habe. In diesem Zusammenhang spielt die Lehre des mehrfach nach Mekka gepilgerten al-Hadsch Salim Suwardi eine wichtige Rolle, weil er im 15. Jh. die theologische Begründung für die Praxis einer – bis dato bereits bestens funktionierenden – friedlichen Koexistenz lieferte, und zwar ohne missionarische Ansprüche. Dies geht mit einer dezidierten Verurteilung von Jihad, d.h. einem heiligen Krieg gegen Ungläubige, Hand in Hand.[14] Suwardi führte folgende Argumente ins Feld: Grundsätzlich gelte es, den göttlichen Plan zu ak-

13 Dupuis 1966: Appendix XI.

14 Im islamischen Recht wird zwischen „großem" und „kleinem Jihad" unterschieden. Während ersterer eine „individuelle Bemühung um den Glauben" bezeichnet, umfasst der „kleine Jihad" kriegerische Maßnahmen zur Erweiterung des muslimischen Herrschaftsbereichs. Vgl. Elger 2003: 146.

zeptieren. Auch Unglaube sei Teil dieses Plans, und zwar, weil er als Resultat von Unwissenheit begriffen werden müsse. Der Zustand einer solchen Unwissenheit dauere für verschiedene Gesellschaften unterschiedlich lang. Hier komme Gottes (Zeit)Plan ins Spiel, der zum geeigneten Zeitpunkt die Erkenntnis der Wahrheit stattfinden lasse, die zur Konversion führe. Aus diesem Grund käme aktive Mission einem Eingreifen in den göttlichen Plan gleich. Es verstehe sich von selbst, dass solches Handeln unzulässig ist. Das gelte im selben Maße für Jihad. Als Methode, Konversionen voranzutreiben, sei Jihad inakzeptabel, weil er nur bei einer Bedrohung der muslimischen Gemeinschaft von außen gerechtfertigt sei. In dem Fall, dass Muslime gezwungen seien, unter nicht-muslimischer Herrschaft zu leben, sei dies vertretbar, solange gewährleistet sei, dass sie in ihrer Religionsausübung nicht beeinträchtigt würden und nach dem Vorbild des Propheten leben könnten. Ferner sollten Muslime stets ein Vorbild für Ungläubige sein, Sorge für Ihre Bildung tragen und die rechtlichen und religiösen Vorschriften befolgen.[15]

An einigen Höfen kam es – obwohl weder die Händler noch die Gelehrten missionarischen Eifer an den Tag legten – recht schnell zu Konversionen seitens der Herrschenden und einiger mit diesen eng verbundenen Eliten. Zum Teil erhofften sich die Herrscher eine politische Stärkung, weil mit einer Konversion in der Regel auch der Zugang zu muslimischen (Handels)Netzwerken verbunden war. Das kam einer Erweiterung, Festigung und Internationalisierung der eigenen Kontakte gleich und wirkte sich entsprechend auf die Einflusssphäre aus. Über einen langen Zeitraum hinweg, z.T. sogar über Generationen, sollte das Bekenntnis der Regenten allerdings weder mit einer radikalen Absage an die bis dato praktizierten traditionellen Religionen verbunden sein, noch sollte es dazu führen, dass das Volk den neuen Glauben annahm. Die erste Generation westafrikanischer MuslimInnen übernahm zunächst islamische kulturelle Werte, die eigentliche Islamisierung fand erst deutlich später statt. Für das Volk bestand weder bei Macht- noch bei Reichswechseln die Notwendigkeit, das religiöse Referenzsystem zu ändern, weil dies mit kaum bis gar keinen sozialen und wirtschaftlichen Veränderungen verbunden war und die Bevölkerung nicht unter Druck gesetzt wurde.

In der ersten Zeit der Konversionen war häufig eine nahezu symbiotische Beziehung zwischen Islam und traditioneller Religion zu beobachten, d.h. unter einer muslimischen Oberfläche ließen sich nach wie vor traditionelle Elemente

15 Vgl. hierzu z.B. Wilks 2000: 96-98. Zur Legitimierung der Jihadbewegungen im 18./19. Jh. war diese Interpretation natürlich völlig irrelevant, hierfür wurden andere Argumente – und auch Lesarten des Islam – herangezogen (siehe unten).

ausmachen. Dies gilt auch für die Eliten: Zahlreiche Herrscher wie z.B. der Herrscher von Songhay, Sunni Ali (1464-92), waren lediglich nominelle Muslime. Die Einführung islamischer Feste als nationale ist ein Beispiel dafür: In der Regel wurden traditionelle Zeremonien integriert. Dies sollte sich erst später im Zuge von massiven Reformbestrebungen ändern (s.u.). Der Reisende Ibn Battuta kritisierte z.B. Mitte des 14. Jh.s am Hof von Mali die Mischung bzw. Gleichzeitigkeit von muslimischen und traditionellen Elementen, andererseits hob er die Ernsthaftigkeit der Muslime beim Freitagsgebet und ihr Interesse an Koranstudien hervor. Stellt man diese Kritik den Aufzeichnungen des Geographen al-Bakri aus dem 11. Jh. gegenüber, so zeigt sich, dass für Muslime, die überwiegend Migranten waren, andere Regeln galten, solange die Herrscher noch nicht den Islam angenommen hatten. Mit deren Konversion jedoch entfiel allmählich die Sonderstellung der Muslime, sie wurden in lokale Praktiken integriert. Dasselbe galt auch für den Islam, damit nahm der Prozess der Akkulturation seinen Lauf. Ein Vergleich des Hofes von Ghana mit dem von Mali illustriert dies anschaulich: Der Herrscher von Ghana war kein Muslim. An seinem Hof waren Muslime von der traditionellen Ehrerweisung dem Herrscher gegenüber – sich mit Staub zu bewerfen – befreit, sie konnten stattdessen in die Hände klatschen. Unter dem muslimischen Herrscher in Mali wurde drei Jahrhunderte später kein Unterschied mehr zwischen muslimischen und nicht-muslimischen Untertanen gemacht, für alle galt dieselbe traditionelle Praxis.[16]

Es dürfte deutlich geworden sein, dass sowohl die muslimischen Händler als auch die Gelehrten in erster Linie Träger der Religion waren und ihnen weniger die Rolle der „Islamisierer" zukam. D.h. sie transportierten zwar externe religiöse und kulturelle Einflüsse, wurden aber nicht missionarisch aktiv. Dennoch darf der Einfluss der Gelehrten an den Höfen nicht unterschätzt werden: Der Zugang zu muslimischen Netzwerken war in der Regel immer mit einem Ausbau der internationalen sowie diplomatischen Beziehungen verbunden, außerdem mit einem Austausch mit Gelehrten und Regenten aus der arabischen Welt. Diese Erweiterung des Geflechts an Beziehungen erfolgte durch die Institution der Pilgerfahrt, die durchaus den Aspekt einer Kontaktbörse besaß. So brachte Mansa Musa nach einer Pilgerreise Anfang des 14. Jh.s namhafte Gelehrte und Architekten nach Mali , um Moscheen und zahlreiche Koranschulen bauen zu lassen. Dies trug nachhaltig zur Blüte Timbuktus bei, auch der intellektuellen, weil so günstige Bedingungen für höhere Bildung gegeben waren. Mitte des 16. Jh.s zählte man zwischen 150 und 180 Koranschulen in Timbuktu. Dieses Bildungsangebot trug ebenfalls zum Ruf der Stadt bei. Sehr schnell gehörte es an den

16 Vgl. hierzu z.B. Levtzion 2000: 67.

Höfen zum guten Ton, den Söhnen eine solide (islamische) Bildung angedeihen zu lassen, und zwar unabhängig davon, ob die Herrscher sich zum Islam bekannten oder nicht. Dies führte nicht selten dazu, dass die Söhne der Regenten konvertierten oder selbst Gelehrte wurden und andere Wege gingen als die Genealogie vorsah.

Die Bedeutung der Gelehrten und Händler und deren Konzentration auf die Städte, d.h. die Handelszentren, erklärt, warum der Islam über einen langen Zeitraum hinweg eine reine Hofreligion und die Religion der städtischen Eliten blieb. Islam in Westafrika blieb über Jahrhunderte ein rein urbanes Phänomen, unter der breiten, d.h. ländlichen Bevölkerung kam es selten zu Konversionen. Erst im 17. und 18. Jh. gelangte der Islam über Wanderprediger und Gelehrte, die sich aufs Land zurückgezogen hatten, von den Städten aufs Land.

Wie gestaltete sich nun die Interaktion traditioneller afrikanischer Religionen mit dem Islam bzw. welche Prozesse führten zur Islamisierung? Entscheidend für die friedliche Koexistenz und die im Anschluss daran erfolgende friedvolle Islamisierung war die Tatsache, dass der Islam keine Bedrohung für traditionelle Autoritätsmuster darstellte. Es kam zu keinem völligen Bruch mit der Vergangenheit, weil der Islam das bestehende System weder verdrängte noch ersetzte, vielmehr wurden einige – nicht unbedingt alle – Elemente schrittweise übernommen und in den jeweiligen Kontext eingebunden bzw. an diesen adaptiert. Welche Aspekte besonders berücksichtig wurden – z.B. Elemente des Rechts oder der Mystik-- hing ebenfalls vom entsprechenden lokalen Kontext ab. Dieser war (und ist) prägend für Interpretationen bzw. Lesarten des Islam, d.h. wir haben es mit unterschiedlichen Kontextualisierungen und damit auch Umsetzungen des Referenzrahmens Islam zu tun. Ein eindrucksvolles Beispiel für eine solche lokale Kontextualisierung ist der Umgang mit den koranischen Körperstrafen bei Frauen im Gelehrtenstaat Masina im 19. Jh. Frauen hatten in dieser Gesellschaft eine so bedeutsame Stellung, dass eine körperliche Züchtigung undenkbar gewesen wäre. Darum wurde stellvertretend an einem ihr teuren Objekt (z.B. dem Dach ihres Hauses) die Strafe vollzogen.[17]

Trotzdem bewegte sich die Interaktion in einem Spannungsfeld. Mit dem Islam und dem Konzept der universellen *Umma* (Gemeinschaft der MuslimInnen) wurde das eher ethnozentrische Konzept traditioneller afrikanischer Religionen in Frage gestellt und damit die Matrix, auf der sich afrikanische Religion realisiert. Konkret bedeutet das, dass Symbole einer ethnischen Gruppe durch das neue System Islam herausgefordert wurden. Es kam zu einer Kombination und Umorientierung, das lokale System erschien in einem neuen Gewand. Dieser Prozess

17 Der Effekt der Demütigung war derselbe. Vgl. hierzu Loimeier 2002: 179.

kann auch mit Inkorporation oder Inkulturation umschrieben werden. In Kunst und Architektur zeigt sich dies besonders deutlich.[18]

In Westafrika sind vielfältige Formen von Kontextualisierungen und Synkretismus auszumachen, und zwar im Sinne einer kreativen Kombination von religiösen Antworten auf Fragen der Sinnfindung. Beispiele für synkretistische Elemente sind der Bori-Kult der Hausa[19], Geisterglauben, magische oder animistische Praktiken wie etwa Tieropfer. Dieses Phänomen beruht u.a. auf der recht spannungsreichen Dynamik zwischen orthodoxer Auslegung abstrakter Glaubensregeln (Orthopraxis) und gelebtem Islam, d.h. dem Glaubensalltag, in dem es nicht um theologische Feinheiten oder gar Spitzfindigkeiten geht, sondern um Pragmatismus. Letzterer bewirkte u.a., dass einige rituelle Praktiken zwar eine Umdeutung erfuhren, im Wesentlichen aber erhalten blieben. Das wiederum erleichterte Konversionen und bewirkte gleichzeitig eine Afrikanisierung des Islam. Dies ist nicht etwa lediglich typisch für Westafrika, sondern ein Phänomen, das sich überall in der muslimischen Welt beobachten lässt. Auch wenn es konservative Tendenzen innerhalb der muslimischen „Orthodoxie" gibt, die es lieber sähen, dass theologische Feinheiten im Vordergrund stehen und sich eine normative Lesart des Islam durchsetzt.

Zusammenfassend lässt sich für die erste lange Phase der Islamisierung Westafrikas folgendes festhalten: Die Begegnung mit den Muslimen war nicht nur in religiös-spiritueller Hinsicht fruchtbar, sondern auch auf intellektueller und materieller Ebene. Muslime sorgten für eine Erweiterung, Festigung und Internationalisierung der Handelskontakte, und zwar sowohl auf innerafrikanischer Ebene als auch kontinentübergreifend. Dasselbe gilt für die zwischenstaatliche Diplomatie. Die Zentren islamischer Gelehrsamkeit und die damit verbundene Infrastruktur bereicherten einerseits das intellektuelle Leben sowohl auf lokaler als auch auf translokaler Ebene, weil sie den Austausch unter Gelehrten aus diversen Ländern ermöglichten, andererseits brachten sie die Alphabetisierung voran.

18 Interessante Details hierzu finden sich z.B. bei Prussin 1986.

19 Die Geister des Bori-Kultes erhielten muslimische Namen bzw. Djinns, d.h. Geister in der muslimischen Kosmologie, wurden mit den Bori-Geistern identifiziert.

5. Sozialrevolutionäre Bewegungen im 18. und 19. Jh. – militante Islamisierung mittels Jihad

Der geschilderten langen Phase friedlicher Koexistenz folgte eine längere Zeit der Reformbewegungen mit größeren Unterbrechungen. Die ersten Ansätze zu Reformen entstanden bereits zu Beginn des 16. Jh.s. Diese Zeit unterscheidet sich allerdings in vielerlei Hinsicht von der militanten Phase der Jihad-Bewegungen im 18. und 19. Jh., die zu tief greifenden Veränderungen in Westafrika führen sollten. Im 16. Jh. war es die herrschende Elite, die Reformen initiierte, zwei Jahrhunderte später ergriffen die Gelehrten die Initiative, riefen zum Jihad auf und führten die Bewegung an. Für die reformwilligen Herrscher des 16. Jh.s dürfte die Pilgerfahrt als internationales religiöses Ereignis wichtige Impulse geliefert haben, erweiterte sich doch der (religiöse) Horizont der Pilger in mehrfacher Hinsicht: Einerseits kamen sie mit anderen Formen religiöser Praxis in Kontakt und andererseits lernten sie (berühmte) Gelehrte direkt kennen. Beides stellte durchaus eine Herausforderung dar. Abgesehen von der Institution der Pilgerfahrt gab es zu dieser Zeit bereits Reformer, die auch die westafrikanischen Reiche bereisten, um ihre Ideen zu verbreiten und entsprechenden Einfluss auf die Herrschenden auszuüben. Ein Beispiel ist der radikale Gelehrte al-Maghili, der für die „Reinigung des Islam von unislamischen Elementen" kämpfte oder sein deutlich moderaterer Schüler Djalal al-Din al-Suyuti.

Solche Begegnungen mit Gelehrten und Reformern – sei es im Verlauf der Pilgerfahrt oder aber in anderen Kontexten – blieben in der Regel nicht ohne Folgen. Oft hatten sie eine intensivere Auseinandersetzung mit schriftlichen Formen des Islam zur Folge, die wiederum in Bestrebungen mündete, die nunmehr vertieften Kenntnisse der Religion auch in die Praxis umzusetzen. Die ersten Anstrengungen zu Reformen erfolgten im Reich Songhay unter Askiya Muhammed, der bei den Gelehrten Rat für Veränderungen einholte. In Kano erfolgten sie unter König Rumfa, der einen heiligen Baum fällen ließ, unter dem die Moschee erbaut worden war.[20] Beide Herrscher waren mit den Lehren von al-Maghili vertraut, der sie bei einer seiner Reisen aufgesucht hatte. Für Bornu ist der Reformkönig Ali Ghaji zu nennen. Die Reformen im 16. Jh. waren allerdings bei weitem nicht so militant, geschweige denn so breitenwirksam wie die im 18. und 19. Jh.

20 Auch hier liegt eine bemerkenswerte Mischung von Elementen lokaler mit islamischen Traditionen vor: Die Moschee wird an einem Ort errichtet, der bereits geweiht ist – etwa durch einen heiligen Baum. Ein solches Vorgehen ist allerdings nicht typisch afrikanisch, es findet sich auch im frühen Christentum Europas.

Die militante Phase des 18. und 19. Jh.s trägt deutliche Züge einer Reaktion auf die tief greifenden gesellschaftlichen, politischen und wirtschaftlichen Veränderungen Westafrikas seit dem Untergang des Songhay-Reiches im 16. Jh. und der daraus resultierenden Zersplitterung in kleine, meist untereinander zerstrittene Fürstentümer. Gerade letzteres wirkte sich nachhaltig negativ auf die Machtstrukturen im Sudangürtel aus. Die untereinander konkurrierenden Fürstentümer waren auf Machterhalt bedacht, beschnitten einerseits die Privilegien der Gelehrten, die bis dato u.a. von Abgaben befreit waren, und setzten andererseits die Landbevölkerung, d.h. die Dörfer, unter Druck, indem sie z.B. neue Steuern einführten und das einfache Volk schröpften. Widerstand wurde drastisch geahndet, d.h. Dörfer wurden überfallen, geplündert, zum Teil sogar versklavt.[21]

Anhand des Jihad von Usman dan Fodio lässt sich die Bedeutung der Jihad-Bewegungen für Westafrika exemplarisch illustrieren.[22] Zum einen war Usman dan Fodio einer der prominentesten Jihad-Führer, zum anderen lag seinem Kampf eine klare islamische Argumentation bzw. Legitimation zugrunde und schließlich war es die erfolgreichste Bewegung, immerhin ging aus diesem Jihad der größte und einflussreichste Gelehrtenstaat, das Sokoto-Kalifat, hervor, das über einen langen Zeitraum in Westafrika durchaus Modellcharakter besaß.

Die zentralen Impulse für alle Jihad-Bewegungen im 18. und 19. Jh. stammen von Gelehrten vom Land. Im Gegensatz zu ihren Pendants an den Höfen profitierten diese nicht von den herrschenden Verhältnissen. Auch Usman dan Fodio stammte vom Land und hatte – zunächst bei seinem Vater, dann bei diversen anderen Lehrern – eine klassische Gelehrtenausbildung genossen. 1774/75 trat er mit knapp 20 Jahren selbst als Gelehrter auf und reiste durch das Hausaland, um den Austausch mit anderen zu suchen. Dabei wurde er Zeuge von Herrschaftsverhältnissen, die er als ungerecht empfand. Deshalb thematisierte er sowohl in seinen Predigten als auch in seinen Schriften die Leiden und das Elend der Bauern und Hirten sowie die Gewalt, der diese ausgesetzt waren. Er ergriff das Wort für die Schwachen, Armen und Entrechteten und entwickelte sich schnell zu einem Mahner mit sozialrevolutionärem Potenzial. In den 1780er Jahren besaß er bereits eine beeindruckende Gefolgschaft, überwiegend Fulbe, einige Hausa und Tuareg. Kaum zehn Jahre später galten er und seine Gemeinschaft als Bedrohung. Seine Kritik war harsch, er bezeichnete die Herrscher als Mörder und Ehrbeschmutzer

21 Hierzu liegen diverse Quellen vor, wie z.B. die Kano-Chronik, in der die Verhältnisse im 18. Jh. ausführlich dargelegt werden. Siehe Palmer 1967 und Loimeier 2000.

22 Die früheste Jihad-Bewegung entstand Ende des 17. Jh.s unter Sharr Bubba. Ihr Erfolg war allerdings nur von kurzer Dauer. Bald darauf folgte der Jihad von Futa Jalon, der in die Gründung des Imamats von Futa Jalon mündete und von Fulbe getragen war. Dieses muslimische Staatswesen konnte es an Einfluss durchaus mit dem deutlich später entstandenen Sokoto-Kalifat aufnehmen.

und warf ihnen vor, den Wohlstand aufzufressen. Recht bald kam er zu folgendem Schluss: „To make war upon the oppressor is obligatory by assent“ und rief zum Jihad auf.[23] Einen Krieg gegen Gobir beendete er siegreich, nahm dieses ein und gründete 1808 einen eigenen Staat mit Sokoto als Hauptstadt, die dem Kalifat auch den Namen gab. Es ersetzte schnell die alten Paläste im Hausaland. Nach dem Tod Usman dan Fodios übernahm sein Sohn das Kalifat und baute eine entsprechende Verwaltung auf. Gleichzeitig entstanden Schulen und Moscheen auf dem Land, und die religiöse Praxis festigte sich.

Grundsätzlich gilt für jede islamisch motivierte Militanz im 18. und 19. Jh. ein radikales Abweichen von früheren Mustern der Beziehung zwischen Gelehrten und Herrschenden, die, auch wenn sie keine praktizierenden Muslime waren, bislang nicht als Ungläubige gegolten hatten. Dies sollte sich nun ändern, denn es galt, den Kampf gegen die ungerechte Hausaaristokratie islamisch zu legitimieren, um die erforderlichen Reformen durchzusetzen. Das Hauptargument Usman dan Fodios war der Vorwurf des Unglaubens (arabisch *takfir*), was sich zum einen auf die unislamischen Herrschaftspraktiken bezog und zum anderen darauf, dass an den Höfen nach wie vor Glaubenspraktiken geduldet wurden, die auf traditionelle Religionen zurück gingen.[24] Dieses Argument barg allerdings ein Dilemma: Mit der eher religiös ungebildeten Mehrheit der Landbevölkerung verhielt es sich ganz ähnlich. Auch ihre Glaubenspraxis war nicht immer rein islamisch, im Gegenteil, Elemente aus traditionellen Religionen hatten nach wie vor ihren Platz im religiösen Leben. Deshalb hätten sie ebenfalls zu Ungläubigen erklärt werden müssen. Für Usman dan Fodio gab es allerdings einen Unterschied zwischen der Landbevölkerung und den Herrschenden: Bei letzteren lag ein bewusster Verstoß gegen den Islam vor, was durch den öffentlichen und offiziellen Charakter der Herrscherhäuser noch verschärft wurde. Dieser Vorwurf konnte so für die Landbevölkerung nicht erhoben werden. Schlimmstenfalls müsste man sie als sündige Gläubige betrachten, so die Argumentation Usman dan Fodios. Damit war die Landbevölkerung vom takfir ausgenommen, und der Jihad richtete sich allein gegen die Herrschenden. So konnten sich die Führer auch der Unterstützung der breiten (Land)Bevölkerung sicher sein. Als entscheidend für den Erfolg – oder auch Misserfolg – des Jihad erwies sich, ob die religiöse Legitimation einen konkreten Bezug zu bestehenden politischen, sozialen und wirtschaftlichen Ungerechtigkeiten besaß.

23 Zitiert in Levtzion 2000: 85.

24 Weitere Einzelheiten zu Usman dan Fodios Argumentation im Zusammenhang mit Jihad sowie Details zu anderen bedeutsamen Jihad-Bewegungen wie die unter der Führung von Hadsch 'Umar Tal al-Futi (Mitte 19. Jh.) sowie zur Organisation des Gelehrtenstaats Masina finden sich z.B. bei Loimeier 2000.

Sowohl für die Mobilisierung der Landbevölkerung zum Jihad als auch zur Verbreitung tieferer Kenntnisse des Islam auf dem Land spielte die Landessprache eine entscheidende Rolle. In diesem Zusammenhang entwickelte sich eine reichhaltige fromme Literatur, deren älteste Texte in FulFulde verfasst sind. Lehre und Predigt konnten so das Volk erreichen, religiöses Wissen gelangte zu Analphabeten. Die Gelehrten machten sich ein traditionelles Element der oralen Kultur zu eigen, indem sie ihre Reforminhalte in Gedichtform vortrugen. Usman dan Fodios Bruder Abdallah beschrieb die Bedeutung der Verse in Landessprache folgendermaßen:

> *Then we rose up with the Shaykh, helping him with his mission work for religion. He travelled for that purpose to the east and west, calling people to the religion of God by his preaching and his qasidas [poems] in ajami [the vernacular], and destroying customs contrary to Muslim law.*[25]

Dass sowohl die Mobilisierung als auch die Verbreitung religiöser Inhalte in der jeweiligen Landessprache erfolgte, trug zu einer stärkeren Verankerung muslimischer Glaubensinhalte und -praxis beim einfachen Volk bei, weil diesem so ein unmittelbarer Zugang zum Islam ermöglicht wurde, was mittelfristig zu soliden religiösen Kenntnissen führte. Dass Gelehrte wie Usman dan Fodio sich darüber hinaus als engagierte Fürsprecher für die Verbesserung der sozialen und wirtschaftlichen Verhältnisse erwiesen, die sich nicht auf bloße Diskurse beschränkten, trug wesentlich zu Attraktivität des Islam in Westafrika bei.

Mit den militanten Reformbewegungen erweiterte sich der Einflussbereich des Islam von den Städten auf das Land, was gleichbedeutend damit war, dass die anfänglich reine Religion der Höfe sowie der städtischen Eliten nun auch beim Volk Fuß fasste. Für die Bevölkerung besaß der Islam den Charakter einer Befreiungsideologie, weil er der ungerechten Herrschaft der Hausaaristokratie ein Ende setzte. Damit konsolidierte sich der Islam in den jeweiligen Gesellschaften. Gleichzeitig waren die durch Jihad angestrebten Reformen auch mit Staatsbildungsbestrebungen verbunden, denn es ging nicht nur darum, die Glaubenspraxis von nicht-islamischen Elementen zu „reinigen", sondern auch darum, Westafrika in einen *dar al-Islam* (wörtl. Haus des Islam, d.h. islamisches Territorium) zu transformieren und eine islamische Vorherrschaft zu etablieren. In den aus den Jihad-Bewegungen entstandenen Staaten wie z.B. dem Sokoto-Kalifat oder dem *Imamat* Masina erfolgte die Herrschaftslegitimation dann auch über den Islam. War zuvor z.B. islamisches Recht lediglich informell über Imame oder Gelehrte angewandt worden, so konnte in den Post-Jihad-Staaten ein formales

25 Zitiert in Levtzion 2000: 86.

Rechtssystem mit einer entsprechenden Infrastruktur etabliert werden, d.h. nunmehr wachten offiziell eingesetzte Richter (*Qadis*) über islamisches Recht. Ähnlich verhielt es sich mit dem Bildungsbereich.

6. Kolonialismus als indirekter Motor der Islamisierung

Die zunehmende muslimische Präsenz in Westafrika lässt sich zumindest zum Teil durch Migration und die Ansiedlung von Muslimen in nicht-islamischen Gegenden erklären, denn ab dem 19. Jh. entstanden in den Küstenregionen und im Hinterland neue Siedlungen, die auch KonvertitInnen bald eine religiöse Heimat boten.

Eine weitere Phase der Islamisierung ist während der Zeit der kolonialen Expansion Frankreichs und Großbritanniens nach Westafrika zu beobachten. Dies galt in besonderem Maße für Nigeria und Sudan, die unter britischer Herrschaft standen, und für den von Frankreich kontrollierten westlichen und zentralen Sudangürtel. Die Konkurrenz der beiden Großmächte um die Vorherrschaft in Afrika, mehr noch Frankreichs Anspruch, die Hauptmacht in der muslimischen Welt stellen zu wollen und damit die Vorherrschaft über diese zu besitzen, erklärt dabei Frankreichs vermeintliche Akzeptanz der muslimischen Bevölkerung sowie sich zum Teil widersprechende Positionen „zum Islam“ (s.u.). Die Kolonialherrschaft beider Mächte zeigte sich in der Form der Verwaltung. Frankreich und Großbritannien verfolgten unterschiedliche Modelle der Herrschaft: Frankreich praktizierte eine direkte Herrschaft, d.h. sämtliche entscheidende Positionen wurden von Europäern besetzt, traditionelle Strukturen zerschlagen und traditionelle Herrscherfunktionen wurden – wenn überhaupt – nur auf unterster Ebene im neu etablierten Machtsystem genutzt. Großbritannien praktizierte die weniger kostenintensive indirekte Herrschaft, d.h. es machte sich bestehende politische und administrative Strukturen zunutze. Konkret bedeutet dies z.B., dass traditionelle Herrscher wie Emire und Sultane, sofern sie sich kooperationsbereit zeigten, in ihren Funktionen belassen wurden, aber selbstverständlich britischer Kontrolle unterstanden, dasselbe galt für die Rechtsprechung und die Entwicklung eines arabisch-islamischen Bildungswesen unter englischer Oberherrschaft. Die Kooperationswilligkeit der traditionellen Herrscher und Eliten erklärt sich im Hinblick auf deren Interesse am eigenen Machterhalt und der Aufrechterhaltung des damit verbundenen Status quo.

Während die französische Administration eine direkte Einflussnahme auf die Entwicklung islamischer Lehre und Praxis in Westafrika suchte, orientierten die Engländer sich in religiösen Angelegenheiten an dem Prinzip der Nicht-Einmischung und gestanden den MuslimInnen in diesen Fragen weitgehende Autonomie zu. Damit verbunden war gegen Ende der Kolonialzeit auch die Hoffnung, der Islam werde sich als Bollwerk gegen den aus damaliger englischer Sicht bedeutend bedrohlicheren Kommunismus in Westafrika erweisen.[26]

Frankreichs Haltung dem Islam gegenüber war vom Erbe der französischen Revolution geprägt, d.h. das Misstrauen gegenüber autoritären, obskurantistischen und feudalen Strukturen, vergleichbar mit denen der katholischen Kirche, wurde von Paris aus auf die andere Seite des Mittelmeeres projiziert. Religion wurde misstrauisch beäugt, und zwar umso stärker, je weniger sich eine dezidierte Trennung von staatlichen Institutionen und Religion ausmachen ließ. Dies wurde wie ein Angriff auf Säkularismus und den damit – vermeintlich – verbundenen Fortschritt gewertet.[27] So erschien denn der Islam rückwärtsgewandt und als entsprechendes Fortschrittshindernis. Dies sollte die Kolonialverwaltung allerdings nicht daran hindern, religiöse Führer zu kooptieren. Nachdem die französischen Kolonialherren Einblick in animistische Praktiken und traditionelle afrikanische Religionen erhalten hatten, änderte sich ihre Perspektive im Hinblick auf den Islam. Dieser schien ihnen südlich der Sahara anders geartet zu sein als im Norden Afrikas. Er ließ sich zwar immer noch als zivilisatorisch weit hinter der westlichen Zivilisation zurückgeblieben verorten, doch er war eindeutig den „fetischistischen“ subsaharischen Gesellschaften überlegen und konnte damit als eine Phase in deren Evolution betrachtet werden. Ein frappierendes Beispiel dieser Position ist die Einschätzung eines Kolonialbeamten im Senegal Mitte des 19. Jh.s:

> *The Muslim propaganda is a step toward civilisation in West Africa, and it is universally recognized that, with respect to social organization, the Muslim peoples of these regions are superior to the populations that have remained fetishistic. We cannot claim to make it possible to climb in one sole generation, or even in five or six, the rungs of a ladder whose summit the old Western world cannot yet see, even after hundreds of years. One should remember that nature does not make any leaps and that it is if not impossible at least dangerous for the Black to pass abruptly from his semi-barbarous state to the highly advances state of our social development. One should also remember that Islam bears an indisputable de-brutalizing force and moral value.*[28]

---

26 Vgl. Seesemann 2002: 116; 126.

27 Eine solche Position ist für das Zeitalter des Positivismus nachvollziehbar, außerdem lieferte sie eine treffliche Legitimationsgrundlage für den Kolonialismus. Wie virulent der mit der kolonialen „Mission“ Frankreichs verbundene Fortschrittsglaube noch ist, zeigt ein am 23.2.2005 in Frankreich verabschiedetes Gesetz. Danach sind Historiker gehalten, die positiven Aspekte des Kolonialismus herauszustellen.

28 Zitiert in Triaud 2000: 171-172.

Eine eindeutige Islampolitik im Zusammenhang mit Westafrika hatte dies allerdings nicht zur Folge, die französische Politik handelte je nach Bedarf und je nach Einschätzung der unterschiedlichen Regionen, die nach dem Grad ihrer Islamisierung klassifiziert waren. Mauretanien besaß eine Sonderstellung in dieser Einteilung, weil es zu 100% islamisiert und die Bevölkerungsmehrheit arabisiert war. Es war zwar in strategischer Hinsicht bedeutsam, ökonomisch allerdings nicht. In den mehrheitlich muslimischen, nicht arabischsprachigen Sahelländern kooperierte die Kolonialverwaltung mit religiösen Eliten. Diese Länder galten in den 1920er Jahren als anerkanntes islamisches Territorium, deshalb erfolgte keine christliche Mission. Die Regenwaldregion wurde als geschütztes Gebiet betrachtet, in dem islamische Propaganda verboten war. Aus ökonomischen Gründen waren jedoch muslimische Händler aktiv, was mit einer lokalen Islamisierung verbunden war. Die südliche Savanne war zu Beginn des 20. Jh.s noch unberührt vom Islam, damit dies so blieb, bekämpften die Franzosen alles Islamische. In der Zeit vor und während des ersten Weltkriegs erschien der Islam bedrohlicher. Auf der Ebene internationaler Politik waren die Franzosen mit den Anstrengungen der deutschen Krone konfrontiert, die sich im imperialen Wettstreit der europäischen Großmächte um Afrika entsprechende Anteile sichern wollte und sich z.B. im Hinblick auf Marokko als ernstzunehmende Konkurrenz erwies. Gleichzeitig befürchtete die französische Kolonialmacht, Afrikas Muslime könnten dem deutschen Konkurrenten Tür und Tor öffnen und damit Frankreichs Vormachtstellung im muslimischen Afrika unterwandern. Ähnliche Befürchtungen bestanden hinsichtlich möglicher Koalitionen, die im Zusammenhang mit panislamischen Ideen hätten gebildet werden können. Deshalb nahmen Konzessionen an Muslime ab. Nicht zufällig entstand wenig später die Theorie des „Islam Noir" oder des „schwarzen Islam", die die Lesarten des Islam in Westafrika ethnisierte und tribalisierte und eindeutige Unterschiede zum Islam im arabischsprachigen Raum konstruierte. Damit war auch eine Spaltung vom Rest der muslimischen Welt, v.a. vom Nahen und Mittleren Osten intendiert. Ein Bruch mit der muslimischen *Umma* und damit auch mit islamischem Internationalismus würde – so das Kalkül der Franzosen – den Verlust der muslimischen Solidarität nach sich ziehen, was wiederum die Position der westafrikanischen MuslimInnen schwächen sollte. In einem Handbuch für französische Islampolitik in Westafrika wird dieses Konstrukt näher beleuchtet:

> *In West Africa Islam is virtually separated from the influence of the political turbulence that is elsewhere modifying its traditional aspect. Because West African Islam was increasingly mixed with fetishism, its way of life is particular to it and acquires an individuality that allows it to have its particular evolution, beyond ideas professed by the social*

> *transformers of Egypt, Turkey and Persia. [...] We have a considerable interest in seeing a purely African Islam continue and evolve in West Africa ... It would be desirable for us not to be indifferent to the formation of a Muslim Ethiopianism in the Western part of this continent.*[29]

Dass diese Strategie nicht zum erwünschten Erfolg führte, zeigt ein Blick auf die Entwicklungen im postkolonialen Westafrika (s.u.). Auch wenn es den Franzosen gelungen war, die Führer der im westlichen Afrika verbreiteten Bruderschaften (Qadiriyya, Tijaniyya und Muridiyya) und damit auch Teile des Rechts und des Schulsystems zu kooptieren, und sie darüber hinaus die Pilgerfahrt zu kontrollieren versuchten, blieb eine latente Angst vor dem Islam bestehen. Nicht genug, dass sich die Kooperation mit den Kolonialbehörden als förderlich für die religiöse Bewegung auswirkte, der Islam barg außerdem durchaus subversives und revolutionäres Potenzial. Dieses speiste sich aus verschiedenen Quellen: Zum einen betonte eine der zentralen Glaubensbotschaften die Gleichheit aller Menschen vor Gott, was schon zu Lebzeiten des Propheten Mohammed sozialrevolutionären Sprengstoff bot und im 18. und 19. Jh. Teil der religiösen Argumentation zur Legitimation der Jihad-Bewegungen war. Zum anderen stellte der Islam eine Alternative zur „weißen" Religion der Kolonialherren dar. So erwies sich die Bedeutung, die die Kolonialmacht der Religion zuschrieb, auch als stabilisierender Faktor für die Bedeutung des Islam in der Bevölkerung. Zum Zeitpunkt der Unabhängigkeit war die islamische Identität der einzelnen Gesellschaften stark ausgeprägt.

7. Die letzten Jahrzehnte – Tendenzen und Entwicklungen

Der Einbruch der Moderne, auch – oder besonders – der intellektuellen Moderne, erwies sich für das postkoloniale (West)Afrika als Herausforderung, galt es doch deren Errungenschaften und Erfordernisse in ein ausgewogenes Verhältnis zu bestehenden Traditionen zu bringen. Zu Beginn des 20. Jh.s entstanden nahezu in der gesamten muslimischen Welt Reformbewegungen. Auf diese bezogen sich auch die muslimischen Gemeinschaften Westafrikas, um entsprechende soziale Veränderungen herbeizuführen. Man orientierte sich an Muhammad Abduhs Salafiyya, den ägyptischen Muslimbrüdern, der saudi-arabischen Wahhabiyya, den Lehren von Sayyid Qutb oder al-Maududi, um neue Lesarten des Islam zu etablieren und bestehende Definitionsmonopole in Frage zu stellen bzw. zu unterwan-

---

29 Zitiert in Triaud 2000: 174.

dern.[30] Im Zusammenhang mit den Debatten um Reformbestrebungen in Westafrika wurden – wie auch andernorts – innermuslimische Auseinandersetzungen deutlich. Immer wieder zeigte sich eine international-innermuslimische Konkurrenz. Auch diese Reformbestrebungen hatten keine Vereinheitlichung islamischer Lebens- und Gesellschaftskonzepte zu Folge, im Gegenteil, sie bezogen sich auf den jeweiligen Kontext und setzten damit die Diversifizierung des Islam in Westafrika fort.

Als weitere Marksteine – nicht nur der Geschichte der Islamisierung Westafrikas, sondern der Entwicklung der islamischen Welt insgesamt – sind die Ölkrise 1973 und die Islamische Revolution in Iran 1979 zu nennen. Beide Ereignisse beeinflussten das religiöse Selbstverständnis zahlreicher MuslimInnen besonders in Entwicklungsländern. Mit der Ölkrise und dem damit verbundenen finanziellen Aufschwung der reichen Ölstaaten änderte sich auch die Politik dieser arabischen Länder. Die Unterstützung der „dritten Welt“, und hier insbesondere die Unterstützung Afrikas, rückte ins Zentrum der Aufmerksamkeit. Islamischer Internationalismus stand auf der Agenda. Der Zeitpunkt war günstig für die afrikanischen Staaten, denn das politische Desinteresse des Westens und der UdSSR an Afrika nahm immer mehr zu. Die finanzielle Hilfe durch die so genannten Petro-Dollars ging einher mit engeren diplomatischen Beziehungen. Dies zeigte insbesondere im Zusammenhang mit dem Israel-Palästina-Konflikt Wirkung, weil eine große afrikanische Solidarität mit der arabischen Welt und dem palästinensischen Volk deutlich wurde. Viele Länder drückten dies durch den Abbruch ihrer diplomatischen Beziehungen mit Israel aus. Dies sollte sich nur langsam wieder ändern, hat aber als Streitgegenstand nichts an seinem Konfliktpotenzial eingebüßt. Dies stellte auch der 2005 durchgeführte Putsch gegen das herrschende Regime in Mauretanien eindrucksvoll unter Beweis, der seine Popularität in der Bevölkerung offenbar auch der unbeliebten israelfreundlichen Politik des gestürzten Regimes zu verdanken hatte.

Besonders Saudi Arabien investierte in zahlreiche muslimische Länder Afrikas, und zwar durchaus mit missionarischem Impetus: Gelder flossen in Moscheebauten, Bildungseinrichtungen (Schulen und Universitäten) und in karitative Organisationen, außerdem wurden zahllose Stipendien vergeben. Ähnlich verhielt es sich mit Libyen. Die heimkehrenden Studierenden brachten neben einem akademischen Abschluss auch wahhabitisches Gedankengut bzw. Ghaddafis Vorstellungen in ihre Heimatländer, was mit strengeren, ja puristischeren Vorstellungen vom „richtigen“ Islam verbunden war.[31]

30 Ausführliche Details zum Spektrum muslimischer Reformbewegungen im 20. Jh. und deren Bedeutung für Westafrika finden sich bei Loimeier 2003.

31 Siehe hierzu auch die Beiträge in diesem Band.

Mit der Islamischen Revolution in Iran veränderten sich sowohl die Diskurse als auch die islamischen Ideologien, lieferten die Ereignisse in Iran doch den Beweis, dass der Islam eine revolutionäre Kraft sein und für die erste Welt durchaus bedrohlich erscheinen konnte. Gleichzeitig wurde ein Extremismus aktiviert, der noch weiter ging als die puristische wahhabitische Lesart des Islam. Iranische Vorstellungen von korrekter islamischer Lebensführung beeinflussten bald die Diskurse arabisch-islamischer Beobachter. Diese Debatten fanden auch ihren Weg nach Westafrika und entwickelten dort eine Eigendynamik, die sich in zahlreichen Konflikten zwischen traditionellen Positionen und der neuen Generation niederschlug. Die Konzepte ließen sich jedoch nur bedingt in den jeweiligen lokalen Kontext integrieren.

Seit den 1970er Jahren entstand und entsteht heute eine neue muslimische Elite in vielen westafrikanischen Ländern. Es handelt sich hierbei um Gelehrte und Intellektuelle, die durchaus auch politische Führungsansprüche formulieren. Anders als traditionelle Gelehrte besitzen sie häufig sowohl eine solide westliche als auch eine islamische Bildung. Das lässt sie in doppelter Hinsicht als ernstzunehmende Konkurrenz erscheinen: Zum einen für diejenigen, die ausschließlich eine westliche Bildung genossen haben und zum anderen für die traditionellen Gelehrten, deren Definitionsmonopol durch diese Elite in Frage gestellt wird. Das wiederum macht sie bisweilen geradezu zu gesellschaftspolitischen Hoffnungsträgern, weil sie gerüstet scheinen, einem als gefährlich wahrgenommenen Säkularismus zu begegnen und gleichzeitig ein Gegengewicht zum teilweise als stagnierend wahrgenommenen traditionellen Islam zu bilden.

Parallel zur Formierung einer neuen Elite erfolgte in einigen Ländern die Islamisierung des Bildungswesens, die teilweise durch ausländisches Kapital ermöglicht wurde. Häufig wird an den neu entstandenen islamischen Schulen sogar Arabisch gelehrt, weil dies ein authentisches Textverständnis ermöglicht und zugleich das Selbstverständnis der MuslimInnen stärkt. Heutzutage ist es nicht ungewöhnlich, dass islamische Schulen eine breit akzeptierte Alternative zu staatlichen Schulen bieten. Ihr Curriculum bietet neben den Fächern islamischer Bildung oft dieselben Inhalte wie staatliche Schulen. Dennoch führt dieses doppelte Bidlungssystem häufig zu zahreichen Problemen.[32]

Obwohl es Tendenzen gibt, dem Arabischen als der Sprache des Koran eine besondere Bedeutung zu verleihen, sind doch die jeweiligen Landessprachen nach wie vor entscheidend, wenn es darum geht, religiöse Inhalte und Diskurse zu transportieren. Inzwischen gibt es zahlreiche Übersetzungen heiliger Texte und religiöser Literatur ins KiSwahili, FulFulde, Wolof, Bambara und Yoruba. Die

32 Siehe zu diesen Fragen auch die Beiträge in diesem Band, vor allem zu Ghana und Mali.

neuen Medien (Kassetten, Videos, Radio, Fernsehen und Internet) tun ihr übriges, wenn es um eine weitreichende Verbreitung religiöser Inhalte geht. Dank dieser Übersetzungen haben heute alle Gläubigen und Interessierten Zugang zu den zentralen Texten des islamischen Glaubens. Dies fördert ein verändertes Verständnis von Glaube aber mehr noch einen anderen Umgang mit der Orthodoxie bzw. den etablierten Gelehrten, die als Mittler tendenziell überflüssig werden.

Zugleich hat islamischer Radikalismus auch vor Westafrika nicht Halt gemacht. Er ist, wie andernorts häufig auch, mit den allgemeinen Rahmenbedingungen der jeweiligen Staaten in Verbindung zu bringen. Vor allem aber mit dem Versagen der Staaten und der lokalen Eliten, die ökonomische Entwicklung der Gesellschaften in sinnvolle Bahnen zu lenken und dem Elend der Bevölkerung ein Ende zu setzen. Solange in vielen westafrikanischen Staaten nicht einmal die Grundbedürfnisse nach Bildung, Gesundheit und Sicherheit garantiert werden können, dürfte es nicht verwundern, dass einerseits Trost in der Religion gesucht wird und andererseits deren sozial-revolutionäres Potenzial für politische Zwecke instrumentalisiert wird.

Eine solche religiös argumentierende Opposition kann auch in Westafrika durchaus Einfluss gewinnen. Islamischer Radikalismus weist auch hier die klassischen Merkmale eines radikalen Islams auf: Er richtet sich gegen die jeweilige Regierung, gegen Säkularismus und „Verwestlichung", ferner gegen traditionelle Islamrepräsentanten und gegen die traditionellen islamischen Bruderschaften und deren mystische Praktiken. Auch wenn radikale islamische Strömungen in Westafrika zu beobachten sind, so ist doch gleichzeitig offensichtlich, dass sie eine Machtfrage wohl kaum mit Waffengewalt für sich entscheiden könnten und auch an den Wahlurnen nicht den gewünschten Erfolg erlangen können. Radikale Formen des Islam verfügen in Westafrika nicht über ausreichend Rückhalt in der Bevölkerung, da diese mehrheitlich den traditionellen Bruderschaften verbunden ist.

8. Ausblick

Die Islamisierung (West)Afrikas bewegt sich in einem Spannungsfeld. Dieses lässt sich als Dynamik beschreiben zwischen einem übergeordneten für die gesamte muslimische Welt gültigen Referenzrahmen, den so genannten religiösen Kernbotschaften, und dem spezifischen lokalen Kontext mit seinen jeweiligen historischen und kulturellen Erfahrungen und daraus resultierenden Zugängen zu diesem übergeordneten Referenzsystem „Islam". So konnten für den entsprechenden gesellschaftlichen und geographischen Kontext charakteristische Ausprägungen, Interpretationen und Kontextualisierungen entstehen, die sich sowohl an der islamischen Ökumene als auch an afrikanischen Traditionen orientieren. Altes wurde nicht einfach durch Neues ersetzt. Im Gegenteil: Es kam sowohl zu Vermischungen als auch zu Neubelebungen. Dadurch entstanden neue spezifisch afrikanische Synthesen. Dies war und ist die Voraussetzung für Afrikas Vielfalt an lokalen Traditionen. In diesem Sinne lässt sich die Islamisierung (West)Afrikas durchaus als Afrikanisierung des Islam bezeichnen – eine Afrikanisierung der Vielfalt, die das Konzept eines „schwarzen Islam" bzw. eines „Islam noir" ad absurdum führt.

Es sind dynamische Prozesse, die den Islam in Westafrika nach wie vor kennzeichnen. Diese äußern sich in einer konstanten Interaktion von lokalen Traditionen und Kontexten mit globalen Phänomenen und translokalen Elementen des Islam, die sich wechselseitig beeinflussen und zu Umdeutungen und Adaptierungen führen. Vor diesem Hintergrund entstand in der jüngeren Vergangenheit ein neues Selbstbewusstsein der (west)afrikanischen MuslimInnen, das auf einer doppelten Identität fußt: Im afrikanischen Kontext verstehen sie sich als MuslimInnen, im Kontext der restlichen muslimischen Welt als AfrikanerInnen. In dieser doppelten Eigenschaft wollen sie die Geschicke der eigenen Gesellschaften in die Hand nehmen.

Karte 2: **Religionsverteilung in den afrikanischen Staaten**[33]

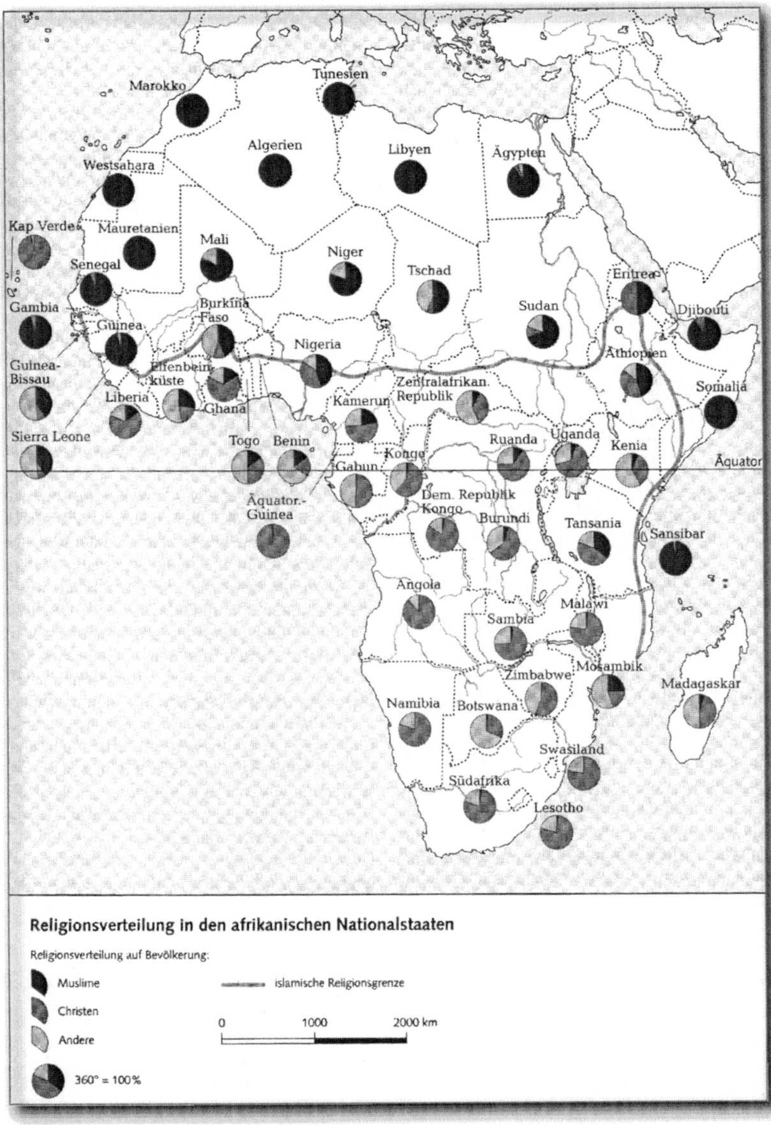

Religionsverteilung in den afrikanischen Nationalstaaten

Religionsverteilung auf Bevölkerung:

Muslime

Christen

Andere

360° = 100%

islamische Religionsgrenze

0 1000 2000 km

33 Quelle: Ulrich Rebstock, Zitiert in Mabe 2002: 85. Zu beachten ist, dass die Beiträge in diesem Band zum Teil auf aktuellere Zahlen verweisen.

9. Bibliographie

africa spectrum, 37, (2) 2002. Schwerpunkt: Islam in Afrika.

Bierschenk, Th./Staudt, G. (eds.): Islam in Africa. Yearbook of the Sociology of Islam, 4, 2002.

Brenner, L. (ed.): Muslim Identity and Social Change in Sub-Saharan Africa. London, 1993.

Clarke, P. B.: West Africa and Islam. A Study of Religious Development from the 8th to the 20th Century. London, 1982.

Dupuis, J.: Journal of a Residence in Ashantee (1824). London, 1966.

Elger, R. (Hrsg.): Kleines Islam-Lexikon. Geschichte, Alltag, Kultur. München, 2003.

Gomez-Perez, M.: L'islam politique au sud du Sahara. Identités, discours et enjeux. Paris, 2005.

Hock, K.: Islam. In: Mabe, J. E. (Hrsg.): Das kleine Afrikalexikon. Politik, Gesellschaft, Wirtschaft. Sonderausgabe für die Zentralen der politischen Bildung. Stuttgart et al., 2002, 82-87.

Hock, K.: Islamisierung. In: Mabe, J. E. (Hrsg.): Das kleine Afrikalexikon. Politik, Gesellschaft, Wirtschaft. Sonderausgabe für die Zentralen der politischen Bildung. Stuttgart et al., 2002, 88-90.

Inamo, 41, Jahrgang 11, Frühjahr 2005.

Levtzion, N./Pouwels, R. L. (eds.): The History of Islam in Africa. Athens, Ohio et al., 2000.

Levtzion, N.: Islam in the Bilad al-Sudan. In: ders./Pouwels, R. L. (eds.): The History of Islam in Africa. Athens, Ohio et al., 2000, 63-91.

Lewis, I. M. (ed.): Islam in Tropical Africa. London, 1966.

Loimeier, R.: Der Islam im subsaharischen Afrika. In: Aus Politik und Zeitgeschichte, 8. September 2003 (B 27/2003), 41-48.

Loimeier, R.: Afrika, subsaharisch. In: Elger, R. (Hrsg.): Kleines Islam-Lexikon. Geschichte, Alltag, Kultur. München, 2003, 22-25.

Loimeier, R.: Die islamischen Revolutionen in Westafrika. In: Grau, I. et al. (Hrsg.): Afrika. Geschichte und Gesellschaft im 19. und 20. Jahrhundert. Wien, 2000, 53-74.

Loimeier, R.: Gibt es einen afrikanischen Islam? Die Muslime in Afrika zwischen lokalen Lehrtraditionen und translokalen Rechtleitungsansprüchen. afrika spectrum, 37, (2) 2002, 175-188.

Mabe, J. E. (Hrsg.): Das kleine Afrikalexikon. Politik, Gesellschaft, Wirtschaft. Sonderausgabe für die Zentralen der politischen Bildung. Stuttgart et al., 2002.

McCall, D. F./Bennett, N. R. (eds.): Aspects on West African Islam. Boston, 1971.

Meunier, O.: Les routes de l'Islam. Anthropologie politique de l'islamisation de l'Afrique de l'Ouest en général et du pays hawsa en particulier du VIIIe au XIXe siècle. Paris, 1997.

Palmer, H. R.: The Kano Chronicle. In: ders. (ed.): Sudanese Memoirs. London, 1967, 92-141.

Prussin, L.: Hatumere: Islamic Design in West Africa. Berkeley and Los Angeles, 1986.

Sanneh, L.: The Crown and the Turban. Muslims and West African Pluralism. Boulder, Oxford, 1997.

Sesemann, R.: „Ein Dialog der Taubstummen“: Französische vs. britische Wahrnehmungen des Islam im spätkolonialen Afrika. afrika spectrum, 37, (2) 2002, 109-139.

Triaud, J.-L.: Islam in Africa under French Colonial Rule. In: Levtzion, N./Pouwels, R. L. (eds.): The History of Islam in Africa. Athens, Ohio et al., 2000, 169-187.

Westerlund, D. / Evers Rosander, E. (eds.): African Islam and Islam in Africa. Encounters between Sufis and Islamists. London, 1997.

Wilks, I.: The Juula and the Expansion of Islam into the Forest. In: Levtzion, N./ Pouwels, R. L. (eds.): The History of Islam in Africa. Athens, Ohio et al., 2000, 93-115.

Internetquellen

United Nations 2005: *http://esa.un.org/unpp/* (letzter Zugriff 28.11.2005).

The World Factbook CIA: *http://www.cia.gov/cia/publications/factbook/index.html* (letzter Zugriff 28.11.2005).

http://www.bbc.co.uk/worldservice/africa/features/storyofafrica/index.shtml (letzter Zugriff 28.11.2005).

KAPITEL I
Ghana

Nachdem Ghana 1957 als erste Kolonie des subsaharischen Afrika die Unabhängigkeit erlangte, erlebte das Land zunächst einen Wechsel von Zivil- und Militärherrschaften. Seit der Rückkehr zur parlamentarischen Demokratie 1992 ist Ghana politisch relativ stabil und gilt in wirtschaftlicher Hinsicht mittlerweile als „Musterland" internationaler Geber. Seit Kolonialzeiten allerdings besteht ein starkes Entwicklungsgefälle zwischen den vorwiegend von Muslimen bewohnten peripheren Landesteilen des Nordens und dem stark christlich geprägten, deutlich wohlhabenderen, Süden des Landes.

Seit der erfolgreichen Demokratisierung in den frühen 1990er Jahren haben etliche muslimische Vereinigungen zur Entwicklung einer vielfältigen und aktiven Zivilgesellschaft in Ghana beigetragen, die sich unter anderem der bis heute andauernden wirtschaftlichen und sozialen Marginalisierung weiter Teile der muslimischen Bevölkerung in Ghana annehmen. Soziale Spannungen zwischen christlichen und muslimischen Gemeinschaften – vor allem aber auch innerhalb der muslimischen Gemeinschaften – münden bisweilen in gewalttätigen Konflikten. Dennoch dominiert in der politischen Öffentlichkeit des Landes bei interreligiös sensiblen Fragen – von christlicher wie muslimischer Seite – nach wie vor ein Klima des Ausgleichs. Nicht zuletzt dieser innenpolitisch friedliche Hintergrund ermöglicht es Ghana, in den zahlreichen innerstaatlichen Konflikten seiner Nachbarländer eine Vermittlerrolle spielen.

Fläche	238.537 km²
Einwohnerzahl	20,5 Mio.
Religion	Christen (63%); Animisten (21%); Muslime (16%)
Größte ethnische Gruppen	Akan (44%); Mossi (16%); Ewe (13%)
BSP/Kopf	440 US $
Lebenserwartung	58,5 Jahre
Alphabetisierung	74,8 %
Quelle: www.auswaertiges-amt.de; CIA – The World Fact Book	

1

Political Islam in Ghana: Muslims and their Position in a Secular West African State

Holger Weiss

1. Introduction

Islam is not a recent factor in contemporary Ghana. The history of Muslims' activities in the region goes back to the sixteenth century, if not earlier, whereas Muslims were already integrated into the political structures in some of the early states in the so-called Voltaic Basin in the eighteenth century.[1] However, in contrast to some of the precolonial states in the Sudanic Savannah, Islam never emerged as a political factor in the Voltaic Basin or to the south of it, in Asante or along the Gold Coast. Though some individuals converted to Islam, the Islamization of whole societies or states in the region never happened. For much of the twentieth century, Islam and Muslims made few headlines in the British colonial, as well as the independent Ghanaian, state. Therefore, from the perspective of both the colonial as well as the postcolonial state, the Muslims in Ghana represented a relatively easy and quiet minority, having little political influence and an even smaller economic impact on the national level.

However, as will be argued in this study, the picture of a relatively humble minority is but one side of the coin. Beneath the surface and within the Muslim community in Ghana, there is a vibrant discussion about the position and the challenges of the Muslims in Ghana. On the other hand, tensions among various Muslim sub-groups have time and again erupted and led to bloodshed and made headlines in the newspapers. Above all, whereas the Muslim minority in Ghana perceive and portray themselves as a marginalized minority, non-Muslim observers are increasingly worried about the relationship between Muslims, the civil society and the Ghanaian secular state. The central issue at stake is whether the Muslim community regards the modern, secular state in a positive way and identifies themselves as citizens of that state or if this state is dismissed as an anomaly or alien/un-Islamic element with which a 'true' believer should interact

1 The term 'Voltaic Basin' refers to the region comprising the Black and White Volta Rivers: the northern part of contemporary Ghana, i.e., the Northern Region, the Upper East Region and the Upper West Region, as well as the southern part of Burkina Faso.

as little as possible, if at all. As will be argued in this study, both projections are possible, though it is unclear, and highly speculative, whether or not one can identify a growing politization of Islam in contemporary Ghana.

2. Accommodation or Rejection?

Historically, one could argue, two basic political-cum-religious concepts were articulated in the Voltaic Basin/Ghana as well as elsewhere in the Muslim world among the Muslim (politico-religious) leadership, i.e., the imams and the Muslim literati,[2] namely that of accommodation and that of rejection. The first concept is usually connected with the peaceful cohabitation of Muslim traders and scholars in non-Muslim communities and societies.[3] In fact, in many localities in West Africa, Muslim settlements initially developed as 'stranger' communities, gaining internal religious (and often also cultural and political) immunity and autonomy but at the same time acknowledging the political superiority of the local authority. In other circumstances, the Muslim stranger community developed close links to the ruling classes, instigating a relationship of mutual interest: the stranger community was given political and military protection by the (usually) non-Muslim ruler while the Muslim leadership paid homage to the ruler and performed vital religious services, such as praying for the welfare of the society and of the ruler or manufacturing amulets and other protective talismans. In general, the slow process of Islamization in the Voltaic Basin has been portrayed by historians as a typical example of accommodation. Both Muslim Mande or, as they were also called, Wangara traders, who operated along the north-south trade route connecting the Niger (the Malian Empire) and the Akan hinterlands, and Muslim Hausa traders, who travelled between Hausaland (contemporary Nigeria) and Gonja, were for centuries known for their peaceful engagement in the region.[4]

However, accommodation had – at least from the standpoint of political Islam – its price: the religious integrity of the Muslim community was achieved by non-interference with local political structures. Thus, an Islamization of the host society or state was ruled out, unless a ruler decided, sometimes together with members of his court, to convert to Islam. The conversion of the ruler seldom happened as long as the majority of his subjects, the commoners, had little inte-

2 Throughout the Muslim world, the imams were first and foremost the leaders of the congregational prayers. However, under certain circumstances, such as the absence of a Muslim political head or leader, an imam would also assume the role of the leader of the local Muslim community.

3 Anderson 2000; Wilks 2000.

4 Levtzion 1968; Hiskett 1984.

rest in the new faith or the new faith was perceived as a threat to the cosmic stability of the society by the ruling strata and the religious specialists. It therefore comes as no surprise that Islam remained mostly the religion of strangers and their communities until the late precolonial era.

Islamization was thus a slow process in the Voltaic Basin. Muslim settlements were established along the trade routes and Muslim communities emerged among the early states in the region, namely Gonja, Dagomba, Mamprusi and Wa. In Kumasi, the capital of Asante, a Muslim community had evolved during the eighteenth century which was to gain political influence at the court towards the end of that century. However, in none of these states did the Muslim factor play a major political role. Conversions of some rulers, such as Na Muhammad Zangina (ca. 1700-1714) in Dagomba, or close associations with the Muslim camp, such as those of Asantehene Osei Kwame (ca. 1777-1803), either had no lasting effect or were rejected by the court. However, despite the fact that the Muslim communities were generally regarded as stranger communities, some of its members – namely the imam and the head of the community (called *sarkin zongo*) – became part of the administrative structures of these states. Their position was to serve as intermediaries between the ruler, the court and the stranger community, and, in case of the imams, to serve as religious specialists for the ruler. By accommodation with the prevailing local political, social and religious circumstances, the Muslim community received a positive trade-off: internal religious, legal and social immunity. Within these communities or zongos, a 'Muslim sphere' was to develop, demarcated by the outward signs of one or more mosques and the fulfilment of the norms and duties of Islam: prayers, fasting, almsgiving, and, occasionally, the pilgrimage to the Holy Cities.

Thus, an Islamic order which included the application of Muslim Law in legal cases was established in these enclaves. A social and religious hierarchy emerged within the zongos, consisting of the imam, who was the religious head of the community and usually also the chief judge (*qadi*), and the sarkin zongo as the political leader of the zongo. The outward unity of the zongo community was a symbol of the supra-ethnic unity of the umma, the Muslim community, whereas the inner ethnic complexity of the zongo, as the zongo communities were inhabited by more or less all strangers that were actively engaged in trade and handicrafts or Muslim scholarship, reflected at the same time the diversity of the *umma*.

The establishment of British colonial rule in the Gold Coast and its hinterland at the end of the nineteenth century did not much change the prevailing conditions that regulated the relationship between the zongo communities and society as such. In fact, the Muslim leadership was quick to align themselves with the new rulers and were, in most cases, able to achieve a similar internal autonomy for their communities as had previously existed – except that Muslim Law was no longer applied. The autonomy of the Muslim community was further strengthened by the colonial state as it legalized Muslim marriages through the *Mohammedan Marriage Ordinance* (which is still in use in contemporary Ghana).[5]

British colonial rule set the course for the relationship between Muslims and the state and vice versa. While the guiding principle of the colonial authorities was that, if the Muslim community did not challenge the colonial order, its internal autonomy would not be challenged, the general principle of the Muslim political and religious leadership was the continuation of accommodation. However, there was a clear difference in the perspective of both parties. While the colonial authorities increasingly regarded the Muslim minority as having a marginal societal influence and impact and did not attempt their integration into the colonial order, the Muslim community at large pursued a policy of rejecting the Westernization of its members. This was most evident in the case of education. Whereas the colonial state slowly, but gradually, created a modern, Western educational system throughout the colony, in part run by the colonial state, in part by Christian missionary societies, Muslim leaders regarded Western education as a threat to their Muslim identity. As a consequence, Muslim parents, both in the North and in the South of the colony, only in rare cases sent their children to get a Western education. Instead, Muslim children continued to be sent to the *makarantas* or *Qur'anic* schools. As a result, Muslim individuals were increasingly marginalized in the colonial society as neither the state nor the modern, Westernized society had any need for their services or skills, although the Muslim sphere was kept intact. But this was not a major issue for the British colonial administration as Islam in the Gold Coast was not perceived as a political problem.[6] When asked by the French colonial authorities in West Africa to keep a watchful eye on the Muslims in the mid-1950s, the British authorities replied that "there existed no Islamic problem" in the colony.[7]

However, despite colonial disinterest in Islam and the Muslim community in the Gold Coast, the colonial system itself was to generate changes among the Muslim community and in the religious setup of the colony. Muslim settlements had been established in coastal towns and villages since the late nineteenth century and, in some cities, such as Accra, some locals converted to Islam. However, as much as Islam had for centuries been the religion of strangers in the north, it

5 Weiss 2005.
6 Ibid.
7 Seesemann 2002.

was to emerge as the religion of migrants in the south during the colonial period. The colonial economy in the Gold Coast was basically a dualistic one: the northern part and the adjacent French colonies serving as labour reserves for the cocoa plantations and mines in the southern part. Whereas most of the migrants into the south had left their homesteads as non-Muslims, they would, in most cases, settle in the south in the *zongos* and convert to Islam there.[8] Islam thus became an identity-marker and served as supra-ethnic glue for the migrants as well as the strangers. As Jean Rouch noted about the impact of Islam on the migrants in the early 1950s:

> *Islam has been brought into the Gold Coast entirely by migrants, but this religion undergoes certain modifications there; religious zeal becomes very much increased and every lukewarm Muslim becomes a fervent member of the faith in the Gold Coast. Even those who are not completely islamised in their own countries [...] are caught up in the movement, adopting first the dress, then the custom and then the rites.*[9]

Islam constituted a unifying factor among migrants – Muslims, but also other 'strangers' from the north – in the zongo communities in the south. During the colonial period, so-called *Muslim Chiefs* were established in the zongos to coordinate their activities effectively as a minority group on the coast. In order to have a stronger societal influence, the Muslim chiefs came together to form the *Council of Muslim Chiefs* in Accra in the late 1950s. Since then, the council – formalized in 1969 and presently termed the *National Council of Muslim Chiefs* (NCMC) – has become the mouthpiece for Muslims in southern Ghana in their relationship with the traditional and the state authorities. The prominent position of the council is further enhanced due to its role in the selection of the *National Chief Imam.*[10]

3. Muslim Political Activity from the Colonial to the Present Period

The first organized Muslim political group that emerged during the colonial period was the *Gold Coast Muslim Association* (GCMA) in 1932. At that point, the GCMA only concentrated on welfare and social organization to attract the interest of migrant Muslims. However, during the 1950s, the GCMA increasingly turned its attention to politics and during the 1953 Accra Municipal and 1954 Kumasi Town Council elections, the GCMA actively participated in politics with its own

8 Schildkrout 1978; Pellow 2002.
9 Rouch 1954.
10 Mumuni 1994; Mumuni 2002.

candidates. To further strengthen its political influence on the national level, the GCMA was transformed into the *Muslim Association Party* (MAP) in 1954.[11]

The establishment of the MAP was an attempt by some politically active Muslims to form an opposition to Kwame Nkrumah's *Convention People's Party* (CPP), especially in the Gold Coast Colony and in Ashanti. However, what followed was a rift within the Muslim community in the south and the emergence of rival Muslim political bodies in the Gold Coast. The best known of these bodies was the *Muslim Youth Congress* (also known as the *Muslim Youth Association*), which was a pro-CPP organization formed in 1950, and was later known as the *Gold Coast Muslim Council* (GCMC). When the CPP took power, the GCMC was transformed into the *Muslim Council of Ghana* (MCG). The MCG was banned in 1966 by the *National Liberation Council* (NLC), i.e., the military government which had toppled Nkrumah and his regime in February 1966.[12]

In the Northern Territories, on the other hand, there was little politization of the Muslims and the emergence of political parties or the formation of the *Northern Territorial Council* (NTC) was not a Muslim affair per se. Instead, it was the new northern Western-educated elite who constituted the core of the *Northern People's Party* (NPP) in 1954. The NPP was a regional party, not a religious party, and had close links to the NTC and the traditional rulers. Though the MAP was a major ally of the NPP, Islam was not an issue during the elections in the north in the 1950s.[13]

The political activities of the MAP came to an end with Ghanaian independence. Together with the other opposition parties, the MAP was banned by the Nkrumah (CPP) government. Further legislative actions curbed Muslim political activities. The Avoidance of Discrimination Bill of 1957 banned political parties formed along religious lines and the 1957 Deportation Act enabled the deportation of two influential MAP leaders to Nigeria. However, despite Nkrumah's harsh actions against Muslim political activities, he himself was eager to present Islam as a positive, 'non-alien' factor in Ghana. Nkrumah's personal position towards Islam was further highlighted through his marriage to an Egyptian (Muslim) and his close (spiritual) relationship with the Senegalese Sheikh Ibrahim Niass, the leader of the Niassene branch of the Tijaniyya Sufi order.[14]

Political activities, which had been banned during the NLC regime (1966-69), resumed in 1969. However, there was neither at this point nor thereafter any

11 Mumuni 1994; Ahmed-Rufai 2002.
12 Mumuni 1994.
13 Ladouceur 1979; Balogun 1987.
14 Hiskett 1980; Allman 1991; Ahmed-Rufai 2002.

attempt to revive the MAP or to form another Muslim party. Instead, Muslim voters had been split among the contesting parties during the 1969 election, the *Progress Party* of Dr. K.A. Busia and the *National Alliance of Liberals* being the two major ones. Among the Muslims, especially the Hausa and Yoruba communities in Ghana, the Busia government (1969-72) is remembered with mixed feelings. In 1969, the government passed the Aliens Compliance Order which led to the deportation of many 'alien' Muslims, most of them to Nigeria (as they were defined by the Ghanaian authorities as non-Ghanaians). On the other side, the deportation of many 'alien' Muslims from Ghana led to an increasing 'indigenization' of Islam in Ghana when Ghanaian Muslims, in many cases, replaced Hausa and other 'alien' Muslim leaders and imams.[15] When the Busia government was overthrown by the military, the Muslim leadership had to deal with the new rulers, the *National Redemption Council* (NRC, 1972-1975), reorganized in 1975 by the Supreme Military Council (SMC, 1975-78), both led by Colonel (later General) I. K. Acheampong and later General Akuffo. However, the Muslim leadership had been split since the early 1950s. Nkrumah's attempt to create a unified platform for the various Muslim groups, the *Muslim Council of Ghana,* came to an end with the 1966 coup d'etat. As a consequence, a new, basically non-political organization, the *Ghana Muslim Community* (GMC) was created in 1966 and with its formation, the Muslim community resolved to get out of national politics completely. In 1969, some Ga Muslims and Muslims from the northern parts of Ghana established the *Supreme Council for Islamic Affairs* (SCIA). In 1971, the GMC and the Ghana *Muslim Mission* (GMM), an organization representing the Ga Muslim community in Accra, formed a single, loose body, the *Ghana Islamic Council* (GIC), although the GMM soon withdrew from the body. In 1973, a new umbrella organization for all Muslims was formed under the auspices of the military regime, the *Ghana Muslim Representative Council* (GMRC); the GMC, the GMM and the SCIA being its component bodies. However, in 1977 the GMRC had already lost its credibility when the GMC decided to withdraw from the body. Its main, if not only, political statement was made in 1978 when the GMRC, together with most of the Muslim chiefs, gave its support to Acheampong's idea of creating a so-called Union Government.[16]

Since the overthrow of the SMC military government in 1978, Ghana has witnessed the regimes and the PNDC/NDC governments of Jerry Rawlings (1978-79, 1981-2000, in 1992, and again in 1996, elected) as well as the governments of Dr. Hilla Limann (1979-81) and J.A. Kufuor (since 2000). Again, Muslim col-

---

15 Ryan 1996.
16 Mumuni 1994; Pobee 1992.

lective political activities have so far been marginal apart from individual Muslims taking an active role in party politics and in government. As a potential political block, the Muslim voters started to receive attention during the last two presidential elections (2000 and 2004). The two main parties, the *National Democratic Congress* (NDC) and the *National Progressive Party* (NPP) both chose to nominate Muslims as their vice-presidential candidates with the clear aim of attracting Muslim voters.[17] The NPP-government, which has been in power since 2000, includes several Muslims, among others the Vice-President Aliu Mahama and the Greater Accra Region Minister Sheikh I.C. Quaye.[18] However, as has been stated above, one cannot speak of a 'Muslim factor' in contemporary Ghanaian politics: most, if not all, of the Muslim politicians are members of (secular) national parties, they serve a (secular) national government and make a clear distinction between their personal faith and the secular constitution of the Ghanaian state. This is most evident in the case of Vice-President Mahama. When making public appearances, he is the spokesperson and defender of the Ghanaian (secular) civil society and political order, and when appearing at Muslim gatherings and events, his mission has been to bridge the gap between the Muslim community and the (secular) government, urging the Muslims to fully integrate into Ghanaian civil society.

Despite there being no Muslim party, several of the Muslim NGOs have been politically active or have been established as mouthpieces of the Muslim community. However, as noted above, unity among the Muslims has been a chimera – at least since independence, if not before. There is not one unifying body but several contesting councils, each representing a particular segment of the Muslim population and usually reflecting either ethnic or factional divisions. Despite the attempts by the Nkrumah government to establish one unified body, fissural tendencies have marked the Muslim community at large. After the failed attempts during the late 1970s to establish a united platform, a new Islamic council named the *United Ghana Mission Representative Council* (UGMRC) was formed in 1984, thus challenging the already existing GMRC. Rivalry soon emerged between the two bodies and in 1985, another new organization, the *National Islamic Secretariat* (NIS), was formed as an umbrella platform for all Muslim organizations in the country. A few years later, the NIS was transformed into the *Federation of Muslim Councils* (FMC).[19]

17 In the 2004 election, the running mate of the NDC presidential candidate Atta Mills was Alhaji Mohammed Mumuni.

18 Other influential Muslim politicians are Alhaji Iddrisu Mahama, who was Minister of Defence in Rawlings NDC government (1996-2000), and Alhaji Malik Alhassan, who served as Minister of the Interior in the first NPP-government before his resignation due to the Dagbon Crisis in 2002.

19 Mumuni 1994.

In 1989, the PNDC government passed a law necessitating the registration of the various religious organizations in Ghana as an attempt at surveillance due to the upsurge of new, mainly Christian, religious movements. However, for the Muslim community and the various Muslim organizations, the 1989 Religious Bodies Registration Law was problematic due to the constant internal conflicts and disunity. Thus, yet another Muslim platform, the *Dinil-Islam of Ghana* (DIG, "The Religion of Islam in Ghana"), aimed at covering all Muslim organizations, was created. The idea was that only the DIG would be registered, but the attempt was challenged by the FMC, which also applied for registration. Both bodies were eventually registered.[20]

At present, the GMRC, the FMC and the DIG are more or less low-functioning organizations and their national impact is debatable. Within the Muslim community, the office of the *National Chief Imam* as well as the *National Council of Muslim Chiefs* seem to have a more profound influence. The weak appearance of the various organizations is mainly due to their lack of financial resources and shaky administrative structures. The main critique by Muslim intellectuals and scholars – especially among the *Ahlus-Sunna* (see below) – not affiliated with these bodies is that they have failed to achieve their main objective, namely to unite the different Muslim factions and that large sections of the Muslim population are not represented in these bodies. Thus, with the rise of political activity among Muslims during the last decade, the call for unity has been made the top priority and is championed by the *Coalition of Muslim Organisations, Ghana* (COMOG). This umbrella platform was formed in 2002 as an attempt to tackle the issue of weak leadership among the Muslims and to champion the cause of *Muslims in Ghanaian society*. However, the main problem of the COMOG is the lack of trust in the organization on the part of the Muslim community, especially from the old Muslim leadership. Among others, the *National Chief Imam* has regarded the COMOG as a rival who wants to take over power. On the other side, the National Chief Imam of the Ahlus-Sunna supports the organization. Another group that is suspicious of the COMOG is the *Council of Muslim Chiefs*. The Ghanaian government, also, has suspicions concerning the organization.[21]

During the last years, however, the COMOG seems to have been able to establish a working relationship with both the National Chief Imam and the Ghanaian government. Whereas its attempt to engage in the peace process after the 2002

---

20 Mumuni 1994; Mumuni 2002.
21 Interview with Mumuni 2005.

Yendi Conflict[22] – the COMOG presented a plan for peace and confidence building in the Northern Region, especially Dagbon – was disregarded by the government, its engagement in resolving the *hajj* problem has opened new avenues for it. For decades, the organization of the annual hajj – the pilgrimage to Mecca – had been the task of the GMRC, but there had usually been irrugularities and troubles in organizing it: misuse and embezzlement of hajj funds, ineffective and unprofessional organization and over-reliance on political patronage. Since 1993, the appointment and supervision of the hajj committee, an annual ad hoc organization, has been taken over by the *National Commission on Culture*, but with little change apart from hajj operations becoming highly politicized during the PNDC and the NDC regimes and party loyalists taking over the hajj committee. Though the NPP government declared that it tried to eliminate bottlenecks associated with the hajj, not much was achieved. Thus, after yet another chaotic pilgrimage season, the COMOG organized a conference in April 2005 together with the office of the *National Chief Imam* and the *National Council of Muslim Chiefs* to discuss the hajj problem. The key argument of the conference was the need for the establishment of a permanent hajj board.[23]

4. Contested Loyalties: Muslims, Civil Society and the Secular State

As claimed above, Islam is not a political factor in contemporary Ghana. However, one could argue that there is a latent 'Muslim factor' present in Ghanaian national politics – and most certainly on a regional level. The 'Muslim factor' can be defined as the attempt to create or formulate a religious identity as a unifying

22 The 2002 Yendi Conflict was the sudden, but not unexpected, eruption of violence in Yendi, the capital of Dagbon, which led to the murder of the ruler of Dagbon, "Ya-Na" Yakubu Andani II, in March 2002. Behind the clash was the longstanding animosity between the two branches of the royal family, the Abudu and the Andani gate, which since the early part of the twentieth century have been locked in an ongoing succession dispute. Compared to the British colonial authorities, who imposed their will and their vision of political tradition upon local actors, the postcolonial state has not been able to fully stabilize political tensions in Dagbon. This has been evident since the 1969 succession conflict. The crises in 1969 triggered government and army actions, but their interference did not create a stable situation. The Abudu faction lost their claim and an Andani contestant was chosen Ya-Na by the kingmakers. When Kufuor's NPP came into power in 2000, a problematic situation emerged in Dagbon where state authorities were known to be tied to the rival faction. Though it is both unproven and very unclear, a general rumour in Dagbon in 2002 was that there was an Abudu-led and NPP-backed conspiracy against the ruling Ya-Na, Yakubu Andani II. The escalation of political violence that followed in Yendi and the eruption of open fighting and the killing of the Ya-Na in March 2002 are still blurred with accusations from both sides against the other's actions and political alliances. See further Hughes 2003.

23 Interview with Mumuni 2005; Accra Daily Mail 5.4.2005.

marker rather than through ethnic affiliation. This has been clearly evident in the last two elections. But there is no uniform Muslim community in Ghana – as there is no uniform Christian community either. Ghanaian Muslims are split along ethnic and 'sectarian' lines. Seen from a local standpoint, there are so-called 'alien' and national migrant Muslims (a definition following a nationalistic concept commonly in use in Ghana), in addition to indigenous ones. Doctrinal, not ethnic or political, issues have caused rifts among the Ghanaian Muslim community and have led to tensions among different Muslim groups (or 'sects' as they are called in Ghana).

Doctrinal divisions had not been an issue during the precolonial period, though there had been some Muslim scholars who were critical about the accommodationalist approach that was the common norm of interaction. Some scholars even publicly challenged the prevailing status quo with revivalist agitation, but these were generally local affairs in the north. Muslim militant reform movements that had swept over most of the Sudanic savannah had left the Voltaic Basin and Asante more or less untouched. However, there was an increasing tension in the region starting at the end of the nineteenth century. Some Hausa scholars started to criticize local Muslims for their 'lax' behaviour and, at the beginning of the twentieth century, *itinerant Mahdistic* preachers caused turmoil among the non-Muslim population in the north. Whereas the Hausa critics never turned to violence but rather tried to clearly demarcate their own religious and cultural sphere in their zongos, the activities of the Mahdistic preachers were soon checked by the colonial authorities and Mahdism never gained any hold in the Gold Coast.[24] At the same time, a more invisible process was going on within the Muslim community, namely the peaceful spread of the *Tijaniyya*. This Sufi order seems to have been introduced at the end of the nineteenth century and was soon to become the most influential order in the region. Since the 1950s, if not earlier, the Tijaniyya has become the most dominant Muslim group in Ghana, in fact, today there are only a few adherents of the other influential West African Sufi order, the *Qadiriyya*, in the country. Among others, a clear sign of the prominence and influence of the Tijaniyya is that, so far, one of their scholars has always been elected *National Chief Imam*, the present one being Sheikh Uthman Nuhu Sharubutu.

The first doctrinal rift among the Muslim community occurred when the *Ahmadiyya* mission started its operations in the Gold Coast during the 1920s, but

24 Colonial pro-Muslim policy was seriously challenged when Mahdist or Muslim violent 'millenarian' movements were reported throughout British, French and German West Africa at the beginning of the twentieth century. Mahdist or ‚radical' Muslim preachers were closely watched by colonial officials after the Mahdist uprisings in Northern Nigeria and adjacent regions between 1905 and 1907. See further Weiss 2005.

their impact has mainly been felt in some localities in the Central Region as well as in Wa in the Upper West Region.[25] A much more severe doctrinal rift within the Sunni Muslim community was caused by the dissemination of Islamist and *Wahhabi*[26] ideas. The influence of Islamism and Wahhabism in Ghana goes back to the late 1950s and early 1960s, namely when Egypt and Saudi Arabia opened their diplomatic missions in Ghana. Several organizations were established since the late 1960s to champion the cause of the Wahhabiyya; among others, the *Institute of Islamic Studies,* the *Islamic Research and Reformation Centre,* the *Supreme Council for Islamic Call and Research,* and the *Islamic Charity Centre for Women Orientation.* In 1997, the *Ahlus-Sunnah wal-Jama'ah* ("The People of the Sunna and the Community") was established as an umbrella organization for all Wahhabi-inspired organizations in Ghana, and the movement is led by their own National Imam, Sheikh Umar Ibrahim Imam.[27]

The doctrinal rift among the Muslims has led to intra- and inter-ethnic religious conflicts within the Muslim community, some of them being marked by longstanding rivalries with periodic outbreaks of violent clashes. One of the earliest intra-Muslim conflicts was the clash between adherents of the Ahmadiyya and local Sunni Muslims in Wa during the 1930s and, since then, there has been an ongoing polarization between these two groups in Wa and other places.[28] Since the 1960s, disputes over imamships and mosques have sometimes led to violent clashes between members of the Tijaniyya and the Ahlus-Sunna.[29]

Intra-religious conflicts within the Muslim community have a global dimension. Though links between local Muslim scholars and the outside world have

25 Wilks 1989.

26 The Wahhabiyya is an Islamic community founded by Muhammad ibn Abdul-Wahhab (1703-1787) among Arabs in the heartland of the Arabian Peninsula. Its doctrinal foundation is a rather rigid interpretation of Islam, being mainly based on the teachings of Ahmad ibn Hanbal (9th century) and Ahmad ibn Taymiyah (1263-1328) who both stood for literal adherence to the Qur'an and the Tradition of the Prophet (sunna) as the sole valid source of religious and moral law. They term themselves as 'Muwahhidun' (Unitarians). Today, Wahhabism is the official doctrine in Saudi Arabia. However, in a West African Muslim context, the label Wahhabiyya is given to those groups whose members have studied in the Arab world and who are critical about Sufism, for example, the Ahlus-Sunna in Ghana. In Dagbon, they are termed Munchire or 'rejecters'. See further Westerlund 1997.

27 Mumuni 1994, 51-53; HW: personal observations November 2001.

28 The Ahmadiyya is a modern Muslim organization that originated from the Indian sub-continent. From a Sunni perspective, however, the Ahmadi doctrine of the prophethood of their founder Ghulam Ahmad (1835-1908) was not only eccentric but in contrast to Sunni Islam. Further, the Ahmadiyya usually cooperated with the British authorities and had a very positive attitude towards Western education. Indian Ahmadi missionaries brought the doctrine to West Africa, establishing communities first in Lagos and, thereafter, in Saltpond, Gold Coast, in 1922. By 1930 the Ahmadiyya claimed to have already 5,000 followers in the Gold Coast and had started to extend their activities to the north. See further Wilks 1989, 179.

29 Dovlo and Asante 2003, 226, 235; Tsikata and Seini 2004, 26.

existed for centuries, a political dimension to these connections was added as a consequence of the establishment of diplomatic contacts with Middle Eastern countries during the twentieth century. During Nkrumah's era, Ghana established diplomatic links with Egypt (1957) and Saudi Arabia (1960/1974). These contacts enabled Ghanaian Muslim students to go abroad and study at universities in these countries. Another consequence of these Middle Eastern contacts was the beginning of direct and indirect support to Ghanaian Muslim organizations by various Islamic governmental and non-governmental bodies. Whereas the connections to Egypt were relatively important during Nkrumah's era, and, among others, CPP-dominated Muslim organizations like the *Muslim Council of Ghana* received backing and support from Egypt, Saudi Arabia together with some other Gulf Countries have since then become the most important. Muslim students have studied at al-Azhar University in Cairo, thereby being influenced by a vibrant Sunni Muslim cosmopolitan atmosphere, but it seems as if Ghanaian students had little contacts with radical Egyptian Muslim organizations, such as the Muslim Brotherhood. The situation was different in Saudi Arabia. Muslim students who went there to study at the Islamic universities often became ardent followers of the *'Islamic'* way, i.e., assumed a Wahhabi interpretation of Islamic norms and legal – *Hanbali* – traditions. However, this new religious identity has so far not been politically articulated in Ghana. Instead, the returnees have directed their energy towards the internal affairs of the Ghanaian Muslim community.[30]

The background of Ghanaian Muslims studying at Islamic universities, both those in Saudi Arabia and, to a lesser extent in Malaysia, is closely linked with two factors, namely the expansion of *madaris* or Arabic-Islamic schools and the lack of opportunities for students from these schools in Ghanaian society. The beginning of the Islamic schools goes back to the 1960s when the first so-called 'Arabic' schools were established. The establishment of these schools was an attempt by Muslim scholars to provide an 'Islamic' alternative to both the traditional *Qur'anic schools* – which were criticized for being old-fashioned and not responding to the challenges of both the modern world and the normative interpretation of Islam by these scholars – and Western, both governmental and Christian missionary schools, the teaching curriculum of the latter being regarded as endangering the faith of Muslim children. However, although there has been an upsurge of Islamic, and later Arabic-English, schools throughout Ghana since the 1970s, some of them linked to the Ahlus-Sunna, others to Tijani scholars, there is a built-in problem in schools where the teaching language is Arabic.

30 Sey 1997a; HW personal observations as well as interview with Sheikh Umar Ibrahim Imam, the National Imam of the Ahlus-Sunna, 22.10.2003.

Though most Arabic-English schools today also use English as the language of instruction, those schools that do not provide any English classes are effectively cutting off their pupils from Ghanaian society. For such students, the only way of continuing their education is to get a scholarship to one of the universities in the Middle Eastern countries. Again, when returning to Ghana, these students have little a chance of getting a job in sectors of the Ghanaian society and economy where English is used as the main lingua franca, both written and spoken. Consequently, the only employment for such students is within the *zongo* economy or by Muslim NGOs. The end effect, therefore, of such an education is that there is the potential of a widening gap between the Muslim population and the rest of Ghanaian society, especially in terms of political loyalty: is one linked to the Ghanaian secular state and Ghanaian civil society (which is generally portrayed by the Muslim leadership as Christian-dominated) or is one's first loyalty towards an amorphous Muslim *umma*?[31]

Further dimensions to the global outreach of Ghanaian Muslim connections were added during the 1970s and 1980s. Ghana established diplomatic links with Libya (1961-68, and, again, after 1979/81) and Iran (1974) and, in both cases, the 'Muslim factor' has been present. Both countries have actively tried to set up links with Muslim organizations and councils in Ghana. During the 1970s and 1980s, Libyan engagement in Ghanaian Muslim affairs was a profound one, especially due to the activities of the *World Islamic Call Society* (WICS), a Libyan international organization under whose auspices the Ghanaian *National Islamic Secretariat* (NIS) was transformed into the *Federation of Muslim Councils* (FMC) in 1987. Since then, the FMC has been affiliated with the *World Islamic Call Society* and the *Muslim World League*. However, due to the international boycott of Libya during the 1990s, the Libyan connection and influence in Ghana has become rather weak, though still existing – mostly channelled through the *Libyan Arab Culture Centre* in Accra – and, at least before the inter-racial clashes in Tripoli in 2000, a few thousand Ghanaians were living in Libya. The Iranian connection, on the other hand, has gained importance since the 1990s. Muslim students have been studying at Iranian universities, some of them returning to Ghana as *Shia* converts. A small, but vibrant, Shia community of Ghanaians has since then emerged in Accra. However, the coming of yet another Muslim group has not been without frictions within the Ghanaian Muslim community and there have been disputes about mosques in Accra during the early 1990s. However, these conflicts have been solved since then and, with the active engagement of the Iranian embassy, the Shia community has gained respect among the Sunni

31 Sey 2001; Mumuni 2004.

Muslim community in Accra. At present, the key institution of the Ghanaian Shia community is their Central Mosque in Mamobi in Accra, in addition to the *Fatima bintul Zahra Vocational Training Centre for Muslim Girls* (Mamobi) and the *Ahul-Bait Theological Seminar* (in Dzorwulu, Accra) – which serves as a West African centre for the Shia community. Furthermore, the *Ahul-Bayt World Assembly* constitutes an umbrella organization for the Ghanaian Shia community.

The most profound effect, however, of the Gulf connection has been the injection of development aid and assistance from Muslim countries and international Islamic organizations in Ghana (see below). These links were first established on a private basis when Ghanaian returnees from the Middle Eastern countries established philanthropic and educational institutions which began to receive financial assistance from Muslim countries. After the oil boom, and especially since the 1990s, the Ghanaian state, too, has received development aid, investments and loans from Muslim countries and Islamic banks, such as the Saudi-controlled *Islamic Development Bank* (IDB). Due to these connections, there is a risk of giving economic assistance a religious label: Christian NGOs as well as the Ghanaian state receiving most, if not all, of its international assistance from Western donors whereas “Muslim” money is donated to Muslim organizations. So far, however, the religious factor has not been articulated on the national level: official Saudi and Iranian investment, for example, is generally presented to the Ghanaian public as being for the common good of all the Ghanaian people. One cannot, on the other hand, disregard the religious factor, either. “Muslim” investment has increasingly made itself conspicuous in the form of hundreds of newly-built mosques throughout the country, thereby competing in visibility with the mushrooming of new churches and chapels of the various Christian denominations.[32]

Consequently, the loyalty of the Muslim population towards the secular Ghanaian state is at stake: is it the secular state that is to provide social welfare and security? Seen from a Muslim (scholarly) perspective, the Ghanaian secular state is weak and is historically based on a Western-Christian civilizing mission. Modernity, too, is a problematic issue, though the leadership and members of the Ahlus-Sunna are to a large extent not critical of modern society as such. However, it is not the Ghanaian state that provides basic social welfare for the zongo communities but non-governmental organizations, mostly Muslim but also others. Spiritual relief and social comfort are also provided by Muslim leaders, and a Muslim in need of assistance would first turn to his imam or chief. These, in turn, might run an NGO or some other council which, in turn, receives “Muslim” funding.

---

32 Weiss 2002.

A Muslim would chose to send his children to an Islamic or Arabic-English Kindergarten, Junior and Senior Secondary school and visit – if available – a health clinic run by a Muslim NGO. All of these institutions would either directly or indirectly have received "Muslim" funding and donations from Muslim NGOs.

However, is the secular framework of the Ghanaian state questioned by the Muslim leadership? The secular structures of the state are not questioned by the Muslim leadership although the contemporary Ghanaian secular state has been forced to reduce its provision of social welfare and security due to its own economic mismanagement during the 1960s and 1970s and the Structural Adjustment Programmes and other austerity programmes since the 1980s. Ghana has witnessed the emergence of a very vibrant civil society since the 1990s, of which the various Muslim communities are increasingly becoming an integrated part. The rise of Muslim NGOs in Ghana can be viewed as part of this process: Muslim organizations and councils are part of, not apart from, Ghanaian society. Muslim organizations are active within the limits of the Ghanaian constitution and legal system: whenever a new organization is established, it is registered by the Ministry of Social Welfare because if not registered, it would be illegal and could not receive any funding from abroad.

The position of the Muslim community in Ghana vis-à-vis the global community and the secular order was further tested after the WTC- and Washington terrorist attacks in September 2001. How did the Muslim community react? It was known that there had been criticism from the Muslim leadership against Western policies in the Middle East, against Western inactivity in the wars in Bosnia and Chechnya and against the 1991 Gulf War. The response of the Muslim leadership, Tijani, Ahlus-Sunna, Ahmadi and Shia, and the various Muslim councils after 9/11 was one of dismay and repudiation. An unanimous declaration of sympathy for the victims followed as well as reassurances that Islam does not back terrorism. Still, there were critical voices about the subsequent US invasion of Afghanistan and Iraq. However, during recent years, much of the criticism has faded away, largely because of the determined policy of the US Embassy in Accra to create an atmosphere of mutual respect and understanding. This policy has rested on two pillars: first, to invite representatives of the Muslim intelligentsia and members of the various Muslim political bodies to visit the USA and to become acquainted with the lives of Muslims in the US, and, second, to make contributions to Muslim communities during Muslim Festivals and to establish a dialogue with the Muslim leadership. So far, the US policy has been fruitful and has led to the establishment of a new Muslim platform, the *Friends Against Global Terrorism*

(FAGLAT). Among others, the *National Imam* of the Ahlus-Sunna, Sheikh Muhammad Umar, after his visit to the USA, altered to a pro-US mood. Previously, he declared in an interview, he had at most been lukewarm, if not indifferent, to American policy. Since then, both he and Hajj Shaiub Abubakar, another key figure of the Ahlus-Sunna, have joined FAGLAT. Similarly, the office of the *National Imam* of Ghana maintains good relationships with the US Embassy.[33]

However, any analysis of Muslims in contemporary Ghana falls short if the Muslim community and Islam are perceived as a monolithic and uniform entity. It is not. While the Muslim leadership at the national level are keen to work for a good relationship with the secular state, one can find local scholars and individuals who put the secular nature of the state in question. The Nigerian example – with some states applying Islamic Law and others not – might serve as an example for some radicals to propose a similar solution for Ghana, especially in the Muslim-dominated kingdoms of the North. Despite the fact that the Muslim leadership are committed to the maintenance of a vibrant multi-cultural and multi-religious civil society, the position of individual Muslims and local communities is as much determined by subjective as objective factors, namely the perception of Muslims that they are a large but still socially, politically and economically marginalized group in Ghana and that the Ghanaian government and state is Christian-dominated.

5. Economic and Societal Marginalization of Muslims – Imagined and Real

A common perception – true or not – held by many southern Ghanaians is that northern Ghana is both predominantly Muslim and the economic backwater of the country. Though the former claim is not true (see below), the latter one is. In terms of levels of economic development and the general quality of life, contemporary Ghana is marked by a deep division between the relative backwardness of Northern Ghana in relation to Southern Ghana. Various economic investigations, such as the four *Ghana Living Standards Surveys* (GLSS), note that the major spatial inequalities in Ghana are the North-South, the rural-urban and the rural-rural dichotomies.[34] In addition, one has to highlight the gender and class aspect of inequality in contemporary Ghana. Still, the religious factor is also of key im-

33 HW field notes.
34 Tsikata and Seini 2004, 6.

portance, and continues to play a crucial role in contemporary Ghana. It cannot be disregarded in an analysis of political, societal and economic problems, as has been underlined by Gyimah-Boadi and Asante:

> *The ethnic map of Ghana is almost coterminous with its religious map. [...] The spatial distribution of the two major foreign religions, Islam and Christianity, almost coincides with the division of the country into the Northern half that is poor and disadvantaged, and the southern half which is wealthy and more developed.*[35]

One reason, if not the main one, for the political and economic marginalization of Muslims in Ghana was due to their restrictive approach to the colonial and postcolonial spheres, including Western/secular education, apart from the colonial economic policies of 'benign neglect' of the Northern Territories. Whereas Muslims, especially in the north, effectively had shut out the British colonial sphere, including Western education, they established at the same time a kind of 'working relationship' with the colonial authorities through the demarcation of a relatively distinctive and autonomous 'Muslim sphere'. However, the postcolonial modern secular state had even less use for Muslims and their special knowledge, which eventually made some of the foundations of the 'Muslim sphere', such as the Qur'anic schools, obsolete. The effect has been an increasing polarization within the Muslim community in Ghana and was manifested in the emergence of new Muslim groups, such as the Wahhabis or Ahlus-Sunna, who started to challenge the 'old' Muslim way of life, especially in the field of education, and, on the other hand, in attempts within the 'old' Muslim community to respond both to the challenge of the modern world and the criticism from 'radical' Muslims.

On the other hand, Muslim leaders are well aware of the fact that the Ghanaian Muslim population in general is in a worse economic situation than the Christian population. In addition, their statements about the socio-economic condition of the Muslim population reflect social scientists' arguments about a north-south divide within Ghana as well as the claim that the majority of the Muslim population are having difficulties in getting access to the advantages and opportunities of modern Ghanaian society. Such critical voices have been repeatedly raised by concerned Muslim leaders.[36] For example, at a Ramadan sermon at the *Islamic Research Institute* in Nima in 2002, the *National Imam* of the Ahlus-Sunna – once

35 Gyimah-Boadi and Asante 2003, 6.

36 For example, Alhaji Abubakar Daanaa, Coordinator of Peace Seekers International, claimed that the Muslim community is often associated with ills in society, and politicians, civil society groups and factions usually play mostly on the gullibility, low level of education and high poverty rate among Muslims. "Zongos are Peace Loving," Accra Daily Mail, 22.11.2002, www.accra-mail.com/story.asp?ID=307 (printed 22.11.2002).

again – pointed to the well-known fact that Muslims were living in poorly planned communities with poor environmental conditions. He further stated that one characteristic of the zongo community was that of a very high level of illiteracy which makes the acquisition of employable skills impossible. To reverse this situation, Sheikh Ibrahim appealed to Muslim parents to take the education of their children, especially females, very seriously: "We cannot be successful in bringing about development in our communities until we first develop the education of our children, especially that of girls." In his mind, begging was the result of the absence of employable skills; therefore, education was to be the cornerstone of any change for the future of the Muslim youth.[37]

The bottom-line of the argument of Muslim scholars, intellectuals and politicians is the claim of a deficiency in modern education among Muslims.[38] The reluctance to educate girl-children has been especially criticized by female Muslim scholars and leaders of the *Federation of Moslem Women Association of Ghana* (FOMWAG).[39] Vice-President Alhaji Aliu Mahama has also repeatedly called on Muslim leaders and scholars to lead a "crusade against illiteracy" among Muslims, reminding them that Muslim parents must be made to understand that it is an offence to deny any child the right to basic education.[40]

6. Undercounting the Muslims? The Census Debate of 2002

Next to the perceived or real marginalization of Ghanaian Muslims is the problem of the numerical strength of the Muslim community. Since independence, the outcomes of the various population censuses, most notably the 2000 Population and Housing Census, have been highly contested, especially by the Muslim leadership. At stake is not only the demographic issue of how many Muslims there are in Ghana but also the political consequence of the surveys. According to the results of the 2000 Population and Housing Census, out of a total population of 18.9 million Ghanaians, some 2.9 million or 15.6 percent were Muslims, whereas more than two-thirds of the population, or 68.8 percent, were Christians.[41] These preliminary results led to an outcry among some Muslim groups, among

---

37 "Ramadan Tafsir at Nima," Accra Daily Mail 25.11.2002, www.accra-mail.com/story.asp?ID=358 (printed 25.8.2003).

38 Sey 1997a, 254; Sey 1997b, 151-152; Mumuni 2004. Also Owusu-Ansah 2002, 80.

39 "Muslims urged to make education their topmost priority," Public Agenda, 4.10.2004, www.ghanaweb.com/public_agenda/article.php?ID=2785 (printed 20.4.2005).

40 "Vice President launch Islamic School Project," Accra Daily Mail, 10.7.2003, www.accra-mail.com/story.asp?ID=659 (printed 25.8.2003).

41 Ghana Statistical Service, Accra, March 2002.

others, the *Coalition of Muslim Organisations – Ghana* (COMOG), who rejected the census, claiming that it was an understatement of the strength of Islam in the country.[42]

Any registration of religious affiliation is problematic for the reason that one individual might perceive it as a registration of one's actual belief and religious practice whereas another might take it as an indication of his or her formal affiliation to a religious community or congregation. In the 1960 census religious classification was already put into question,[43] and subsequent Ghanaian censuses did not even collect data on religious affiliation – seemingly in an attempt to depoliticize the religious factor. However, both Christian and Muslim organizations made their own calculations on how many members they had, either to impress foreign donors or to use their figures in domestic politics. Some commentators, such as Amos Safo, further argue that "it is not so much Muslims' fear of being marginalised in a Christian-dominated country, but that the age-old fear of Islam playing second fiddle to Christianity could be at play once more."[44] Thus, various Muslim arguments about the number of the Ghanaian population can be interpreted as a deliberate attempt to question a Christian 'hegemony' in Ghana.[45]

Whether or not the total number of Muslims in the 2000 census is too low, the census reveals some interesting basic facts about the Muslim population in Ghana. About one third of the Muslim population is found in the Northern Region, which stands out in the census as the most Muslim of Ghana's ten regions – about one million of the 1.8 million inhabitants of the Northern Region are Muslims (i.e., 56 percent). Other regions with substantial Muslim populations are the Ashanti Region (about 477,000 Muslims or 13 percent of the total population) and the Greater Accra Region (almost 300,000 Muslims or 10 percent), the Brong Ahafo Region (about 293,000 or 16 percent), the Upper East Region (some 207,000 or 22 percent) and the Upper West Region (about 186,000 or 32 percent).[46] Unfortunately, the data of the 2000 census cannot easily be compared with previous censuses' data on religious affiliation.

---

42 The core argument of COMOG is that the 2000 census is an undercount of the Muslim population. They claim that the population of Ghana should be about 21.3 million and that the number of Muslims should be about 30 percent of the total population. However, the claims by the coalition were promptly rejected by the Ghana Statistical Service. "Statistical Service rejects claims by Muslim Coalition," GRi Newsreel 10.1.2002, http://www.mclglobal.com/History/Jan2002/10a2002/10a2n.htm (11.1.2002).

43 1960 Population Census 1964, XI.

44 Amos Safo, "Muslims cry foul over population figures," Africanews – 71 – February 2002, http://web.peacelink.it/afrinews/71_issue/p8.html (19.4.2005).

45 Sey 1997b, 150.

46 2000 Population and Housing Census, 2002, Table 7: Religious Affiliation of Population by Region and Sex.

Tabelle 1: **Ghana 2000 Census – Religious Affiliation of Population by Region**

Region	Total Population	Muslim Population
Upper West	576,583	185,899
Upper East	920,089	207,434
Northern	1,820,806	1,022,331
Brong Ahafo	1,815,408	292,840
Ashanti	3,612,950	477,214
Eastern	2,106,696	128,407
Volta	1,635,421	83,350
Western	1,924,577	164,394
Central	1,524,577	147,166
Greater Accra	2,905,726	295,759
Total Population	18,912,079	3,004,794

Source: 2000 Population & Housing Census. Summary/Report of Final Results. Ghana Statistical Service, Accra, March 2002, Table 7.

Yet, there are two tendencies that one can identify. First, the religious factor has undergone a profound change since the 1970s. Second, the spatial distribution of the two major foreign religions, Islam and Christianity, almost coincides with the division of the country into the northern half that is poor and disadvantaged and the southern half which is wealthy and more developed – despite the fact that the majority of Muslims are living in the seven southern regions![47] When Nehemia Levtzion made his inquiries about Islam in Dagbon during the mid-1960s, his conclusion was that Islam had not made any deeper societal impact:

> *The majority of the Dagomba commoners do not pray at all; these are often denoted Dagbandu. The Dagbane word for 'a pagan' is chefera (from Arabic kafir). This term applies mainly to non-Dagomba tribes, such as the Konkomba and the Tchamba (Bassari), who are completely untouched by Islam. It implies that the Dagomba are regarded less pagan than the Konkomba... Islamic influence reaches the commoners in a diluted form through their chief's courts. In the pre-colonial period communication*

47 Gyimah-Boadi and Asante 2003, 6.

between Muslims and commoners seems to have been casual only, while that between Muslims and chiefs became institutionalized.[48]

However, Northern Ghana, and especially the Northern Region, has thereafter witnessed increasing religious polarization. Local commentators, such as Jon Kirby, noted a new Islamic presence throughout the region since the 1970s:

As the chiefly peoples are more and more coming to identify themselves as Muslims their traditions are changing. Old myths and oral histories are being retold from an Islamic perspective. Dagomba and Gonja culture are becoming increasingly Islamized.[49]

7. Potential Inter-Religious Conflicts

Islam, just like Christianity, has emerged as a local religion in Ghana during the twentieth century. But just like Christianity has links between local churches and the outside, mostly Western countries, local Islam is part of and linked to the Muslim world. Like Christianity, Islam was spread by missionaries, and while Christians would go to Europe to study, for example Rome, Ghanaian Muslims would make their way to the Muslim centres of worship and learning. Whereas both the colonial as well as the postcolonial state were secular in principal, the Christian and the Western factor were closely linked together in the public perception. Though Christian and Muslim communities exist throughout the country, there is a clear North-South divide with Christians dominating Southern Ghana and the Muslim presence being relatively strong in the Northern kingdoms (but negligible among the so-called stateless societies in the North). The North-South dimension is further highlighted by the economic and social division of Ghana – since the colonial period – with wealth, investment and education concentrated in the southern parts of the country whereas the north only gradually has changed from being a labour reserve for the southern cocoa plantations and mines to a grain-agriculture region. In spite of these North-South differences, the political, economic and social division has so far not been articulated in religious terms or escalated into inter-religious clashes involving Muslims and Christians, apart from the role of the religious factor in the so-called Northern Conflicts (see below).[50]

However, a potential source of inter-religious conflict has arisen due to Christian missionary activities directed towards Muslims in Ghana. Since the

48 Levtzion 1968, 109.
49 Kirby 1998, 4; also Kirby 2003, 195.
50 Higazi 2004.

mid-1980s, there has been an upsurge especially in evangelistic endeavours, most notably the emergence of Neo-Pentecostal or 'Charismatic' churches and, from the early 1990s, there has been an increasing uneasiness among the Christian communities about Islam. Islam is seen as posing a challenge to Christianity in three main areas: in the competition to convert adherents of African Traditional Religions, in attempts to convert Christians, and in averting Christian attempts to convert Muslims. Some Christian groups, such as the Catholic Church and the Christian Council of Ghana, have adopted a dialogue approach to Muslims, resulting in the *Inter-religious Dialogue Committee* by the Catholic Church in 1991 and the *Project For Christian-Muslim Relations in Africa* (PROCMURA) in 1987, which in Ghana has been known as the Committee on Islam (currently the Inter-Faith Committee) and is part of the *Christian Council.*[51] Other Christian (evangelical) organizations, such as the *Ghana Evangelism Committee* (GEC), the *Ghana Fellowship of Evangelistic Students* (GHAFES), the *Christian Outreach Fellowship* (COF) and the *Scripture Union* (SU), have chosen a more activist approach which has caused uneasiness among some Muslim groups. The most ardent among the Christian activist mission groups, however, are the *Converted Muslim Christian Ministries* (CMCM) and the *Markaz al-Bishara*. Especially the CMCM started to use open-air crusades to preach to Muslim-dominated zongo communities, which led to protests by the Muslim leadership in the zongos. In 1995 and in 1996, tension escalated into open conflicts and violent clashes between Muslims and Christians in Kumasi, Tamale and Takoradi. Peace was restored through the combined efforts of the mainline Christian bodies, the *Federation of Muslim Councils and the Ahmadiyya Muslim Mission.* Since then, open clashes have been averted as the CMCM and other Christian mission organizations withheld from confronting Muslims in open-air crusades.[52] Instead, the missions have shifted to person-to-person evangelism and the use of literature and the electronic media in reaching out to Muslims. On the other hand, there is a latent potential for the eruption of inter-religious clashes, especially in zongo communities inhabited by both Christian and Muslims and on the university campuses at Legon, Cape Coast, Kumasi and Tamale, as many active Muslims regard the Christian activities as negative intrusions and disturbances.[53]

51 The PROCMURA is the successor of the Islam in Africa Project (IAP) which was established by the Would Council of Churches in 1959. Both projects emphasize the spirit of mutual respect and love rather than confrontation.

52 Since the 1995/96 clashes the CMCM reorganized itself and uses the name Straightway Chapel in their evangelistic work.

53 Dovlo and Asante 2003.

8. The Northern Conflicts and the Religious Factor

Another area of potential inter-religious conflicts is Northern Ghana, especially in combination with the so-called Northern Conflicts. None of the Northern Conflicts have been labelled as being religious ones; instead, the usual label is ethnic warfare or inter-ethnic conflict that erupted in 1981 and, again, in 1994.[54] According to N.J.K. Brukum, these conflicts should be even called 'wars of emancipation' as they were fought between the ones Brukum refers to as the 'indigenous people of the region', i.e., the chiefless people, and others he terms as 'invaders', i.e., the 'landlords': on the one side the Konkombas, the Kusasis, the Nawuris and the Nchumurus, on the other the Gonja, Mamprusi, the Nanumba and the Dagomba.[55] However, as Kirby has underlined, to downplay or even exclude the religious factor in conflict resolution will not provide any lasting peace in the North.[56] In a way, the Northern Conflicts reflect the historical position of the North in the Ghanaian context as well as the 'Northern factor' in the Ghanaian political and religious landscape. In a narrow sense, the Northern factor in Ghanaian history was and is the question of the spread and impact of Islam. In fact, there has been a slow, but ongoing, politicization of religion in northern Ghana. It went almost unnoticed during the 1950s and 1970s, but since the 1980s it has been a noted fact.[57] Kirby underlines this development by claiming:

> *The growing rift between Islam and Christianity in Northern Ghana is more political than religious and it involves the difficult transition from a hierarchical traditional State to a modern democratic one... [However,] the increase in politically motivated religious polarization is a serious threat to peace and justice, freedom and democracy. Religious institutions, even more than others because of their fundamental nature, tend towards dogmatism. [...] Suddenly all Christians are suspected because some are inimical toward the 'traditional state'. And all Muslims are suspected by 'minorities' precisely because Islam has always aligned itself with the 'traditional state'.*[58]

Although it was soon realized that the Northern Conflicts were in themselves not religiously motivated, the clash between the Konkombas and others was in a

54 Akwetey 1996; Bogner 1996.
55 Brukum 2000-2001, 133 and 139.
56 Kirby 1999.
57 Ryan 1996.
58 Kirby 1998, 4-6.

sense also perceived as a clash between African Traditional Religions and Islam since the Gonjas, Nanumbas and Dagombas, who made up the other side of the conflict, were believed to be Muslims.

9. Increased Manifestation of Muslim Presence in Ghana

With the increase of the Muslim population in Ghana, the Islamic factor has become more manifest in public life. Two visible components of the 'Muslim sphere', namely *Ramadan* (fasting) and the pilgrimage to Mecca, which were more or less absent in the colonial public sphere, have started to attract public interest. Islamic religious customs have been key markers of Muslim public life, but although seen and noticed by non-Muslims, neither the colonial nor the early postcolonial state officially noted these rites or interfered in them. Muslims regard ritual action, such as the performance of the five daily prayers, as the standard of differentiation between believers and non-believers. Congregational prayers are preferred over individual prayers and throughout Ghana one can today find mosques and prayer places in market places, lorry stations, and in every town quarter where Muslims reside. However, the Friday prayer is not observed in the local mosques but rather in the much bigger Friday mosques, which are found in every larger town in Ghana. The importance of the Friday prayers is due to the *khutbah* or sermon which the Friday imam delivers. Before the 1970s, it was read in Arabic and then translated into whatever local language was understood by the majority of the congregation. During the following decade, the language of the sermon led to some controversy and there was a debate among the Muslim scholars and laypersons whether the sermon should be read in Arabic or in the language understood by the majority of the congregation. The controversy was solved in 1986 at a one-month course organized for selected imams from all over Ghana which was held at the University of Ghana, Legon, under auspices of the Royal Embassy of the Kingdom of Saudi Arabia. There the imams were told that there was no harm in delivering their sermons in the local languages.

In 1996, two Muslim festivals, the *Id al-fitr* and the *Id al-adha,* were given official status by the Ghanaian government. The beginning of the fasting month of Ramadan is noted in the major newspapers, and during this month Muslim scholars and journalists sometimes publish religious articles in the newspaper, reminding their adherents of their duties as Muslims but at the same time serving as an example for non-Muslims. At other times, Muslims would be urged to pray for unity among the Muslims and for peace in society – especially during times of political and intra-religious unrest. Thus, after the 2002 Yendi Conflict, sermons during Ramadan and the *Id al-fitr* prayers underlined the necessity for Muslims to pray for a peaceful resolution of the crisis.[59] The climax of the fasting period is the festival of the 'breaking of the fast', the *Id al-fitr,* when Muslim congregations are assembled throughout the country in massive special Id-prayers. As such, these Id-prayers are public manifestations of the Islamic factor in Ghana and can be seen as an occasion when the Muslim sphere merges with the public sphere of Ghanaian society as represented by the government – usually both the President and the Vice-President address the assembled Muslims. On the other hand, in 2004, the representation of the political establishment at the Id-prayers went even further. Since the *Id al-fitr* was celebrated a few months before the presidential election, both government and opposition politicians as well as Muslim leaders made their presence felt and addressed political as well as social issues in their speeches.[60]

However, despite the fact that the Muslim community constitutes the second largest entity in Ghana, there exists no national Muslim newspaper. There have been several efforts by the Ahlus-Sunna to launch a Ghanaian daily Muslim newspaper, but with little result. One reason for this shortcoming has been the lack of resources, both in terms of trained media personnel and in funding. Yet, the biggest obstacle for a Muslim daily newspaper has been the lack of a Muslim readership. At various times, the editors of the *Muslim Searchlight,* one of the few, irregular Muslim newspapers that are published in Ghana, urged the Muslims to buy the newspaper, but in vain. This situation reflects the relatively sad state of the Muslim community, both in Accra and in the rest of the country: most of the Muslims are either too poor to afford the luxury of buying a newspaper or have little or no reading knowledge of the English language. Thus, although the Ahlus-Sunna has tried for years to subsidize the publishing of the *Muslim Searchlight,* the publication is at present only a monthly magazine. What is even more appalling is the lack of Sunni initiatives to launch a newspaper or magazine project. The *Muslim Searchlight* is the mouthpiece of the Ahlus-Sunna, but the Sunni majority has been inactive.

59 "Ramadan is here: Time for us to pray for peace," Accra Daily Mail 1.11.2002, http://www.accra-mail.com/story.asp?id=326 (1.11.2002); "Muslims urged to unite to win Allah's mercies," Accra Daily Mail 27.11.2003, http://www.accra-mail.com/story.asp?ID=8467 (25.2.2004).

60 Mohammad Shardow, "Muslims end fasting with national prayers," Public Agenda 19.11.2004, http://www.ghanaweb.com/public_agenda/article.php?ID=2911 (20.4.2005).

10. The Expansion and Activities of Muslim NGOs in Ghana

One obvious result of the economic, social and political crisis in sub-Saharan Africa has been the expansion of Muslim NGOs in Africa during the last decades. However, most Muslim NGOs operating on the national level in Africa are often supported by trans-national NGOs and, as one also has to stress, by foreign Muslim governments, notably the Gulf States and Libya.[61] A similar rise of Muslim NGOs also occurred in Ghana. As mentioned above, after independence, many Ghanaian Muslim students went to Middle Eastern countries like Egypt, Saudi Arabia, Kuwait and Iran to study. Some of them made contacts with local philanthropists and Islamic organizations. After their graduation and upon the advice of the philanthropists and organizations, branches of these Muslim NGOs were established by the returnees in Ghana to coordinate and supervise their activities.[62]

The oldest of these Muslim NGOs is *The Islamic Reformation and Research Centre* (IRRC), which was founded in 1972 and is a branch of the *Dar al-Ifta*, a Wahhabi Islamic organization based in Riyadh, Saudi Arabia. Other international Muslim NGOs established branches during the following decades. The *Centre for the Distribution of Islamic Books* was founded in 1988 and is the Ghanaian representative of the *World Assembly of Muslim Youth,* a Saudi-based organization, as well as of the *International Islamic Federation of Student Organizations* in Kuwait, and of the *Islamic Development Bank Scholarship Scheme.* The *African Muslim Association* (AMA) was also established in 1988 and is an offshoot of the *African Muslim Agency International* with its headquarters in Kuwait. The *Imam Hasayn Foundation* (IHF) was founded in 1988 and is a branch of an international organization based in the Islamic Republic of Iran whereas the *Ghana Tabligh Jama'at* (GTJ) is the mouthpiece of a Pakistani organization. In 1991, *Al-Hudah Islamic Society,* a Saudi/Kuwaiti financed Muslim NGO started its activities in Accra. Another charitable organization which is active in Ghana is the Saudi-funded and UK-based *Muntada Islamic Trust* also known as al-Muntadah al-Islamiyya or al-Muntadah Educational Trust. In addition, the Libyan funded *World Islamic Call Society* (WICS) has been active in Ghana for several decades.

The most active local Ghanaian Muslim NGO, with regards to the implementation of social welfare projects, is the *Islamic Council for Development and Humanitarian Services* (ICODEHS), which was established in 1982. It has been able

61 Salih 2001.
62 Weiss 2002.

to finance development projects through zakat funds.[63] However, these funds are not collected in Ghana but the ICODEHS works in collaboration with the *Kuwaiti Zakat House*, the *Qatar Charitable Society*, the *Dubai Charity Association* as well as the *UAE Red Crescent Society*. The ICODEHS is the only Ghanaian Muslim NGO that is a member of the *Civil Society Coordinating Council* (CivisoC) of SAPRIN-Ghana. SAPRIN or *Structural Adjustment Participatory Review International Network* is a network encompassing virtually all of the major NGOs, churches and trade unions in the country. Apart from the ICODEHS, there are several local Muslim NGOs engaged in social welfare projects, such as the *Islamic Bureau for the Disabled and Service to Islamic Institutions* (IBDSII), the *Muslim Relief Association of Ghana* (MURAG), the *Council for Islamic New Approach*, the *Malam Ayub Foundation*, the *Islamic Shelter for Young Generation* and the *Infaq Charitable Society*. Apart from the ICODEHS, the MURAG and the IBDSII, these NGOs mainly concentrate their efforts in particular localities, such as Greater Accra, Kumasi (for example, *Al-Ansar Foundation*) or Tamale (for example, *Alfurqan Foundation*).

The *Muslim Relief Association of Ghana* (MURAG) was formed in 1986. Its aim is to promote HIV/AIDS awareness as well as to support activities in the areas of health, education and reduction of poverty. Further, MURAG is promoting projects addressing reproductive health and female genital mutilation, as well as micro-credit schemes. The organization has become a key partner of the UNFPA as well as with Western donors and has thus become one of the major national Muslim NGOs in Ghana. *The Islamic Bureau for the Disabled and Service to Islamic Institutions* (IBDSII) was established in 1994. Its main activity has been to support disabled persons, among others, by financing their schooling or providing wheelchairs. Like the ICODEHS, the IBDSII has been active in providing funds for the building of new mosques, hospitals, schools and wells.

The first Muslim women's organization in Accra, *Zumunchi*, was formed in 1968 and its aim is to assist its members in times of birth, death, marriage and, in some cases, in times of sickness. Other women's organizations followed, such as the *Islamic Charity Centre for Women Orientation* and, at the end of the 1990s, the *Federation of Muslim Women Associations of Ghana*, FOMWAG, was established.

63 Zakat or "obligatory almsgiving" is one of the five pillars of Islam, together with the declaration of faith, the five daily prayers, fasting and the pilgrimage to Mecca and Medina. In an ideal setting, every Muslim should set apart a certain portion of his or her annual income and savings above a fixed amount of minimal wealth, called *nisab*, and spend it upon religious duties and on needy members of the community. The collection, control and distribution of zakat should be handled by the imam, the head of the Muslim community, and those who he appoints to collect it.

Since the 1990s, Muslim NGOs, such as ICODEHS, RIHS, IBDSII and MURAG, have commissioned projects for the improvement of the spiritual and socio-economic conditions of Muslims throughout the country. Such projects have first and foremost been the construction of mosques and, to a lesser extent, decent and modern educational infrastructure, community centres and orphanages as well as basic social amenities such as libraries, hygienic sources of potable water and the sinking of wells in Muslim communities. Charitable activities of various other local Muslim NGOs have been of equal importance, for example, providing gifts to inmates in prisons, assistance to hospitals, orphanages and handicapped institutions or the distribution of second-hand clothing to the poor and needy.

Many of the Muslim NGOs are engaged in educational projects. Some Muslim scholars have been active in promoting the establishment of Islamic tertiary education in Ghana. Although such plans have not been realized in the north so far – since the late 1990s, there has been a plan by Imam Rashid to establish an Islamic university in Tamale – in Accra, on the other hand, an Iranian-funded Islamic university, the *Islamic University College*, opened its doors in April 2001. A comparison of these two projects reveals an important matter, namely the problem of generating funds – a problem commonly faced by most Ghanaian Muslim NGOs. Whereas Imam Rashid wanted to build his project based on local and national fundraising – which has so far failed – the Iranian-run project took only two years to get started and the college is already planning to extend its activities.

Despite the upsurge in activities of the various Muslim NGOs in Ghana, few of them are able to finance their activities by generating funds from the Ghanaian Muslim community. Instead, most of the Muslim NGOs are financed by, and are channelling funds from, international Muslim NGOs or wealthy Muslim states. The lack or inability of Ghanaian Muslim NGOs to generate internal sources for their projects raises the question of why the Muslim community in Ghana is not able to provide funds through the collection of zakat or the obligatory alms. One problem, it seems, has been the lack of an institutionalization of the collection and distribution of zakat: there are no zakat committees and zakat funds to educate people about zakat and enforce the collection of zakat in Ghana. On the other hand, voluntary almsgiving or *sadaqa* is well established among the Muslim community in Ghana, in fact, some scholars even argue that the open-handedness of the Muslims after the Friday prayers has created an image among non-Muslims that Islam 'encourages the institution of begging'.

The main reason for the non-existence of the institutionalization of the collection and distribution of zakat has been, according to my information, the lack of unity among the Muslim community; another common argument is that people are too poor to pay zakat. However, it has to be underlined that there are no statistical records to prove such statements. On the other hand, Muslim scholars generally feel that something should be done. Voices have been raised for a re-evaluation of the zakat rules, especially those governing its payment and the amount to be paid. Most – if not all – Muslim scholars would support the establishment of a national zakat fund, yet many scholars I have interviewed would only focus on the need and desirability of establishing a regional one. In 1996, A.O. Abudu, a Muslim Ghanaian economist, even published a book on Islamic economics, outlining the concept and propagation of an understanding of Islamic economics as well as arguing for the proper collection and distribution of zakat. Other attempts have been made by the *National Chief Imam* Sheikh Nuhu Uthman Sharubutu to call for unity and the establishment of a platform to organize the collection of zakat, but so far without much success. There is, however, one exception – the members of the Ahmadiyya do pay zakat and its collection and distribution is well managed and controlled.

11. Outlook: Muslims, the State and Civil Society in Ghana

The Muslim community in Ghana cannot be regarded as posing a threat to Ghanaian society or even challenging the secular order of the Ghanaian state. Time and again the Muslim leadership have underlined that their communities are an integrated part of Ghanaian society. Thus, accommodation and not rejection constitutes the baseline of the relationship between the Muslim community at large and the Ghanaian state – and vice versa. Political issues, such as an attempt to introduce Muslim Law or even an Islamic Order, are ruled out by the Muslim leadership. Instead, the secular constitution of the state is acknowledged by that leadership and it provides the framework for political and societal activities of Muslims in Ghana.

There exists a relatively good working relationship between the Muslim leadership and the state authorities, on both the local and the state level. Muslim political activity is not channelled through a Muslim or even Islamic party but is articulated through the existing political system. Thus, whatever politicization of Islam has occurred in Ghana, it has not led to the radicalization of the Muslim population. In part, this is due to the constitutional ban on religious or ethnic political parties in Ghana.

However, there has been a marked politicization of Islam within Ghanaian civil society since independence and especially during the last twenty years. Clashes between various Muslim denominations, especially members of the Ahlus-Sunna or Wahhabis/Islamists and the Tijaniyya Sufi order, about mosques and imamships have erupted time and again. More problematic, and perhaps constituting a possible cause of future inter-ethnic conflicts in Ghana, is the religious factor in the Northern Conflicts, although only at a local and regional level (i.e., in Northern Ghana). However, although any Northern Conflict has a negative national effect, it is unlikely that such a conflict would lead to the radicalization of either the greater Muslim or the Christian population in Ghana.

12. References

Ahmed-Rufai, Misbahudeen, "The Muslim Association Party: A Test of Religious Politics in Ghana," Transactions of the Historical Society of Ghana, New Series 6, 2002, 99-114.

Akwetey, E. O., „Ghana: Violent Ethno/Political Conflicts and the Democratic Challenge," in: Challenges to the Nation State in Africa, ed. Adebayo O. Olukoshi and Liisa Laakso, Uppsala: Nordiska Afrikainstitutet, 1996, 102-135.

Allman, Jean M., "'Hewers of Wood, Carriers of Water': Islam, Class, and Politics on the Eve on Ghana's Independence," African Studies Review, 34: 2, 1991, 1-26.

Anderson, David, Paths of Accommodation: Muslim Societies and French Colonial Authorities in Senegal and Mauritania, 1880 to 1920, Athens: Ohio University Press, 2000.

Balogun, S.U., "Muslim Participation in the Independent Struggle of the Gold Coast," Journal of the Institute of Muslim Minority Affairs, 13: 1, 1987, 176-182.

Bogner, Artur, „Der Bürgerkrieg in Nordghana 1994. Die Genese und Eskalation eines ‚tribalistischen' Konflikts," afrika spectrum 31, 1996, 161-183.

Brukum, N.J.K., "Ethnic Conflict in Northern Ghana," Transactions of the Historical Society of Ghana, New series 4-5, 2000-2001, 131-147.

Dovlo, Elom, and Alfred Ofusu Asante, "Reinterpreting the Straight Path. Ghanaian Muslim Converts in Mission to Muslims," Exchange, 32: 3, 2003, 214-238.

Gyimah-Boadi, E., and Richard Asante, "Minorities in Ghana," Paper prepared for the Commission on Human Rights, Sub-Commission on Promotion and Protection of Human Rights, Working Group on Minorities (E/CN.4/Sub.2/AC.5/2003/WP.4), 5 May 2003, http:unhcr.ch/huridocda/huridoca.nsf/ (30.3.2005).

Higazi, Adam, Policy Levers in Ghana. Centre for Research on Inequality, Human Security and Ethnicity, CRISE, Queen Elizabeth House, University of Oxford, CRISE Policy Context Paper 6, June 2004.

Hiskett, Mervyn, "The 'Community of Grace' and its Opponents, the 'Rejecters': A Debate about Theology and Mysticism in Muslim West Africa with special reference to its Hausa expression," African Language Studies, XVII, 1980, 99-140.

Hiskett, Mervyn, The Development of Islam in West Africa, London and New York: Longman 1984.

Hughes, Tim, Managing Group Grievances and Internal Conflit: Ghana Country Report. Netherlands Institute of International Relations 'Clingendael'. Conflict Research Unit, Working Paper 11, June 2003.

Kirby Jon P., "Thoughts about Culture. 'The Politics of Religion in Northern Ghana'" (1998), http://www.sedos.org/english/kirby.htm (30.3.2005).

Kirby, Jon P., "The Earth cult and the ecology of conflict-management in Northern Ghana," in: ATRs and Development- TICSS Culture and Development Seminar No. 3, 1 & 2 November 1999.

Kirby, Jon P., "Peacebuilding in Northern Ghana: Cultural Themes and Ethnic Conflict," in: Ghana's North. Research on Culture, Religion, and Politics of Societies in Transition, eds. Franz Kröger and Barbara Meier, Frankfurt am Main: Peter Lang, 2003, 161-206.

Ladouceur, Paul, Chiefs and Politicians: The Politics of Regionalism in Northern Ghana, London and New York: Longman 1979.

Levtzion, Nehemia, Muslims and Chiefs in West Africa, Oxford: Clarendon Press 1968.

Mumuni, Sulemana, Islamic Organisations in Accra: Their Structure, Role and Impact in the Proselytization of Islam, M.Phil. thesis, University of Ghana, Legon, 1994.

Mumuni, Sulemana, "A Survey of Islamic Non-Governmental Organisations in Accra," in: Social Welfare in Muslim Societies in Africa, ed. Holger Weiss, Uppsala: Nordiska Afrikainstitutet 2002, 138-161.

Mumuni, Sulemana, "The Relevance of Arabic & Islamic Education in the Upbringing of the Ghanaian Muslim Child," Nigeria Social Science Review, 6: 1, 2004, 81-102.

Owusu-Ansah, David, "History of Islamic Education in Ghana: An Overview," Ghana Studies, 5, 2002, 61-81.

Pellow, Deborah, Landlords and Lodgers. Socio-Spatial Organization in an Accra Community, Westpoint, Conn./London: Praeger 2002.

Poebee, John S., Religion and Politics in Ghana. A Case Study of the Acheampong Era, Accra: Ghana Universities Press 1992.

Rouch, Jean, Notes on Migration into the Gold Coast, Paris: Centre National de Recherche Scientifique 1954.

Ryan, Patrick J., "Ariadne auf Naxos: Islam and Politics in a Religiously Pluralistic African Society," Journal of Religion in Africa, 26: 3, 1996, 308-329.

Schildkrout, Enid, People of the Zongo: the transformation of ethnic identities in Ghana, Cambridge: Cambridge University Press 1978.

Seesemann, Rüdiger, „'Ein Dialog der Taubstummen': Französische vs. britische Wahrnehmungen des Islam im spätkolonialen Westafrika," afrika spectrum 37: 2, 2002, 109-139.

Sey, M., "Muslim Community in Ghana: The Contemporary Scene," Jurnal Syariah – Shariah Journal, 5: 2, 1997, 249-258. (=1997a.)

Sey, M., "Approach to the Twenty First Century: The Ghanaian Ulama Speak Out," Jurnal Usuluddin, 6, 1997, 149-156. (=1997b.)

Sey, M., "Social and Educational Challenges of the Contemporary Muslim Youth: The Ghanaian Experience," Jurnal Usuluddin, 14, 2001, 77-86.

Tsikata, Dzodzi and Wayo Seini, "Identities, Inequalities and Conflicts in Ghana," CRISE: Centre for Research on Inequality, Human Security and Ethnicity, Queen Elizabeth House, University of Oxford: Working Paper 5, November 2004.

Weiss, Holger, "Reorganizing Social Welfare Among Muslims: Islamic Voluntarism and Other Forms of Communal Support in Northern Ghana," Journal of Religion in Africa, 32:1, 2002, 83-109.

Weiss, Holger, "Variations in the Colonial Representation of Islam and Muslims in Northern Ghana, Ca. 1900-1930," Journal of Muslim Minority Affairs, 25: 1, 2005, 73-95.

Westerlund, David, "Reaction and Action: Accounting for the Rise of Islamism," in: African Islam and Islam in Africa. Encounters between Sufis and Islamists, ed. David Westerlund and Eva Evers Rosander, London: Hurst 1997, 308-333.

Wilks, Ivor, Wa and Wala. Islam and Polity in Northwestern Ghana, Cambridge: Cambridge University Press 1989.

Wilks, Ivor, "The Juula and the Expansion of Islam into the Forest," in: The History of Islam in Africa, ed. Nehemia Levtzion and Randall L. Pouwels, Athens: Ohio University Press 2000, 93-116.

KAPITEL II
Côte d'Ivoire

Die 1960 unabhängig gewordene Côte d'Ivoire (Elfenbeinküste) galt in den 1970er und 1980er Jahren als der politisch und wirtschaftlich stabilste Staat Westafrikas. Mittlerweile liegt Côte d'Ivoires Wirtschaft am Boden und nach dem Ausbruch schwerer Kämpfe zwischen Rebellen und Regierungstruppen im September 2002 erstreckt sich der Einflussbereich der Regierung derzeit auf lediglich die Hälfte der Landesfläche.

Die bürgerkriegsähnliche Spaltung des Landes in den von Rebellen kontrollierten, vornehmlich muslimisch geprägten, Norden und den von der Regierung Präsident Gbagbos kontrollierten Süden wird von einigen Beobachtern als Ergebnis religiöser Spannungen zwischen Christen und Muslimen interpretiert. Tatsächlich kommt der Religion in diesem Konflikt allerdings nur eine untergeordnete Rolle zu, die im Zuge der Auseinandersetzung um handfeste politische und ökonomische Interessen instrumentalisiert wird.

Ein Ziel der Rebellen ist das Ende der Dominanz „des Südens" über die Geschicke des Landes und der damit verbundenen Marginalisierung des muslimisch geprägten Nordens, dessen Bewohner im politischen und wirtschaftlichen System der Côte d'Ivoire benachteiligt sind. In der derzeitigen Auseinandersetzung um konkurrierende Teilhabeansprüche beziehen sich Identitäten und Gegenidentitäten der verschiedenen regionalen und politischen Lager zuvorderst auf ethnische/nationale Abstammungen und politische Zugehörigkeiten. Obwohl Côte d'Ivoire in der Regel als christlich dominierter Staat wahrgenommen wird, stellen Muslime in der Elfenbeinküste mittlerweile eine relative Bevölkerungsmehrheit. Die de facto Hauptstadt Abidjan – im Süden – ist heute das größte muslimische Zentrum des Landes.

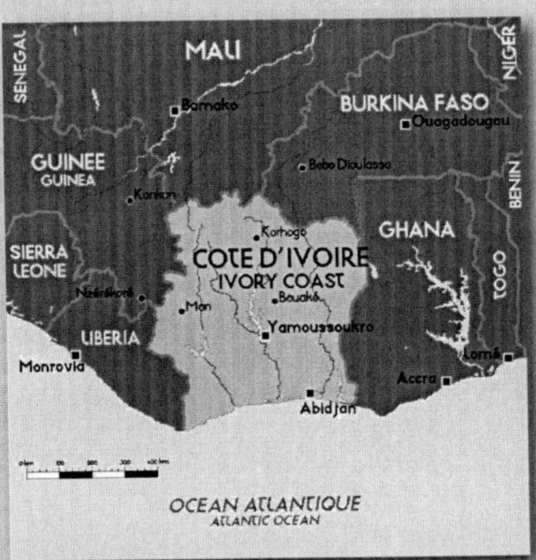

Fläche	322.000 km²
Einwohnerzahl	16,9 Mio.
Religion	Muslime (40%); Animisten (32%); Christen (28%)
Größte ethnische Gruppen	Akan (42%); Kru (12%); Volta (10%);
BSP/Kopf	640 US $
Lebenserwartung	48,6 Jahre
Alphabetisierung	50,9 %
Quelle: www.auswaertiges-amt.de; CIA – The World Fact Book	

2
The Political Economy of Civil Islam in Côte d'Ivoire

Marie Miran

1. Introduction

Under the long presidency of Félix Houphouët-Boigny, the "Father" of the Ivorian nation and devout builder of one the world's largest Christian edifices – the Roman Catholic basilica of Our Lady of Peace of Yamoussoukro, modeled on Saint Peter of Rome – Côte d'Ivoire's prevalent public image at home and abroad was that of a composite stronghold of Christianity, traditional African religions, and new prophetic cults, while Islam was of secondary importance. Echoing French colonial perceptions, Islam was relegated to folkloric and traditional roles in the northern savanna and to the private spheres of disparate local communities of migrants and traders in the more fertile and economically dynamic South. Since 1994, Houphouët's successors' ethnonationalist politics of ivoirité ("Ivoirianness") have contributed to reinforce this public image. Islam has been presented as a religion of foreigners and the Dioula and other groups originating from the North as citizens of doubtful or circumstantial Ivorian pedigree. The protestantization of power following the election of Laurent Gbagbo in 2000, celebrated by Evangelicals as the first "Christian" president of the country, and a pro-government media-relayed anti-Islamic campaign in the immediate aftermath of the breakout of the civil war in September 2002 both seemed to confirm the ongoing marginalization of Islam and Muslims in contemporary Côte d'Ivoire.

Though the old perceptions are not without historical foundation, the new political ideologies are clearly distorting changing realities. In the second half of the 20th century, Islam has slowly but consistently gained ground in all regions and most ethnic and social groups of the country, to the point where it has now become Côte d'Ivoire's first religion from a demographic standpoint. Since the creation of the *Conseil National Islamique* (National Islamic Council or CNI) in 1993, by the overarching Islamic federation – which is a culmination of two decades of grassroots activism by an ever-expanding elite of modernist-minded reformists – Ivorian Muslims are less divided, better organized and more vocal in the national public sphere than ever before. Throughout the country, including in the main cities of the South such as Abidjan, Muslims assert their religious identity openly; the civil war has not altered this inclination. Whereas twenty to thirty years ago it was almost unconceivable for civil servants to wear the *boubou* (the traditional Muslim gown) at work on Fridays, today it is *bon ton* to do so. Islam has in fact become a well-established national religion, tuned into the modern world's global challenges and the local realities of the plural Ivorian landscape.

This chapter surveys the historical genesis and contemporary significance of these broad Islamic transformations. It examines the changing fabric of Muslim leadership and society as well as some emerging new interpretations of Islam. Specifically, it questions the interface between Islam and politics, understood as the confluence of the State, civil society and the public sphere. Against portrayals of Islam as inherently anti-pluralist and undemocratic, it shows that Côte d'Ivoire's Islamic reform movement has repudiated the goal of an Islamic state, mobilized religiously ecumenical support, promoted women's rights, and championed republican and secular ideals. Ending with the civil war, it concludes that the present conflict is not even remotely a religious one and that Muslim civic organizations, along with other religious and secular actors, are indispensable partners to reestablish the State's legitimacy and rebuild a more peaceful society.

2. A Pluralistic Religious Context[1]

2.1. Of Islamization and Religious Demography

Post-independence Côte d'Ivoire has witnessed one of the fastest growths of Islam anywhere on the African continent. But although no one contests the progress of the *Qur'anic* prophecy, its magnitude has been quantified variably. Tied to birth rates but also to international migrations and conversions, this progression is undoubtedly difficult to measure: new converts, for instance, tend to keep their ethnic names and often go unnoticed as Muslims. Yet the disparity in the statistical data is mostly a matter of partisan extrapolations. Many Muslim and non-Muslim observers argue that Christian and governmental figures minimize the proportion of the Muslim population nationwide, possibly because of a conscious or passive mental framework whereby Christianity is a vigorous tradition having a special influence on the political culture of the State. The politics at stake in religious statistics are nowhere better illustrated than in two official reports written by the *Institut National de la Statistique* (National Statistical Institute or INS)

1 For further details on this and all subsequent sections, see Miran (forthcoming).

and the Conseil économique et social (Economic and Social Council or CES) in the heat of the ivoirité polemic.[2] Both suggest that Islam was no longer the first religion when referred exclusively to the population of Ivorian nationals. The progress of Islam in the country thus supposedly only resulted from the influx of Muslim foreigners from northern neighboring countries, a phenomenon presented as a threat to the nation's religious balance and ultimate unity and harmony. As the sociologist Moriba Touré demonstrated[3], this rhetoric was mere xenophobia, if only because though it is an established fact that over 70% of foreign residents are Muslim, Islamization did not slow down like in-migration rates did after the economic crisis of the early 1980s.

Be it as it may, the three official censuses of 1975, 1988 and 1998 record the increasing importance of Islam in the Ivorian religious landscape – one of the reasons why Islamic organizations have not challenged the State on this issue, as happened in 2001-02 in neighboring Ghana. Representing an estimated 21.7% of the total population in 1957, the Muslim ratio increased to 33.25% in 1975, 38.7% in 1988 and 38.7% in 1998 (or 43% according to the INS intermediary survey of 1996, see diagram 1).[4] Meanwhile, the Christian population also grew from 12.3% in 1957 to 27.4% in 1975, 26.1% in 1988 and 30.3% in 1998 (or 33% according to the INS report). Indeed, monotheism's dynamism in an age of rapid urbanization is a defining feature of the religious history of modern Côte d'Ivoire.

Islamization brought about a shift in the Muslim population's status, from minority to quasi-majority. This decisive enlargement of scale is the context in which Islam and Muslims have become more visible and enterprising in the national public sphere. What is more, it has redrawn the country's religious map. The Muslim presence has expanded to the entire Ivorian territory, including the South. Whereas in the colonial period Islam spread to the forest regions through the almost exclusive agency of migration (the new cities of the developing South were swelled by Dioula traders and other Muslim workers), in the post-independence era, more and more rural and urban southern autochthons have also converted to Islam. There are now Muslims in various proportions in most Ivorian ethnic groups, including the Agni, the Baoulé or the Bété. It is therefore a misrepresentation to refer to the country's internal ecological frontier as a divide

2 Rapport sur l'immigration en Côte d'Ivoire, published in Le Jour, April 8, 1999 (excerpts have been reprinted in Politique africaine 2000: 77). Enquête ivoirienne sur les migrations et l'urbanisation 1996.

3 Le Jour, May 20, 1999 (excerpts reprinted in Politique africaine 2000: 75-93).

4 CHEAM 1966: Recensement général de la population et de l'habitat 1975, 1988 and 1988; Enquête ivoirienne sur les migrations et l'urbanisation 1996.

Diagram 1: **Ivorian Religious Landscape 1957-1998**

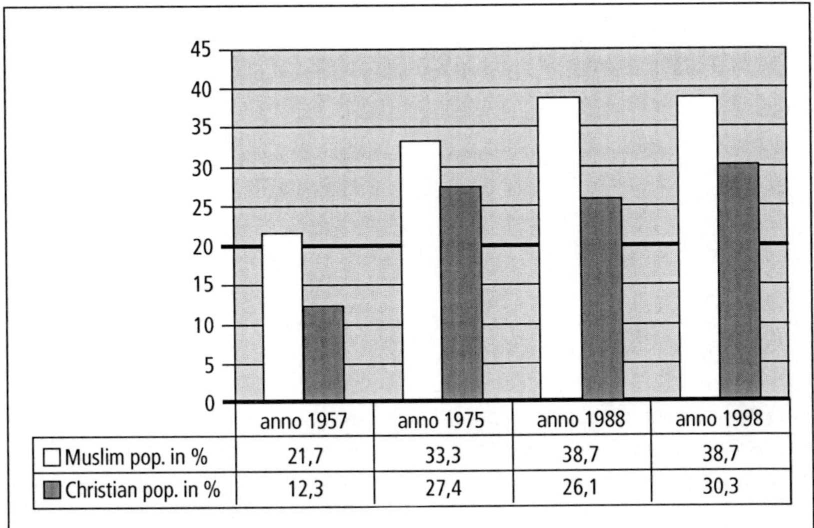

	anno 1957	anno 1975	anno 1988	anno 1998
□ Muslim pop. in %	21,7	33,3	38,7	38,7
■ Christian pop. in %	12,3	27,4	26,1	30,3

between a predominantly Muslim North and a predominantly Christian South, as has been done by some Ivorian and Western media after September 2002.[5] According to the 1998 census, Muslims outnumber Christians (but not Christians and other religious groups taken together) in most administrative regions of the "global South". In the North, Evangelicals and to a lesser extent Catholics have also pushed the Christian frontier, even though the Savanna remains predominantly Muslim. Contrary to popular conceptions, more Muslims live in the South than in the North and Muslim concentration is the greatest in Abidjan (41% of the 2.7 millions Abidjanese were Muslim in 1998). Mirroring the country's politico-economic centralism, Abidjan has also become Côte d'Ivoire's most influential Islamic center, supplanting Bouaké and the ancient strongholds of the northern region.

5 Bassett 2003.

2.2. Christian-Muslim Relations

In the Ivorian South, Muslims and Christians of various denominations – along with a variety of animists – have coexisted peacefully for as long as four generations and sometimes more. Families with members belonging to both religions are not uncommon. Until at least the early 2000s, neighbors socialized regardless of their faith (exchanging Christmas or *Tabaski* wishes and dishes), buyers and sellers bargained in Dioula (the *lingua franca* of Ivorian markets, spoken by many non-Muslims), and most schoolchildren attended the same secular public schools (and sometimes Catholic ones as well). Houphouët-Boigny's ideology of ecumenical harmony between the country's religious traditions, though political at core as an instrument of co-option to achieve national cohesion where no religion dominated single-handedly, further strengthened this state of affairs. Kouassi-Datékro, a village in the East where Muslims and Christians helped each other build their religious centers, has long been heralded a symbol of Côte d'Ivoire's "religious miracle". Not that there was not any resentment on either side. Since the colonial era and with renewed acuteness since the *ivoirité* crisis, Christians nurtured a besieged complex whereby Islam was portrayed as a steamroller religion of invaders. Convinced that the colonial and postcolonial regimes favored Christianity at their expense, Muslims conversely developed a victimization complex. But if there were instances of social conflict involving members of both faiths, they were never ascribed to religion. This explains why the politically motivated attacks on mosques and imams and to a lesser extent on churches and priests after October 2000 and again after September 2002 truly shocked and saddened many Ivorians. Contacts between imams and priests have continued anyhow.[6]

Furthermore, there have been various experiences of inter-faith dialogue since the 1970s. Initiated by the Catholic Church upon the recommendations of the 1965 Second Vatican Council, these meetings concerned only a small elite of mostly urban European priests and laymen as well as young Muslim reformists, determined to inscribe the spirit of tolerance and social peace on the heart of their new interpretation of Islam. For their commitment to this dialogue, El Hadj Boubacar Sakho, a Muslim notability of Abidjan, was awarded a medal by Pope John Paul II in the mid-1990s and El Hadj Tidjane Ba, Côte d'Ivoire's first *mufti* who was both a very influential reformist and a *Tidjani,* was invited to the Assisi ecumenical prayer days by the same pope in 1986.[7] These irregular Christian-Muslim

6 See for instance "Ordination du nouvel évêque d'Odienné: Chrétiens et musulmans communient", Nord Sud, October 18, 2005.

7 On Sakho see Jeusset/Deniel 1986; on Tidjane Ba see Ba 2000 and Miran 2000.

contacts were important in the long run in that the new emerging Muslim leadership was influenced by the social and intellectual *modus operandi* of the Church, especially with regards to the centralized mode of communal organization, strategies of communication, the use of the French language, techniques of missionary activity and social welfare activism.[8] In many ways, the *Conseil National Islamique* emulates for Islam the multifaceted role that the Church plays for Catholicism.

In 1995, the country's main Christian, Muslim and animist organizations also supported the initiative of a secular pro-democracy NGO called the *Groupe d'Etudes et de Recherches sur la Démocratie et le Développement Economique et Social en Côte d'Ivoire* (the Studies and Research Group on Democracy and Socio-Economic Development in Côte d'Ivoire or GERDDES-CI) by becoming founding members of a new *Forum des Confessions Religieuses* (Forum of Religious Bodies). Today led by Senior Evangelist Ediémou Blin Jacob of the Celestial Christian Church, the Forum has voiced religious leaders' appeasing messages at times of political conflict and carried out an increasingly important function since September 2002 (see details below).

3. Islam in the Legal Framework and Political Culture of the State

3.1. Egalitarian Legal Framework but more Sectarian Realities

Following the French model, the Ivorian constitution, first adopted in 1960 and revised in August 2000, declares the Republic "one and indivisible, secular, democratic and social". As far as religions are concerned, all are recognized before the law and none can claim specific privileges from the State. Secular but not anti-religious, the State is committed to protect its citizens' religious freedom and the free exercise of all Ivorian cults. Until March 2003, the administrative agency in charge of religious affairs and the guarantor of these principles was the Interior Ministry, when a Cults Ministry was created by the Gbagbo regime to foster national reconciliation. To this day, Muslims have not complained of any political infringements on their basic religious freedom, including the freedom to convert to Islam. There has never been any Islamic party nor have there been attempts to create one.

The differences between Ivorian and French conceptions of secularism are noteworthy, owing mostly to Houphouët's conviction that religions had a decisive

8 Miran 2000.

role to play in the attainment of national unity and socioeconomic progress – a rhetoric taken up again by all of his successors. Profoundly spiritual, eager to be seen as a kind of prophet, Houphouët placed his rule under God's law. He advocated this divine tutelage not just in Christian but in broad ecumenical terms, in part to co-opt all religious parties. Muslims have always been laudatory supporters of this particular conception of State-religion relations. But their criticism of what they saw as the State's non-avowed bias in favor of Christianity grew sharply in the 1980s. Despite the building of some mosques, the completion of the Marian sanctuary, the Saint Paul Cathedral (both in Abidjan) and the Yamoussoukro basilica made the disproportion in financial investments between the country's main religions all too obvious. On these occasions, Houphouët orchestrated three visits of the Pope in less than ten years. Some observers also wondered if the creation of two new bishoprics in the almost entirely Islamized towns of Bondoukou and Odienné, respectively in 1988 and 1995, was not the sign of a political willingness to promote Christianity from above. Spokesman of Muslims' frustrations, the very influential reformist El Hadj Aboubacar Fofana asked in 1990: "Is the State still secular or is it choosing a religion?".[9] The democratic turmoil and the appointment of Alassane Dramane Ouattara as Prime Minister – the highest position ever reached until then by a Dioula and a (secular) Muslim – temporarily appeased those doubts. But critiques rose again after 1994 and became blatant denunciations under Gbagbo, who made it no secret that he was placing his rule under the law of Jesus Christ.

Constitutionally impartial as regards religions, the newly independent Ivorian State *de jure* favored egalitarianism in other ways as well. To harmonize the legal system – in the hope that it would accelerate the nation's modernization, a main target of the 1960s-70s development policies – a unified national positive law replaced the pre-existing customary and religious traditions, disregarded as burdens of the past. Among other actions, a new civil and family code became effective in 1964 (slightly revised in 1983), banning the caste system, the matrilineal filiation system, the customary heritage system, the dowry system and polygamy. While this code was in tune with Christian teachings, it violated some fundamental animist and Islamic prescriptions. True to say, the State never took any punitive steps to enforce these regulations. Polygamy, for instance, was still practiced by 22.6% of married men nationwide in 1988.[10] What these legal measures revealed nonetheless was the partisanship of the State in favor of a

9 Brezault/Clavreuil 1987: 114 (author's translation). Fofana's interview, published without his consent, caused him many political problems.

10 Zanou/Aka 1994: 7.

Westernized model of civilization and modernity, bearer of potentially universal and neutral principles but also marked by secularized Christian values and culture.

That is how the 1964 calendar officializing public holidays roughly renewed the one already in place since the colonial era, but added a few national holidays: most official holidays were those of Christians. Until the 1993 revisions of this calendar and the 1995 reforms of the work code, the main Islamic holidays were public only for Muslims: the civil service and public schools remained open on those days. Since then, *Lailat al-Qadr* and the Prophet's birthday (*Mawlid al-Nabi*) have been added to the list of national public holidays, as well as the days following *Tabaski* (*Id al-Adha*) and *Ramadan* (*Id al-Fitr*) when the holiday falls on a Sunday. When the curriculum for public education was discussed in the 1960s, Houphouët refused to include Arabic to the list of foreign languages offered at middle and high school levels (but Latin was an option). When the proposition was voiced again by the *Conseil National Islamique* in the mid-1990s, it provoked a general outcry on grounds that the Muslim federation was trying to Islamize Côte d'Ivoire. Conversely, since 1965, Qur'anic schools are required to teach French to be officially authorized (in practice, few of them did; many were not recognized anyway). This is not to say that the State was anti-Islamic, for it was not in the least. But it was not as neutral as it pretended to be. Without being rejected from the State, Islam and Muslims were relegated to a subaltern, marginal position.

3.2. Houphouët's and his Successors' Approach towards Muslims and the Legacy of a Political Culture of Muslim Subservience

Though a devout Catholic, President Houphouët-Boigny developed close albeit ambiguous relations with Muslims and Islam. Rumors circulated that his father was a Muslim from Mali (he never either confirmed or denied the information). His first wife was a pious Muslim of mixed Akan and Senegalese parentage and one of his last mistresses was also a Muslim, in whose memory he built the prominent Riviera Golf mosque in Abidjan. He cultivated lasting spiritual friendships with renowned Sufi *marabouts* such as Yacouba Sylla or Amadou Hampaté Bâ and was captivated by traditional Islam's mysticism. In his political journey at the beginning of the *Rassemblement Démocratique Africain* (RDA), many of his friends and collaborators were Muslim and Dioula and he forged a unique alliance with the family of the Senoufo patriarch Gbon Coulibaly of Korhogo, an important town in the North of the country. All these relations were politicized to a large extent as they served his hegemonic exchange strategy. But the sentimentality with which

Houphouët spoke of these Muslim intimacies explains in part why the vast majority of Ivorian Muslims fondly liked the person and never ceased to support the president even though at the same time he deliberately albeit surreptitiously relegated them to a position of political subservience.

For even though Houphouët fully acknowledged the contribution of Muslims, Dioula and Northerners (categories often amalgamated, not entirely rightly) to the social and especially economic development of the nation – he even reminded them of their duty to push the country's growth always further – he categorically denied them any political autonomy. Since Houphouët saw himself as the ultimate defender of Muslims' interests, no one was ever allowed to come between him and the Muslim community. To keep the community in line, he used mostly two strategies: a strategy of co-option, both financial and clientelist, and a strategy of control, ranging from discrete surveillance to outright repression. Houphouët ruled with money and gave many and generous gifts to Muslims: he built mosques, sent checks to imams, imams to Mecca and sugar for Ramadan. To second him, he appointed Mamadou Coulibaly, one of the barons of his regime, as the informal "Big Man" of Muslims. The latter was more a politician than a Muslim and more dedicated to his mentor and the ruling Parti Démocratique de Côte d'Ivoire (PDCI) than to solving Muslims' problems. As long as Muslims accepted Houphouët's gifts and political tutelage, their relations with the political authorities were uneventful. But whenever any Muslim hinted a critique at the existing order or rose to a position of threatening dominance, repression followed on grounds of sedition. Even Mamadou Coulibaly was once called to order after his return from his first pilgrimage in 1973. His religious contacts with Saudi dignitaries and representatives of pan-Islamic agencies had angered Houphouët. Indeed, so acute was the President's suspicion of Arab-Islamic countries exporting religious ideologies that until the year of his death, Côte d'Ivoire did not establish diplomatic relations with Saudi Arabia (and when it did in 1993, Saudis were not allowed to open an embassy in Abidjan for another nine years). In the mid-1980s, Houphouët vetoed several transfers of funds from pan-Islamic agencies to Ivorian Muslim communities and associations. With Kadhafi's tours south of the Sahara in the period, foreign-sponsored Islamic threats were systematically instrumentalized to bridle or undo Muslim leaders and activities.

Houphouët thus created a now firmly rooted political culture in Côte d'Ivoire whereby State authorities are willing to express deference, even gratitude to Muslims (and Dioula and Northerners) as long as they refrain from making any political claim of their own. If the Muslim constituency appears to dissociate itself from the Head of State or ruling party, it can be accused of all ills, including treason to the nation, and repressed.

Though Muslims are incomparably freer to express and defend themselves since democracy's return in 1990 and the creation of the CNI in 1993, it remains striking how all of Houphouët's successors have continued, in different ways and with diverging results, some of Houphouët's practices in relation to Muslims. The constitutional heir, Henri Konan Bedié, capitalized on his family relations with Muslims in Daoukro and heavily invested in the building of mosques, including the new monumental Plateau mosque in Abidjan (not yet completed in 2005). He appointed Balla Keita and Moustapha Diaby Koweit as his political Muslim "Big Men". General Robert Guei, who overthrew Bédié in a coup d'Etat in 1999, built, among other mosques, the Akouedo military camp. In his pre-electoral campaign in June 2000, he distributed Qur'ans in all four corners of the country. Laurent Gbagbo and his *Front Populaire Ivoirien* (FPI) courted Muslims even more aggressively than did Alassane Ouattara in the mid-1990s. Once in power, he allowed Saudis to open an embassy in Abidjan and initiated Côte d'Ivoire's membership to the Organization of the Islamic Conference (OIC), the Islamic Development Bank (IDB), and the Islamic Educational, Scientific and Cultural Organization (ISESCO)[11] (this had not even been a Muslim claim: it falls within Gbagbo's pragmatic search for new donors at a time when Western countries and institutions were withholding their financial support). Gbagbo also followed Houphouët's strategy of matrimonial alliances by taking a Muslim Dioula from the North, Nady Bamba, as his second quasi-official wife.[12]

On the repressive side, Bedié developed the ivoirité ideology to eliminate his most serious opponent, Alassane Ouattara of the *Rassemblement des Républicains* (RDR). Bedié deprived many Muslim Dioula – equated with foreigners – of their citizenship rights in this process and directed his policy also against many foreigners, mostly Muslim Burkinabe. Determined at first to reconcile the divided nation and bury the hatched with Muslims, Guei later allied himself to Gbagbo and *pro-ivoirité* Bishop Bernard Agré of the Catholic Church to prevent the presidency from falling into non-Christian hands. Guei would become president and Gbagbo his Prime Minister: Agré had them swear the secret agreement on the Bible.[13] After Gbagbo betrayed Guei, his supporters intimidated and murdered presumed pro-RDR Dioula and Muslim supporters in the post-electoral violence of October 2000. For the first time in Ivorian history, among other incidents that

11 Fraternité Matin, February 5 and June 7, 2002.

12 On Gbagbo's recent moves in favor of Muslims see for instance "Tentative de séduction avant le sommet de l'UA: Gbagbo distribue du sucre dans les Ambassades". Le Patriote, October 5, 2005.

13 The information is now well-attested in Côte d'Ivoire. Conversations with journalists and university professors, Abidjan, September 2005. Members of the Church have also accused Agré of important financial embezzlement. 24 Heures, May 27 and June 23, 2005.

also affected non-Muslims, national politics resulted in the devastation of mosques, the burning of Qur'ans and the mauling of imams. Pro-FPI *gendarmes* (policemen) were also behind a mass grave of 57 Dioula bodies found in the Abidjan neighborhood of Yopougon.[14]

4. From a Religion of "Old Dioula Traders" to that of "Young Educated Executives": Muslim Leaders and their Islamic Interpretations in Historical Perspective

Islam's normative and universal tenets have always been realized differently in various historical and geographical contexts or among diverse societal groups at/in any given time or place: Côte d'Ivoire is no exception.[15] Whatever external influences were at play, Ivorian Muslims always elaborated and reworked their own local interpretations of Islam and formed multiple religious communities, sometimes converging, often compartmentalized or divided. What follows is a diachronic overview of the country's main Muslim collectivities and their specific conceptions of Islam, with a focus on the social and religious dimensions of both. The next section surveys their collective and differentiated approaches to politics in general and the Ivorian State in particular.

4.1. "Traditional" Islam: From Relative Stagnation to Sufi Revivalism[16]

Sufi brotherhoods (*tariqa*) have only had a peripheral influence on the collective lives of Muslims in the Ivorian region. The *Tijaniyya* and the *Qadiriyya* have been present since at least the 19th century in the northern savanna but their influence has been confined to the spiritual lives of individual believers, generally learned men of a certain age. None ever had the centralized hierarchy and close-knit community that made them such powerful socioeconomic and political organizations in Senegal or Northern Nigeria.[17]

Even without *tariqas,* "traditional" Islam has long been a pervasive influence on Muslims' daily lives, particularly as regards prayers, *Ramadan,* life cycle ceremonies and children's education. A religion of traders living as minorities in

14 On the troubles of 1999-2000 see Le Pape/Vidal 2002, Politique africaine 2000 and Afrique contemporaine 2000.

15 The phrases quoted in this chapter's headline are of a young Muslim student quoted in Le Monde, April 15, 1995.

16 See also Launay 1992 and Miran 2000.

17 See the relevant chapters in this book.

non-Muslim contexts, Dioula Islamic culture in its local variants was generally infused by pragmatism and, until the mid-20th century, evolved away from the theologians' disputes that periodically divided Muslims in Sudano-Sahelian regions. But though the destruction of Kong by Samori Touré's armies in 1897 inflicted a severe blow to local Islamic learning, Dioula Islam was not as atonic as some colonial observers portrayed it. In the inter-war period, in the Muslim quarters or dioulabougous of the emerging urban centers of the South, where Dioulas of various regional origins mixed with new converts, less parochial and more standardized or "orthodox" practices of and discourses on Islam gradually emerged.[18]

The fact remains that in the context of the fast modernizing Ivorian society of the later half of the 20th century, particularly in towns and among the young and modernly educated, traditional Islam gradually lost its appeal. Traditional education, consisting of root memorization of the Qur'an in Arabic, was seen as inadequate at best. Friday sermons of traditionalist imams were mostly ritualistic – following a determined set of rules and religious topics, leaving aside any contemporary issue of a social or political nature – and unconcerned with pedagogy. Arabic, the language of sermons, was understood only by a tiny minority. A growing number of Muslims thus came to see Islam as an archaism of the past, unable to challenge modernity, in consonance with the prejudices of Ivorian public opinion at the time.

Yet traditional Islamic culture survived: not only did it not disappear with the emergence of new forms of Islam, but its relevance in social contexts of partial or failed modernization could also be reasserted. As in the past, it continues to play an important role in the lives of many Muslims, particularly in the North, in the countryside and in less privileged city quarters. The popularity of the Abidjan-based traditionalist leader Cheikh Azoumana Konaté, who died in September 2005 while serving as Côte d'Ivoire "Grand Cheikh of Ivorian imams" (a function created by a CNI sister association in 1996) was evidence that traditional Islam is still a powerful reference point in the face of rapid change and adversity.[19]

What is more, in the past 15-20 years, owing in part to reformist influences, Sufi Islam has undergone a renewal process, both in terms of organization with the adoption of modern means of community management and communication, and in terms of membership. New Sufi leaders such as Cheikh Moustapha Sonta, self-proclaimed *Khalifa* of Tidjanis in Côte d'Ivoire, are behind the return of a significant number of young, educated and executive Muslims to mystical Islam.

18 Launay/Miran 2000.

19 Conversation with Djiguiba Cissé, Abidjan, 8 September 2005.

As in the past though, the trend reveals individual spiritual aspirations for self-improvement rather than collective commitments for action in the public sphere. Most new Sufis, particularly those who maintain reformist ideas (discrediting in the process antagonistic definitions of both Islamic paths) keep their Sufi identity private. Unbeknownst to many, some prominent reformist imams in Abidjan are also Sufis.

4.2. "Wahhabi" or "Sunni" Islam: Religious Radicalism and Social Conservatism[20]

Wahhabi Islam is a scripturalist interpretation of the *Qur'an* and *Hadith,* loosely inspired by the teachings of the 18th century Arab theologian Muhammad Ibn Abd al-Wahhab; hence its name, first used by French colonials, but criticized as inappropriate by Ivorian "Wahhabis", who favored first the label "Orthodox", then "Sunni". Owing to Wahhabis' special way of crossing their arms during prayer, they have also been called *"bras croisés"* ("crossed arms"). Additional distinctive features include the tchador-like black veils for women and short trousers and beards for men.

Influential albeit minority, the Wahhabi movement emerged in the 1950s in Bouaké and Bamako, in the French Sudan, when a young generation of pilgrims and students (many of whom were Guineans) returned from Mecca, and in the prestigious Al-Azhar University in Cairo. With new reformed Islamic schools or *madaris* and the Dakar-based *Union Culturelle Musulmane* (Muslim Cultural Union or UCM), the movement gained ground throughout Côte d'Ivoire and French-speaking West Africa. While preaching a return to the pristine Islam of its origins, Wahhabis also denounced elements of the local cultural heritage as non-Islamic or *bid'a* (innovation). Attacks were at their most virulent against Sufi brotherhoods and the corporation of marabouts, depicted as vile social parasites and henchmen of colonial authorities. This led to tensions and open conflicts with traditionalists. Beneath those disputes were also socioeconomic differences. Wahhabis tended to be wealthy and *nouveaux riches* and they discredited marriage, funeral and other traditional customary spending in favor of rationalized investment.[21]

Likewise madaris not only provided their children with basic religious instruction but also with the fundamentals of literacy and algebra to succeed in commerce in the modern age.

---

20 For details see Miran 1998.

21 This social profile of Wahhabis is typical of the savanna region (see for instance Amselle 1985). In the forest regions of the Gulf of Guinea, Wahhabis tended to be less affluent and less educated (see Miran 1998 for Côte d'Ivoire and Hiskett 1980 for Ghana).

After independence, the Wahhabi movement lost momentum in Côte d'Ivoire. Many Guinean Wahhabi leaders returned home and the Wahhabis who stayed behind stopped sending their children to study in the Arab world, beheading their elite in the long run. Small communities with significant numbers of new converts to Islam formed in the Ivorian South. Unlike the Bouaké elite, many of their members were poor and illiterate. If Saudi money ever reached them, it was inconsequential.

In the early 1970s, after more than a decade of Houphouëtist authoritarian rule in the name of national unity, timid reforms allowed for the discrete public expression of religious and other (non-political) differences. Wahhabis were prompt to seize the opportunity, building their own mosques to pray separately from traditionalists, which spurred new tensions and conflicts. Calling upon the State to defend their right to religious freedom, Wahhabis created the *Association des Musulmans Orthodoxes de Côte d'Ivoire* (Association of Orthodox Muslims of Côte d'Ivoire or AMOCI) in 1976, which in the long run contributed to appeasing the situation. Separatism between Wahhabi and non-Wahhabi communities became the norm. In 1977, Wahhabis inaugurated their first large mosque in Abidjan, in the neighborhood of Bracodi Bar in Adjamé.

Soon after, in 1981, an internal dispute involving the Bracodi mosque's imam revealed extreme tensions between the local wealthier, educated elite on the one hand and the enlarging less privileged majority – with many foreign migrants – on the other. The dispute degenerated to such a point that despite the Interior Ministry's good offices, the AMOCI was suspended and the mosque closed. The conflict was resolved in 1986 but it was not until 1994 that the AMOCI reconstituted itself as the AMSCI, changing the epithet "Orthodox" for "Sunni". In the meantime, Bouaké, the historical center of Wahhabism, regained importance and Abidjan witnessed a slow movement of reconciliation between Sunnis and other Muslims, made easier by the rise of a new generation of modernist reformists (see details below). Though the two groups share a more normative interpretation of religion, a concern for reforming and democratizing Islamic education, the use of local languages for this purpose and a pro-active promotion of a new kind of Muslim identity, Wahhabis also differ from the more modern-minded reformists by their social conservatism especially vis-à-vis women, their Arabized culture and their antagonism towards Islamic pluralism.

Since the late 1990s, Abidjan and particularly the Cocody campus of the University of Abidjan have witnessed a resurgence of Sunni (now also called Salafi) discourses and activities. Young theologians trained in Saudi Arabia or Kuwait and anglophone Cocody students from Northern Nigeria have recruited followers, including young educated women, some of whom were expelled from university after they refused to identify themselves by showing their face before exams. For the first time, tensions arose with other reformist groups, criticized as liberal renovators. For instance, the prayer nights organized on campus every year by an association of Muslim students before exam time were devaluated as bid'a, or *non-Islamic innovation.* Under the young wing's influence, the AMSCI moved out of the CNI, of which it had been a founding member in 1993. In August 2005, it put in place its own *Sunni Council of Imams.* It is difficult to answer the question of how many followers the AMSCI has today as really no data exists on the AMSCI and Wahhabi following. It can be stated, however, that the movement has clearly remained a minority, albeit a non-negligible one.[22]

4.3. Reformist Islam: The Middle and Upper Classes' Struggle to Reconcile Islam and Modernity

In the 1960s and 1970s, the "Ivorian economic miracle" paid for generalized access to the official school system with a secular and Western-oriented curriculum taught in French and national degrees leading to liberal professions and executive positions in the public and private formal sectors. For a small but enlarging group of Muslims, this was a formidable tool of social mobility. The phenomenon was particularly marked in the South, where economic activities were concentrated (by contrast, the savanna and northern neighboring countries fell into relative under-development) and in towns, most notably Abidjan, which monopolized the country's best high schools and institutes of higher education. Over time, a new middle and upper class of Westernized Muslims emerged. It was from their ranks that a new group of reformist Muslims arose in the early 1970s who were all French-speaking young men and women educated in official non-Islamic schools, secular or Christian.

These young Muslims were disenchanted by Marxist ideologies and the then pervasive materialism of Ivorian society but also ill at ease with the traditional Islamic heritage that their parents had transmitted to them somewhat passively. In their quest for a meaningful faith that could reconcile spirituality and modernity, they were decisively guided by three theologians trained in the Arab world: the Tidjani Cheikh Tidjane Ba (d. in 2001), the Wahhabi Mohamed Lamine Kaba and the visionary reformist Aboubacar Fofana, maybe the most influential Ivorian Muslim leader in the later half of the 20th century. Dioula- and Arabic-speakers, all three gradually became fluent in French to reach this particular audience. Their initial hope had been to mobilize *madrasa* students but those did not respond

22 Conversations with Abdul Karim Cissé and Bachir Ouattara, Abidjan, September 13, 2005.

to the ambitious task of rethinking the interface between Islam and modernity and the place and role of Muslims in the Ivorian context. Part of the explanation is that they did not collectively question their Islam, were not an integral part of modern society and were not conversant with its critical and dialectical modes of reasoning. Together, fortified by their triple African, Islamic and Western culture, the French-speaking Muslim youth and the three Arabized theologians gradually elaborated a new interpretation of Islam. Reformist Islam was an orthodox but contextualized interpretation of the dogma, designed to give an Islamic response to the changing needs and aspirations of contemporary Ivorian Muslim society and more specifically the Muslim middle and upper class. Among other aspects, reformists advocated the community's unity within absolute respect for the pluralism of Islamic expressions (*Ahmadiyya* excepted), unflinching tolerance for other religions, including African traditional religions, a strict separation between Islam and issues of ethnicity or nationality, and a liberal approach towards Muslim women and gender relations.

To promote these views, reformists put in place innovative organizations and activities. The first national reformist association was the *Association des Elèves et Etudiants Musulmans de Côte d'Ivoire* (Muslim Students Association of Côte d'Ivoire or AEEMCI). First launched in 1972, a political freeze delayed its official recognition until 1979. Its main activity remains a yearly two-week seminar designed to improve students' knowledge of their religion and the Islamic sociability of these young men and women coming from all four corners of the country to a new host town every summer. Tidjane Ba, Mohamed Lamine Kaba and Aboubacar Fofana were their indefatigable teachers and advisers, not only attending the seminars but also animating weekly discussions in Abidjan and traveling widely to meet AEEMCI students in their localities. In 1977, through the agency of a reformist journalist, they contributed to a new weekly Islamic program on national television, whose rational pedagogy in French was attractive to many and even triggered a wave of conversions.

Until the mid-1980s, most Westernized Muslim adults with executive positions in the public or private sector were reluctant to join the reformist movement despite its targeted efforts to recruit them. The reasons were in part feelings of inferiority rooted in the idea that Islam was backward and fears that commitment to Islam would endanger their careers (the memory of the 1960s "false plots" which allowed Houphouët to repress many members of the Dioula political intelligentsia was still alive[23]). The situation gradually changed after the 1982 creation

23 In 1959 and twice in 1963 Houphouët announced that attempted coups d'Etat had failed: the following repression allowed him to tighten his authoritarianism in a context of sub-regional political instability. Following a political opening in 1971, he then recognized that the plots had been mere fabrications.

of the *Communauté Musulmane de la Riviera (Riviera Muslim Community* or CMR; Riviera is a posh residential neighborhood in the Cocody district). The founders were a small group of young Muslim executives, some of whom had been AEEM-CI leaders and who were all dedicated to the three theologians. Informal on purpose to avoid any political harnessing and internal competition, the CMR was a fertile ground for further intense intellectual debates and innovative experiments in community management.

Out of the AEEMCI, the CMR and the particular influence of Aboubacar Fofana, several new associations were created which targeted Muslim society's various socioeconomic groups and their common needs. Three associations were put in place in 1988:

1. the *Conseil Supérieur des Imams* (Supreme Council of Imams or COSIM, officially recognized in 1991), which brought together for the first time traditionalist, Wahhabi, reformist and other imams;
2. the *Association des Jeunes Musulmans de Côte d'Ivoire* (Young Muslim Association of Côte d'Ivoire or AJMCI, recognized in 1992), for all young Muslims who were not or no longer in school;
3. the *Ligue Islamique des Prédicateurs de Côte d'Ivoire* (Islamic League of Muslim Preachers of Côte d'Ivoire or LIPCI, recognized in 1991), for preachers of all sectarian tendencies to coordinate their educative and missionary activities.

After democracy's return in 1990, additional organizations were formed, among them were: the *Secours Médical Islamique* (Islamic Medical Relief or SEMI), the *Association des Femmes Musulmanes de Côte d'Ivoire* (Muslim Women's Association of Côte d'Ivoire or AFMCI) and the *Conseil National pour l'Organisation du Pèlerinage à la Mecque* (National Council for the Organization of the Pilgrimage to Mecca or CNOPM). The process of communal reoganisation culminated in the creation of the CNI federation in 1993, supported by all reformist associations, the Wahhabi national organ and 45 local Muslim associations and communities (500 in 2005). Koudouss Idriss Koné, barely known at the time, was elected president, after Aboubacar Fofana had declined the position so as to protect the CNI from the political authorities' acute distrust of his own person.

The CNI was then challenging the other existing Islamic federation, the *Conseil Supérieur Islamique* (Supreme Islamic Council or CSI). Established during the time of the oil boom in 1979 upon the initiative of foreign representatives of the Muslim World League, the CSI's main objective had been to coordinate sporadic local requests for financial assistance with the approval of the Ivorian State. But the CSI – and similar competing Islamic associations of the time – quickly became the springboard for ambitious Muslim civil servants to claim their share of political power and lobby for funds. For a short decade, these aspirations matched Houphouët's strategy to co-opt Muslim leaders and redistribute money.

Yet when Ivorian-Arab relations turned sour by the late 1980s, the CSI was quickly silenced and reduced to an empty shell. Moustapha Diaby Koweit, a newcomer without religious credentials, resuscitated the ghost federation in 1991 with the backing of the then "Big Man" of Muslims, Lazéni Coulibaly, and a major grant from the Dakar venue of the *Organization of the Islamic Conference.* As before, the CSI under Diaby Koweit was all about personal ambitions, money and PDCI power. In 1995, Diaby Koweit was even elected MP of the northern town of Samatiguila and served as Henri Konan Bedié's religious advisor (he consequently had to flee the country after the 1999 coup d'Etat). CSI and CNI were thus completely at odds: indeed, the latter had been created in part because of the reformists' outrage at Koweit's handling of Muslim matters. Koweit tried in vain to convince the government and foreign media that the CNI was a hotbed of radical Islamists. Unlike the CNI, the CSI had, in reality, virtually no influence at grassroots level.[24] Koweit's reappearance as a presidential candidate for the 2005 national election seems little more than a masquerade.

In its early years, the CNI attracted enormous and widespread enthusiasm and support from the Muslim population. The *ivoirité* crisis also contributed to many Dioula, northerners' and foreigners' awareness of their Muslim identity. Though the CNI was in no way a by-product of post-Houphouëtist Ivorian politics, these politics reinforced Muslims' allegiance to the CNI. Popular expectations of the CNI were so high that a decade later, disenchantment was not absent. For instance, the CNI leadership is now criticized for failing to renew itself and democratize. Nonetheless, the CNI remains to this day the most representative and influential of all competing Islamic federations, several of which have been created since the late 1990s but remain marginal. In 1996, the editor-in-chief of the Ivorian daily *Le Jour* estimated that only about ten mosques adhered to the CSI nationwide, the rest following the CNI. In 2005, CSI's influence was even more negligible, but with CNI's power of attraction having weakened and new, competing federations having been created, its quasi-monopolistic influence has also eroded.

5. Muslims' Approach Towards the Ivorian State: Old and New Traditions of Accommodation

Since independence, Muslims have adopted a remarkably stable and homogeneous position vis-à-vis the Ivorian State (for further details on this, see the section below on the relations with the Arab-Islamic world). Whatever their differences

24 Conversation with Abdoulaye Sangaré, Abidjan, October 10, 1996.

and the political circumstances, they all advocated and practiced accommodation, which can be defined as constructive engagement towards the State, of which Muslims felt an integral part. To use Qur'anic terminology, Muslims' collective choice was against *hijra* (exile, disengagement) and *jihad* of the sword (violent rejection of the State) in favor of *taqiyya* (accommodation). If submission was made easier by Houphouët's fraternal alliance with Muslims and was at times constrained by the threat or reality of repression, accommodation was also a lasting tradition deeply rooted in Dioula society. Minority merchant Dioula communities living among majority non-Muslim societies have long followed the Suwari tradition of West African Islam, named after the 15th century Malian scholar El Hadj Salim Suwari. This tradition is characterized by a separation of religion and politics. It offers an apolitical interpretation of Islam, legitimizing religious pluralism and non-Islamic rule. Suwari Islam thus unites Muslims to keep their distance from and avoid confronting political power in order to better focus on religious education and spirituality. As in the pre-colonial and colonial periods, Muslims accommodated to the postcolonial State, last in a long line of "infidel" rulers. Traditionalists have probably remained the most politically submissive of all Ivorian Muslims.

If Muslims accepted the nation-State with much enthusiasm, it was also out of pragmatism. More immersed in trade and informal activities than inclined towards politics, Dioulas and foreigners alike supported Houphouët's regime because it secured the kind of peace and stability that was propitious to their commercial and religious affairs. Likewise, they backed Houphouët's policy that "the land belongs to whoever cultivates it", against the conviction of southern autochthons that it was inalienably theirs and that non-natives were mere colonialists. Muslims defended their president even in the midst of the democratic turmoil in 1990, when the Catholic Church voiced cautious criticism at the government's handling of civic liberties.

After Houphouët's death, Ivorian Muslims continued to be legalistic, republican and patriotic. Wahhabis and reformists always maintained that good Muslims ought to be good citizens, good workers and good neighbors. The effort to re-Islamize Muslim society was presented as a contribution towards the re-moralization of society at large; the drive to unite Muslims was part of the broader nation-building process; the endeavor to reform Islam also meant that Muslims would be better integrated into Côte d'Ivoire's modern political economy; and reformists' insistence on religious tolerance clearly aimed at consolidating the country's social peace. Muslim leaders were never anti-authoritarian or against the State. As a matter of fact, whenever national cohesion and the State's stability appeared threatened, they made public calls for appeasement, often in partnership with their Christian counterparts, as happened in 1995, 2000 and after September 2002.

The creation of the CNI in 1993 inaugurated a partial reorientation of this tradition of accommodation. In the context of the broadening of democratic culture following the recognition of the freedoms of association and expression, the CNI claimed the right to express and defend Muslims' interests and concerns in the public sphere. In other words, it emancipated itself and henceforward refused co-option, either clientelist or financial. The CNI had been the outcome of a long process to bring Islam out of its isolation in mosques and the ritualistic sphere to open up to the country's social, cultural and political life. The younger, modern-educated CNI- and COSIM-affiliated imams thus took upon themselves to serve not only as religious leaders for their communities but also as sorts of public intellectuals for the nation at large. They resolved to dispense non-partisan advice on issues of public interest, particularly when they felt that the nation's fate was at stake. In July 2000 for instance, on the eve of the referendum on the new constitution, the COSIM made a public statement against the proposed changes in the constitution, arguing that these would breed exclusion, division and conflict.[25] In the context of the demographic enlargement of the Muslim population nationwide, the CNI also claimed for more Muslim/Dioula/Northerners' participation in matters of the State. This demand stigmatized the enduring Houphouëtist political legacy of Muslim subservience and marginalization. The CNI itself is strictly apolitical and its leaders display a thorough abjuration of their right to be elected to positions of political authority in the name of the separation of religion and politics.[26] But they call upon individual lay Muslims to respond to the challenge of their own social and political responsibility by militating for just causes in movements of their choice along with other Muslims and non-Muslims. Overall, the CNI thus aims at serving as the focal point of an emerging Ivorian Islamic civil society.

Because it was a novelty in Côte d'Ivoire that imams were taking stands of a political nature (a novelty that could also upset the established order) and because the creation of the CNI roughly coincided with Houphouët's death and the birth of the RDR, voices were heard from the mid-1990s that vilified the CNI as a clique of fundamentalists bent on Islamizing the State. These were mere prejudices aimed at delegitimizing Muslim autonomization in the public sphere. Indeed,

25 "Déclaration du Conseil Supérieur des Imams à la veille du référundum le 20 juillet 2000". In Les Cahiers du CEID [CNI], n°1, August 2000: 20-21.

26 See for instance Ba 2000: 150. On Islam in the ivoirité era, see also Gary-Tounkara 2005.

one of the main political struggles of the CNI remains to protect and enhance the separation between the State, the Church, and the mosque. Not only does the CNI accommodate to secularism (laïcité or laity), it has also become its most ardent advocate.[27] This state of affairs is partly grounded in the reality of Houphouët's religions-friendly conception of secularism and in the reformist elites' conviction that laity is in the end the best political mode of management of religions in a context of rich cultural and spiritual pluralism. Secularism also allows Muslims to avoid politicizing divisions (*fitna* or communal scissions) and a loss of moral ideals (according to the view that politics are corrupting).

As a result, Muslims in general and the CNI in particular never requested the *de jure* implementation of the *shari'a* in the public sphere – the reality being that in spite of the Ivorian law's prohibition of customary and other jurisprudence, the application of the Islamic civil code (particularly as regards marriage, divorce and inheritance) is *de facto* tolerated in the Muslim private sphere. In 2001, the CNI even established an *Observatoire de la laïcité* (Observatory of secularism) to promote the neutral and egalitarian application of secularism and condemn any infringement in actual practices. The Ivorian case is one among many showing that Islam, secularism and democracy are no oxymorons. Far from being radical, the CNI is actually not devoid of a certain conservatism in that it aims at contributing to the safeguarding of the State's institutions and principles. Today as in the past, Islam thus remains a stabilizing factor of the State in Côte d'Ivoire.

6. Islam within Society: Education and Social Welfare Activism

6.1. Education and the Muslim Media

Islamic education – at home, at school, in the community – has always been a priority for Ivorian Muslims, however differentiated their epistemological views of the subject might have been. Despite criticism of a functionalist nature, traditional Qur'anic schools continue to play an important role in the safekeeping of Muslim identity and the social cohesion of many local communities, particularly outside the main cities. In these traditional Qur'anic schools children gather around a teacher, often on the floor, to memorize the Qur'an in Arabic by heart with the help of washable tablets. Qur'anic teachers have also adapted to the circumstances. Wherever large numbers of Muslim children are enrolled in secular or Christian

27 See for instance the document "Mémorandum sur la laïcité de l'Etat en Côte d'Ivoire" prepared by a group of reformists around Aboubacar Fofana in 2002.

schools (the latter being reputed among the country's best), they offer Islamic classes in late afternoons and during holidays. Since the pioneer initiatives of the Wahhabi movement and the UCM in the 1950s, reformed Islamic schools or *madaris* (where children are taught the fundamentals of religion along with secular topics, Arabic and sometimes French, in a Western-style classroom setup) are found in most Ivorian towns.[28] The bulk of the country's best madaris are in Bouaké: one of them is the *Dar al-Hadith*. Built by a wealthy local entrepreneur, the Williamsville Cultural Islamic Center was Abidjan's largest and most influential madrasa for a short decade (approx.1976-84) but it lost its prominence after the departure of its director, the reformist theologian Mohammed Lamine Kaba.

From the 1980s on, the new generation of reformists gave discouraging reviews of both Qur'anic schools and madaris' general situation in Côte d'Ivoire. Many of these schools' problems were internal. With no public subsidies and very limited foreign assistance – owing mostly to Ivorian Muslims' lack of lobbying *savoir-faire* and Houphouët's reluctance to let Arab-Islamic money in but also, not uncommonly, to parents' difficulties and even reluctance to pay for their children's education – these schools lacked basic amenities. Without clear recruitment policies, some Islamic teachers were below standard levels. Others were disaffected by their poor pay and had to rely on another occupation on the side. General lack of coordination prevented those schools from tackling important issues, such as the lack of appropriate textbooks. Other problems were of a politico-administrative nature. With few recent exceptions, Islamic schools come under the Interior and not the Education Ministry, because, unlike most Christian schools, they do not teach the national curriculum in French. Consequently, their degrees are not officially recognized. In practice, even Islamic students with a knowledge of French and secular topics were often (but not always) prevented from taking the national tests to get an equivalent rating of their degree. This general problem had been a major struggle of the UCM and the 1976 *Association des Enseignants Coraniques* (Qur'anic Teachers' Association or AEC, now ASSOENCOCI), to no avail. Islamic school leavers were thus prevented from entering the formal sector's job market and confined to precarious informal activities and oftentimes unemployment. Feelings of inferiority *vis-à-vis* Western-educated students and resentment at the kind of education they received were especially marked among madrasa students. According to various reformist reports, a regretful result was that a majority of juvenile offenders and drug addicts in a city like Abidjan were former madrasa students. This observation notwithstanding, there are also madaris of good standing and they collectively continue to attract

28 On Bouaké see LeBlanc 1999.

enrollment especially when students are not fluent in French, when they are too old for their school level to be admitted into the public system, or when their parents are attached to religious education.

To overcome this predicament, since the late 1980s, reformists experimented with a new kind of Islamic school following the Christian model. The "conventional confessional Islamic school" adopts the official curriculum and French as the only language of instruction. Islamic and Arabic lessons are facultative and student recruitment is not limited to Muslims. In 1993, the CNI and the State signed a convention so that Islamic schools meeting those criteria would be recognized and subsidized. The first such "conventional" school was the Cissé Kamourou confessional elementary school of Gagnoa in 1987. One of the most recent ones is the 2004 Iqra school complex in the Yopougon neighborhood of Abidjan. Though promising in the eyes of many Muslims, these schools are still very much a minority nationwide. The CNI-affiliated *Organisation des Etablissements d'Enseignement Confessionnel Islamique* (Islamic Schools' Organization or OEECI) has been established to follow up on these education issues.

Ivorian Muslims and particularly reformists have also designed innovative ways of teaching Islam outside of the classroom. Conferences, seminars, breakfast-, lunch-, or dinner-debates have been offered to the Muslim public since the late 1970s, along with Islamic programs on national radio and television. But all attempts to create an Islamic press have thus far failed, due to distribution shortcomings and financial hardships. Among the now extinct titles were the CMR-sponsored monthly magazine *Allahou Akbar* (1981-82 and 1989-93) and the AEEMCI-sponsored monthly, later weekly newspaper *Plume Libre* (1991-95 and 2000-02), both in French. In November 2001, after many years of reformist lobbying, the Islamic FM *Al-Bayane* began broadcasting in Abidjan. Placed under the CNI's general supervision, its director is Djiguiba Cissé, also imam of the Plateau. It offers religious and other non-political programs in French, Arabic, and many vernacular languages. In 2005, the radio organized a major fundraising operation to purchase a transmitter to expand the FM's diffusion radius to approx. 150-200 kilometers from Abidjan. It was a major success, even non-Muslims gave donations: evidence that Al-Bayan has met a faithful urban audience and is contributing, however modestly, to redress Islam's traditionally negative public image.[29] This notwithstanding, the weekly Islamic TV program mentioned above, which started in 1977, continues to this day as well.

29 Conversations with Djiguiba Cissé, Abidjan, September 10, 2005 and Nord Sud, October 21, 2005.

6.2. Social Welfare Activism: A New Concern

Until the early 1990s, mutual help among Muslims existed only at local and communal levels, on an ad hoc, personal and informal basis. When a need arose, money went directly from pocket to pocket without intermediaries or grand ideas of social redistribution. The Abidjan-based reformist associations were the first to make ardent calls for social welfare activism, understood as an effort to institutionalize Islamic solidarity for the benefit not only of Muslims but of the whole Ivorian society. With this, reformists clearly emulated the charitable actions of the Catholic Church and no less clearly differed from Protestant neo-Pentecostal churches with their emphasis on personal success and material wealth.

Muslim students, women and executives began touring hospitals, orphanages, prisons and leper houses. Everywhere, they tried to create a prayer space or a mosque for the suffering, the destitute and the marginalized. They also sponsored blood and medicine donation days. A small number of organizations entirely devoted to Islamic welfare were established later. The *Secours Médical Islamique* (Medical Islamic Relief or SEMI) brings together all kinds of Muslim health professionals to provide medical assistance to those in need and attempt to improve the quality of care in the country. Among its regular activities are free vaccination and AIDS awareness campaigns. It also runs a handful of Islamic clinics in Abidjan and other towns. Founded as an association, the SEMI became an NGO in 1998 to be eligible for receiving funds from the Health Ministry and the World Health Organization. Two other Islamic NGOs, *Action Justice and SOS Exclusion*, are dedicated to fight all forms of exclusion, legal, political, ethnic, socioeconomic or otherwise. To avoid the political authorities' line of sight at the height of the *ivoirité* crisis, both went underground after September 2002. Ibrahim Bredji, the imam of the Maca, Abidjan's main prison, founded *Le Nouvel Espoir* (The New Hope), an NGO dedicated to the care of inmates and their families as well as prisoners' social reintegration. Djiguiba Cissé, imam of the Plateau and director of *Al-Bayane*, created the *Fondation Djigui, La Grande Espérance* (Djigui Foundation, The Great Expectation) mostly to address the problem of AIDS and care for those living with the HIV but also to fight female genital mutilations and all forms of violence against women. Yet, in the absence of an established system to collect the *zakat*, Islamic social activities remain limited and as a matter of fact mostly centered around Abidjan.

7. Islam, Transnationalism and Globalization

7.1. Relations with the Arab-Islamic World

Unlike in Senegal, Mali or Burkina Faso, the 1970s' oil booms were not followed by a massive influx of Arab-Islamic financial aid to Côte d'Ivoire. This state of affairs was in part rooted in Ivorian Muslim associations' own internal weaknesses but more significantly in Houphouët's enduring distrust of pan-Islamic organizations, especially those linked to Saudi Arabia, Iran and Libya (for details, see above section on Houphouët's approach towards Muslims). The level of international assistance sporadically received by local Muslim communities, Wahhabi included, was dwarfed in comparison to that secured by the Catholic and Protestant churches. After the CNI was created, pan-Islamic organizations did not even recognize it until the very end of the 1990s. Even still in 1998, when the *World Supreme Council for Mosques* (an organization of the *Muslim World League)* agreed to host a congress in Abidjan, Diaby Koweit's CSI patronized it (and all CNI-affiliated associations boycotted it; the congress was a media event at best).[30]

Though no doubt a handicap to a certain extent, the scarcity of outside funds and logistical assistance nonetheless became a comparative advantage for Ivorian Muslims in the long run. Côte d'Ivoire was spared the Arab world's religious and ideological divisions that have been imported along with petrodollars into other countries, as in neighboring Ghana. While Ivorian Muslims gained autonomy and creativity by counting on their own material and intellectual resources, they also belatedly succeeded in finding alternative non-Arab and non-Iranian para-governmental sources of funding and inspiration. For a few years in the late 1980s, the *Communauté Musulmane de la Riviera* (CMR) closely cooperated with the United States-based *SAAR Foundation,* named after a Saudi billionaire businessman. Among other outputs, reformist leaders were trained to new conceptions and techniques of *da'wa* (or missionary activity) and in Abidjan in 1991 they launched a yearly *Séminaire International de Formation des Responsables d'Associations Musulmanes* (International Training Seminar for Islamic Associations' Leaders or SIFRAM), which soon gained regional respect. Ivorian and other West African Muslim children were also sent to Islamic summer camps in the USA for two consecutive years.[31] Reformists later welcomed US-governmental policy of rapprochement with moderate Muslim actors. Even before September 11, a

30 Fraternité Matin, February 17, 1998.

31 Conversation with Moussa Touré, Abidjan, September 14, 2001.

few had participated in the International Visitor Leadership Program of the US Department of State. When the failed coup occurred in September 2002, Aboubacar Fofana was in the United States, where he then remained living in forced exile. Contacts with Europeans intensified after the now famous Swiss Islamicist Tariq Ramadan associated himself with the CMR to launch the *Colloque International des Musulmans de l'Espace Francophone* (International Congress of Francophone Muslims or CIMEF).[32] The first CIMEF was organized in Abidjan in 2000. Due to the political unrest, it was subsequently hosted in Cotonou, Benin, in 2002 and in Niamey, Niger, in 2004.

Relations between the Arab-Islamic world and both the Ivorian government and Ivorian Muslim associations have taken on a new dynamic after Ggagbo's pragmatic opening up towards all potential sources of financial aid (also including China and Russia). But though reformists welcome new Saudi and Saudi-derived money, they are unwilling to renounce their locally adapted interpretation of Islam and more generally, their autonomy. Reformists have long expressed discomfort at the theological and social inflexibility that Ivorian graduates of Saudi universities tend to display after they return home. The CMR thus recently conceived a project to create an international institute for training imams in Abidjan. Though the money may come from the Islamic Development Bank, education will abide by the principle of dialectics (meaning that not just one but all Islamic traditions and *ulama's* viewpoints should be presented critically) and will include secular topics relating to the local African environment.[33]

The long-established Lebanese community of Côte d'Ivoire is mostly religiously passive on the public scene. One exception was the Shi'a movement initiated by Imam Cheikh Jaafar Sayegh (1929-96) in the neighborhood of Adjamé in Abidjan in the 1980s. Not unlike the Ahmadiyya mission, also based in Adjamé and directed by Pakistanis, it attracted mostly poor urban dwellers and migrants, often foreigners and women. In the past ten years, though, as Iran became more present in Côte d'Ivoire both on the religious and socioeconomic fronts, more African Sunnis have converted to Shi'a Islam, rising to positions of imamship in either non-denominational or new Shi'a mosques.[34] It is difficult to measure the numbers of Shi'a adherents as the numbers given by Shi'a themselves are so obviously exaggerated that they seem useless. Shi'a are a very small minority but one whose influence is growing. Iran also financed the *Mahad Ahlul-Beit Aleiyhem As-Salam* Islamic University in Riviera-Palmeraie in Abidjan and is about to

32 CIMEF 2001. See also Miran 2005.
33 Conversation with Moussa Touré, Abidjan, September 18, 2005.
34 See Miran 2002.

complete a new monumental religious complex in the neighborhood of Marcory, with a Shi'a mosque and a free clinic. So far, minority Shi'a have displayed a non-antagonistic public attitude towards the majority Muslim society.

7.2. Ivorian Muslim Attitude vis-à-vis Radicalism

Today, as in the past, Ivorian Muslims of all backgrounds unanimously maintain that their Islam is one of peace and ecumenical tolerance, poles apart from an Islam of armed conquest and state seizure: to the best of my knowledge, there has not been any discordant voice throughout Côte d'Ivoire in the postcolonial era. Even before September 11, the influential Tidjane Ba denounced the Talibans of Afghanistan as the "shame of Islam", people "who did not understand a thing of our religion".[35] The day following 11 September 2001, the CNI addressed the local US embassy with a public statement of categorical condemnation of the violent acts and empathy for the victims' families and the American nation.[36] Professing that Muslims are not weak, but follow a religion of wisdom and the golden mean, the CNI systematically called for non-retaliation, moderation and patience in the face of all recent attacks against mosques, imams or Muslims in the country. Since Ivorian Muslims share with their leaders an abhorrence of violence, with few localized exceptions, they collectively complied.

8. Uncivil State: Muslims and Violence since the Civil War in September 2002

When the military coup failed on September 19, 2002, and rebel forces (later renamed "New Forces") claimed the northern half of the country, Gbagbo's regime and pro-governmental media presented the crisis as Côte d'Ivoire's September 11. The rebellion was equated to religious terrorism and the civil war to the combat of fanatic Muslim Northerners against loyalist Christian Southerners. The born-again rhetoric of a battle between good and evil and President George W. Bush's notion of an "axis of evil" were vigorously dealt out. But what were mere tactics to enflame the population and confer a supra-political dimension to the conflict did not achieve the expected results. The majority of the population was simply not duped. If anything, it soon became clear to most that the minority of neo-Pentecostal devotees moving in political circles were the implicated party

35 Ba 2000: 171.

36 Le Patriote, September 14, 2001 (the CNI statement is dated September 12).

with the most aggressive ideology. Even though a reading of the war through the sole coverage of some Ivorian media may lead to think otherwise, the population did not collectively embrace the hate ideology of Gbagbo's regime (street actions were not spontaneous expressions of popular support; they were carefully choreographed from above with the help of militias). This is not to say that no tensions existed at the grassroots level. But these were mostly non-religious and rooted in the political crisis of the 1990s. In the countryside, tensions between autochthons and non-natives even predated the ivoirité era. In many ways, the Ivorian "civil" war is only a conflict of political chiefs fought primarily in Abidjan (since January 2003, the New Forces leaders – many of whom are not Muslims – have spent more time in Abidjan than in Bouaké) mostly for political reasons and, given the patrimonialist nature of the State, for economic ones as well. It is in no way a religious war.

In the meantime, in the aftermath of September 2002, Muslims suffered both physical and moral violence at the hands of armed forces in the government-controlled South. Violence against Christians in the rebellious North also took place on a smaller scale.[37] Security forces killed Muslim civilians, like in Daloa in October 2002. They routinely hit and harassed many more at roadblocks, even though the political economy of money extortion was neither purely ideological nor restricted to Muslims. When rumor had it that arms were hidden in mosques, some were violated. More seriously, until 2005, ten Muslim religious leaders were assassinated, most apparently by the Presidency-controlled "death squadrons". When imam Mahmoud Samassi of Abidjan was murdered in January 2003 – the third imam to die of a violent death in less than three months – the CNI organized a public funeral march in protest: it was the only time that Koudouss Idriss Koné raised an angry voice against the regime.[38] On all other occasions, the CNI issued public calls for appeasement and the return of peace, via the *Al-Bayane* radio station in particular. The CNI's position has been to remain neutral vis-à-vis both the New Forces and the ruling regime, attracting discrete criticism for being too soft on Gbagbo. In any event, the war did not provoke a political radicalization of Islamic discourses. The new Sunni radicalism is exclusively directed towards rituals and non-political issues of theology: as a matter of fact, Sunnis have publicly pledged to contribute to the return of peace in the country.[39]

---

37 See the US Department of State Côte d'Ivoire, International Religious Freedom Reports for 2002, 03 and 04 on the internet at http://www.state.gov/. On the war in Côte d'Ivoire, see also Politique africaine 2003 and Afrique contemporaine 2003.

38 Fraternité Matin, January 9, 2003.

39 "Retour à la paix durable en Côte d'Ivoire. Les Sunnites donnent les conditions", Nord Sud, September 9, 2005.

On a few occasions, accusations of Muslim extremism circulated. But like the CSI's insinuations of the mid-1990s, these mostly emanated from Islamic organizations hostile to the CNI and now co-opted by Gbagbo's regime. Some of these organizations were recent associations of Muslim converts, notably Bété, Gbagbo's own ethnic group. For instance, when an assassination attempt against Cardinal Agré was reported in October 2003, Harrissou Fofana (a marginal figure by all accounts, associated to the unimportant organization *Al Coran*) publicly declared that the RDR had offered him and other Muslim leaders big money to kill unspecified targets; though he himself declined, others supposedly accepted. The *Forum des Confessions Religieuses* (Forum of Religious Bodies) quickly stepped in to discredit the allegation as malicious fabrication and remind Ivorians of all religious affiliations to remain vigilant in the face of rumors or actions meant to provoke their antagonism. Since the war began, the Forum has thus played a very important role, if only a symbolic one, in preventing an escalation of the conflict. Indeed, Muslim, Christian, and other religious leaders' common public declarations and TV appearances favorably impressed the population. Most neo-Pentecostal churches were not members of the Forum because they contested its leader, Ediémou Blin Jacob. Following the anti-French violence of November 2004, a new transitory *Collectif des Confessions Religieuses pour la Paix et la Réconciliation en Côte d'Ivoire* (Religions Group for Peace and Reconciliation in Côte d'Ivoire) was established to incorporate them.[40]

Even more important were the actions taken by the *Collectif de la Société Civile pour la Paix* (Civil Society Group for Peace in Côte d'Ivoire or CSCP). Founded on October 19, 2002, by Honoré Guié, GERDDES-CI's president and the 1995 initiator of the *Forum des Confessions Religieuses,* the CSCP brings together civil society associations, human rights movements and religious organizations, including the Forum, to find ways and means to bring back a lasting peace to the country. Muslim and Christian CSCP representatives trained in the techniques of conflict resolution thus contributed to missions or peace caravans organized throughout the governmental zone by listening to and educating local communities. UNDP's financial withdrawal has thus far prevented those missions from covering the North.[41]

Muslim contacts between South and North have remained mostly fluid. Once, in January 2005, a communication problem resulted in the celebration of *Tabaski*

---

40 Conversation with Father Augustin Obrou, in charge of the Forum des Confessions Religieuses within the Catholic Church, Abidjan, September 13, 2005. The first public statement of the new Collectif appeared in the local press on September 26, 2005 (see for instance in L'Inter).

41 Conversation with Innocent Tanon, vice general secretary of GERDDES, Abidjan, September 13, 2005.

on different days in each zone. But this was an exception: the religious authority of all CNI and COSIM-affiliated associations has not been openly challenged. Yet the experience of *de facto* autonomy in the North led to local initiatives. New Islamic associations were created at grassroots level, some entrepreneurs tried to organize air transportation for the *hajj* directly from Bouaké (it failed), and a new local Islamic FM began broadcasting in Bouaké, with *Al-Bayane's* moral and technical support. On a different level, Muslims in the North expressed concern at what they saw as animism's return in strength, symbolized by amulet-protected dozo hunters who emerged from the war with new positions of regional power. In an allegorical fashion, longing for peace has also been articulated by the desire to return to pray at the mosque.

When it became obvious that opponents to the Gbagbo regime were not exclusively those having an affiliation with Islam or the North, attacks on Muslims – verbal or physical – receded. Crucial in this development was the creation of the *Rally of Houphouëtists for Democracy and Peace* (RHDP) in May 2005, bringing together the PDCI and the RDR, former political enemies now convinced that alone, they can neither win elections nor reduce the governing *Front Populaire Ivoirien* (FPI) to the position of a marginal opposition party. Even the ivoirité polemics have calmed down, as many Akans among other southern autochthons have now distanced themselves from an ideology championed mostly by the so-called "BAD patriotic galaxy", named after the Bété, Attié and Dida. If it is clear that Ivorian Muslims are no longer willing to accept political subordination and, even less, exclusion, it appears no less clear that they aspire to the re-establishment of a more peaceful, just, and cohesive national State and society in the old albeit reformed tradition of Côte d'Ivoire's civil Islam.

9. Bibliography

Afrique contemporaine: 193, January-March 2000 (special issue on Côte d'Ivoire).

Afrique contemporaine: 206, Summer 2003 (special issue on Côte d'Ivoire).

Amselle, J.-L.: Le Wahabisme à Bamako (1945-1985). Canadian Journal of African Studies, 19, 2, 1985: 345-357.

Ba, T.: Le Mufti El Hadj Ahmed Tidjani Ba. L'homme et l'érudit, Abidjan, Editions CEDA, 2000.

Bassett T. J.: "Nord musulman et Sud chrétien": les moules médiatiques de la crise ivoirienne. Afrique contemporaine, 206, Summer 2003, 13-27.

CHEAM: Carte des religions de l'Afrique de l'Ouest, Notice et Statistiques. Paris, 1966.

CIMEF: Les musulmans francophones. Réflexions sur la compréhension, la terminologie, le discours. Lyon, Editions Tawid, 2001.

Brézault A/Clavreuil G. (eds.).: Missions. En Afrique, les catholiques face à l'Islam, aux sectes, au Vatican, Paris, Editions Autrement, 1987.

Gary-Tounkara D.: La communauté musulmane et la quête de l'égalité politique dans la Côte d'Ivoire de l'ivoirité (1993-2000). In: M. Gomez-Perez (ed.): L'islam politique au sud du Sahara. Identités, discours et enjeux. Paris, Karthala: 601-620, 2005.

Institut National de la Statistique.: Enquête ivoirienne sur les migrations et l'urbanisation. Séminaire de dissémination des résultats (Abidjan, 10-11 octobre 1996). Abidjan, 1996.

Jeusset G./Deniel R.: Ami de Dieu et notre ami: El Hadj G. Boubacar Sakho. Abidjan, INADES, 1986.

Hiskett, M.: The "Community of Grace" and its Opponents, the "Rejecters": a Debate about Theology and Mysticism in Muslim West Africa with Special Reference to its Hausa Expression. African Language Studies, 17, 1980: 99-140.

Launay R.: Beyond the Stream. Islam and Society in a West African Town. Berkeley, University of California Press, 1992.

Launay R./Miran M., Beyond Mande Mory: Islam and Ethnicity in Côte d'Ivoire. Paideuma, 46, July 2000, 63-84.

LeBlanc M. N.: The production of Islamic identities through knowledge claims in Bouaké, Côte d'Ivoire. African Affairs, 98, 393, October 1999: 485-519.

Le Pape M./Vidal C. (eds.): Côte d'Ivoire. L'année terrible, 1999-2000. Paris, Karthala, 2002.

Miran M.: Le wahhabisme à Abidjan: Dynamisme urbain d'un islam réformiste en Côte d'Ivoire contemporaine (1960-1996). Islam et Sociétés au Sud du Sahara, 12, 1998, 5-74.

Miran M.: La Tijâniyya à Abidjan, entre désuètude et renaissance; Ou, l'œuvre moderniste d'El Hâjj Ahmed Tijâni Bâ, Cheikh tijâni réformiste en Côte d'Ivoire contemporaine. In: J.-L. Triaud/D. Robinson (eds.): La Tijâniyya en Afrique subsaharienne. Une confrérie musulmane à la conquÍte de l'Afrique. Paris, Karthala, 2000a: 439-467.

Miran M.: Vers un nouveau prosélytisme islamique en Côte d'Ivoire: une révolution discrète. Autrepart, 16, October 2000b, 139-160.

Miran M.: African Mullahs, The Development of Shi'a Islam in Contemporary Côte d'Ivoire. Paper presented at the 5th International Conference of Mande Studies, Leiden, June 2002.

Miran M.: D'Abidjan à Porto Novo: associations islamiques, culture religieuse réformiste et transnationalisme sur la côte de Guinée. In : L. Fourchard/A. Mary/ R. Otayek (eds.): Entreprises religieuses et réseaux transnationaux en Afrique de l'Ouest. IFRA Ibadan, Karthala Paris, 2005: 43-72.

Miran M.: Musulmans d'Abidjan. Islam, histoire et modernité en Côte d'Ivoire. Paris, Karthala, forthcoming.

Politique africaine: 78, June 2000 (special issue on "Côte d'Ivoire, la tentation ethnonationaliste").

Politique africaine: 89, March 2003 (special issue on "La Côte d'Ivoire en guerre: dynamiques du dedans et du dehors").

Zanou B./Aka D.: Abidjan la cosmopolite, Une étude démographique de la ville d'Abidjan. Institut National de la Statistique, 1994.

KAPITEL III

Mali

Mali ist nach wie vor eines der ärmsten Länder der Erde. Dennoch hat es sich nach dem Sturz der fast 23-jährigen Diktatur Moussa Traorés seit 1991 zu einem demokratischen und laizistischen Staat entwickelt, in dem mehrfach erfolgreich freie Wahlen durchgeführt wurden.

In der politischen Debatte wird das Land durch seine Nachbarschaft mit Mauretanien und Algerien bisweilen als potentielle Operationsbasis für islamische „Fundamentalisten" wahrgenommen. Die Entführung westlicher Touristen im malischen Grenzgebiet schien diese Befürchtung zu bestätigen.

Im Zuge des Demokratisierungsprozesses und der politischen und gesellschaftlichen Öffnung des Landes in den 1990er Jahren ist es in Mali zu der Gründung einer Vielzahl zivilgesellschaftlicher Organisationen gekommen, von denen sich zahlreiche dezidiert als islamische Vereinigungen verstehen. Allerdings sind radikale islamistische Strömungen in Mali heute nur schwach ausgeprägt. Beispielhaft für ein in religiösen wie politischen Fragen maßvolles Auftreten islamischer Organisationen in Mali ist der Hohe Islamische Rat des Landes, der bei verschiedenen Gelegenheiten einen mäßigenden Einfluss ausübt und einer parteipolitischen Politisierung von Religion und der Eskalation religiöser Differenzen gezielt entgegenwirkt.

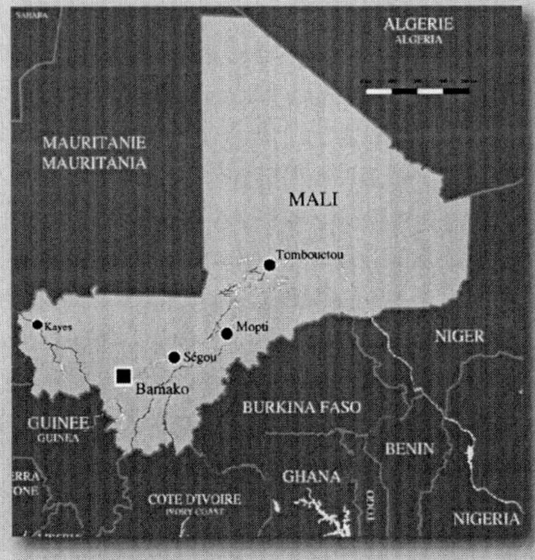

Fläche	1.240.000 km²
Einwohnerzahl	11 Mio.
Religion	Muslime (90%); Christen/Animisten (10%)
Größte ethnische Gruppen	Mande (50%); Peul (17%); Volta (12%)
BSP/Kopf	333 US $
Lebenserwartung	48,6 Jahre
Alphabetisierung	46,4 %
Quelle: www.auswaertiges-amt.de; CIA – The World Fact Book	

3
Islam und Demokratie in Westafrika – Der Fall Mali

Hamidou Magassa

1. Vorbemerkung

Der vorliegende Beitrag ist die Fortsetzung einer vorhergehenden Studie mit dem Titel „Bestandsaufnahme des Islam in Mali“ die im Dezember 2003 für die Friedrich-Ebert-Stiftung in Mali verfasst wurde. Neben der bibliographischen und dokumentarischen Recherche wurden im Rahmen der Studie direkte Befragungen und Interviews durchgeführt, um subjektive Einschätzungen verschiedener islamischer Akteure in Mali zu erhalten. Diese vor Ort erhobenen quantitativen und qualitativen Daten wurden anschließend Experten der malischen Regierung, Vertretern muslimischer Vereinigungen, Mitarbeitern der Universität Bamako, der GTZ sowie der FES vorgelegt und schließlich in einem Evaluierungsseminar in Bamako geprüft. Die Ergebnisse des Workshops flossen in diesen Text ein, so dass der vorliegende Beitrag keine Außenansicht eines einzelnen Wissenschaftlers darstellt, sondern das Endprodukt eines inner-malischen Diskussionsprozesses über die aktuelle Lage des Islam in Mali ist.[1]

2. Akteure des politischen Islam in Mali

Mali ist flächenmäßig eines der größten Länder Westafrikas und zählt heute rund 11 Mio. Einwohner. Die Bevölkerung des Sahelstaates besteht zu rund 90 % aus Muslimen, die wiederum zum größten Teil dem sunnitischen Islam zuzuordnen sind. Obwohl verlässliches Datenmaterial hierzu nicht vorliegt, ist davon auszu-

1 Ich spreche den folgenden Personen meinen Dank aus: Den Herren S. Doumbia, A. Dicko und R. Plate von der Friedrich-Ebert-Stiftung, Herrn M. Zouber von der Präsidialkanzlei der Republik Mali, Herrn W. Konté vom Ministerium für Territorialverwaltung und Gebietskörperschaften, den Herren M. Dicko, O. Thiam und M. Kimbiri vom Hohen Islamischen Rat Malis und Herrn D. Konaté von der Universität Bamako. Ihre Hilfsbereitschaft und ihre sachdienlichen Hinweise haben zur Entstehung dieses Berichts beigetragen.

gehen, dass rund 5-10 % der Bevölkerung christlichen Glaubens sind, wobei das Verhältnis von katholischen und protestantischen Christen annähernd 2:1 beträgt. Animistische Naturreligionen werden nur mehr von einem geringen Teil der Bevölkerung befolgt. Während sich Anhänger der Naturreligionen nicht ausschließlich aber doch schwerpunktmäßig in ländlichen Gebieten finden, konzentrieren sich christliche Gruppen im wesentlichen im Süden, Westen und in der Zentralregion Malis.

Wie in anderen Staaten Westafrikas spielen auch in Mali islamische Sufi-Bruderschaften eine bedeutende gesellschaftliche Rolle. Diese Bruderschaften, weitere formelle und informell-traditionelle islamische Vereinigungen sowie nationale und internationale islamische Organisationen prägen den öffentlichen Diskurs und die gesellschaftliche Entwicklung in Mali.

2.1. Traditionelle islamische Akteure: Die Sufi-Bruderschaften

In der Beschäftigung mit den verschiedenen Akteuren und religiösen Strömungen Malis wird immer wieder eine gewisse Unklarheit in bezug auf die Unterscheidung von „Bruderschaften" und „Rechtsschulen" (*mazhab*) deutlich, die eine präzise Auseinandersetzung mit den religiösen Phänomenen des Landes erschwert. Unter „Bruderschaften" versteht man Gruppierungen von Schülern, die sich um einen spirituellen Führer, den so genannten Scheich, versammeln und gemeinschaftlich bestimmte muslimische Rituale in bezug auf die fünf kanonischen islamischen Grundpflichten: *Chahada*, Gebet, *Zakat* (Almosen), dem Fasten und der Pilgerfahrt praktizieren. Unter „Rechtsschulen" (*mazhab*) versteht man im Gegensatz dazu Regelsammlungen, die von verschiedenen Imamen festgelegt wurden, die im muslimischen Recht (*fiqh*) und in der Auslegung des Koran und der Sunna bewandert sind. Fast alle islamischen Bruderschaften in Mali stammen von den „vier großen Praktiken" des Islam ab.[2] Jedoch sind sie in unterschiedlichem Umfang in Mali repräsentiert:

- Die hanafitische Schule: Gegründet von dem im Irak geborenen Imam Abou Hanifa (702-767 n.Chr.), lässt diese Praktik neben dem Koran und der Sunna auch das persönliche Urteil des Gläubigen in Form des Analogieprinzips (*Qiyas*) zu. Der hanafitische Ritus hat in Mali nur sehr wenige Anhänger.
- Die hanbalitische Schule: Gegründet von dem ebenfalls im Irak geborenen Ahmad Ibn Hanbal (778- 855 n.Chr.), appelliert diese Doktrin in bestimmten

2 Sechs andere islamische Rechtsschulen sind weniger bekannt: Die von Imam Al Awzaa'e (708-774 n. Chr.), Imam Zayd (700 -740 n. Chr.), Imam Al Layth (716-791 n. Chr.), Imam Ath Thawree (719 -777 n. Chr.), Imam Daawood (815-883 n. Chr.) und Imam At Tabaree (839-923 n. Chr.).

Fällen an das persönliche Urteil (*Ra'y*) des Gläubigen und wird in Mali hauptsächlich von Anhängern der Salafiyya befolgt, die in Mali pauschal auch unter dem Begriff Wahhabiyya bekannt ist (s.u.).

- Die chafeitische Schule: Verkündet von Abou Abdallah Mohamed Ibn Idris El Chafie (769-820 n.Chr.), geboren in Gaza. Gemäß dieser Theorie, kommt dem Konsens (*ijma*) islamischer Gelehrte, dem Koran und der Sunna nachgeordnet, große Bedeutung zu, während das Analogieprinzip mit gewissen Einschränkungen zugelassen wird. Diese Schule wird vor allem von einigen Maliern praktiziert, die ihre Studien in arabischen Ländern wie Ägypten oder Libyen absolviert haben.
- Die malikitische Schule: Ihr Gründer ist Abou Abdallah Malik Ibn Anas (717-801 n.Chr.), geboren in Medina. Diese Schule berücksichtigt neben dem Koran und der Sunna das Gewohnheitsrecht von Medina und die persönliche Interpretation in Form eines Konsenses der islamischen Gelehrten (*Ulama*). Diese Schule ist in Mali am weitesten verbreitet, da ihr auch die populären muslimischen Bruderschaften (*Qadiriyya* und *Tijaniyya*) zuzuordnen sind. Als Ursache für die große Zahl von Anhängern der malikitischen Schule in Mali wird gemeinhin der Einfluss der Maghreb-Staaten genannt, die eine wichtige Rolle bei der Verbreitung des Islam in Mali gespielt haben – hier insbesondere Marokko.

Grundsätzlich sind die Sufi-Orden im ländlichen Umfeld Malis stärker verankert als in den Städten, weil sie zahlreiche kulturelle Wertvorstellungen des traditionellen lokalen Gewohnheitsrechts in Ihre Lehre integrieren. Sie passen sich an und verknüpfen sich in vielerlei Hinsicht mit bestehenden sozialen Strukturen wie Handwerkszünften oder anderen beruflichem Vereinigungen (Landwirte, Viehzüchter, Jäger, Fischer). Dennoch sind sie selbstverständlich auch in den Städten anzutreffen. Ihr politisches Gewicht ist dabei – gerade in bezug auf die Bruderschaft *Tijaniyya* – nach wie vor bedeutend. Ihre Anhängerschaft setzt sich aus verschiedenen Amtsträgern zusammen und sie unterhalten ein weites Netzwerk von Bildungs- und Versammlungsstätten in den Dörfern auf dem Land. Hier gehen die Anhänger der Bruderschaften in der Regel weiterhin ihren gewohnten beruflichen Tätigkeiten nach. Allerdings spenden sie einen bedeutenden Teil ihrer Erträge dem jeweiligen Scheich, um seinen Segen zu erhalten. Auch Staatsbeamte oder Unternehmer unterstützen die Führer der Bruderschaften immer wieder in finanzieller und verwaltungstechnischer Hinsicht, um sich politische und wirtschaftliche Vorteile zu sichern.

Der Orden der Qadiriyya

Die Qadiriyya-Bruderschaft ist die älteste Bruderschaft Malis und wird heute hauptsächlich von Mauren und Tuareg aus Timbuktu, den Songhay in der Flussschleife des Niger, den Peuhls von Macina und einigen Anhängern aus Ségou und Bamako gebildet. Der religiöse „Weg der Qadiriyya" wird üblicherweise dem Scheich Abdoul Kader El Djilani zugeordnet, der 1077 in Gilane geboren wurde und als Nachkomme des Propheten angesehen wird. Die Qadiriyya wurde in Marokko im 12. Jahrhundert eingeführt. In Ägypten spielte die islamische Al Azhar-Universität eine bedeutende Rolle bei ihrer Ausbreitung. Von Nordafrika strahlte die Qadiriyya seit der zweiten Hälfte des 15. Jahrhunderts nach ganz Westafrika aus. Große Teile der Mauren, Tuareg, Sonrhaï, Peulh, Woloff und Haussa schlossen sich ihr im französischen West-Sudan in den heutigen Staaten Mauretanien, Mali, Senegal, Guinea, Niger und Nigeria an. In Nigeria war dies insbesondere den militärischen Anstrengungen des Scheich Ousmane Dan Fodio und seinen Nachkommen zu verdanken, die einen islamischen Staat mit Sokoto als Hauptstadt errichteten, auf den die Qadiriyya in Westafrika bis zur britischen Eroberung im Jahre 1903 eine große Ausstrahlung ausübte.

Die Qadiriyya begreift den Islam als eine Gesamtheit aus zwei Bereichen: der „Shari'a" und der „Wirklichkeit". Erstere wird als „sichtbarer Teil des Glaubens" verstanden, letzterer als abstrakter Teil, der allein den von Allah Auserwählten zugänglich ist, die ihm ihr Leben widmen. Dafür muss sich der Gläubige den spirituellen Überlegungen seines Meisters widmen. Wie auch in den anderen muslimischen Bruderschaften bestehen die rituellen Anrufungen Gottes (*dhikr*) gemäß der Qadiriyya aus Versen des Koran und aus Gebeten zum Propheten, die regelmäßig mehrere Male hintereinander rezitiert werden, um so den Körper zu reinigen.

Der Orden der Tijaniyya

Diese Bruderschaft der Schüler des Sufi-Erneuerers Scheich Ahmed Tijani ist in Mali in der Gegenwart am weitesten verbreitet und expandiert auch heute noch. Der 1781 gegründete Orden war ursprünglich als Reaktion auf den als konservativ und zu hierarchisch empfundenen Orden der Qadiriyya gegründet worden. Die Tijaniyya basiert auf drei Arten von täglichen und wöchentlichen Anrufungen Gottes (*dhikr*). Zusätzlich zu diesen Ritualen sind die Schüler der Tijaniyya an bestimmte Vorgaben gebunden, um die Bindung zwischen dem Einzelnen und Gott sowie den Respekt gegenüber den religiösen Führern, Demut und Toleranz gegenüber dem Nächsten zu fördern.

Anhänger der Tijaniyya finden sich besonders zahlreich in der Region Kayes, in Nioro im Sahel, bei den Peuhl, den Mauren und den Soninké. Darüber hinaus sind sie stark in den Regionen von Ségou, Bamako, Sikasso und Mopti vertreten – dort vor allem in den Vierteln der Bamanan, Sénoufos, Bozos, Dogon und Peulh.

Den Bemühungen von El Hadj Omar Tall ist es zu verdanken, dass die Tijaniyya-Bruderschaft in Mali heute weit verbreitet ist. Sie hat sich mittlerweile in drei Zweige aufgeteilt: die Omarier des El Haj Omar Tall, die Hamalisten des Cheick Hamaoullah (*Hamawiyyah*), deren Zentrum in Nioro liegt, und schließlich die *Tarbiyya* (auch: Anhänger des Ibrahim Niass). Dieser dritte Unterzweig betrachtet sich als höchste Stufe der *Tijaniyya* und hat weltweit Hunderttausende von Anhängern. Eine Ursache für den Erfolg dieser Untergruppe liegt in der von ihr vertretenen Vorstellung, dass jeder Anhänger des Ordens Gott direkt mystisch erfahren könne.

Wahabiya/Salafiya

Bei den Wahhabiyya handelt es sich um die Anhänger einer vom saudischen Prediger Mohammed ibn Abd al-Wahhab (1703-1792) begründeten Philosophie, die sich in striktester Art an die Offenbarung, das Vorbild des Propheten und an die erste Generationen der Muslime (*Salafiya*) anlehnt. Sie werden in Mali oft als Wahhabiyya bezeichnet, obwohl sie selbst meist die Bezeichnung Salafisten bevorzugen. Heute gilt die Wahhabiyya als offizielle Staatsdoktrin Saudi-Arabiens.

Im Senegal wie in Mali ist der Wahhabismus seit 1953 in der *Union Culturelle Musulmane* (UCM) organisiert, die in Mali seit 1979 verboten ist. Diesem Verbot vorausgegangen war eine Suspendierung der Organisation durch Arrêté Ministériel Nr. 70 vom 20.4.1971, die – ebenso wie das folgende Verbot – auf eine Zusammenfassung aller muslimischer Verbände in einem einzigen Dachverband abzielte: Der analog der Einheitspartei strukturierten *l'Association Malienne pour l'Unité et le Progrès de l'Islam* (AMUPI). Folgerichtig wurden die Mitglieder der verbotenen UCM bald aufgefordert, der AMUPI beizutreten.
Die Wahhabiyya hat nach eigener Aussage das Ziel,

> *mit geeigneten Mitteln die schamlose Ausnutzung durch Scharlatane, Fanatismus und Aberglauben zu bekämpfen [...] und den Islam zu reinigen, indem man ihn von allen korrupten Einflüssen und Praktiken befreit.*[3]

Als charakteristisch für das Anliegen der Wahhabiyya gilt zudem Scheich Tourés Diktum: „Wir sind dreifach eingesperrt: von den Kapitalisten, von den *Marabouts* [sufistische Mitglieder der Bruderschaften] und von den Kolonialherren". Als Reaktion auf diese „dreifache Einsperrung" fordert die Wahhabiyya die Rückkehr

3 ANS. 17G633 (152).

zur strengen und orthodoxen Auslegung der heiligen Texte, wirft den Führern der Sufi-Orden Tijaniyya und Qadiriyya regelmäßig ihren mythischen Obskurantismus vor und begreift sich selbst als radikale Reformbewegung des Islam.

Die Wahhabiyya setzen sich heute immer stärker im Gebiet der Dogon und in der Region von Sikasso fest, finden aber auch beträchtliche Unterstützung in Gao und der Hauptstadt Bamako. Die Anhänger der Wahhabiyya setzen sich zum großen Teil aus Akademikern zusammen, die die arabische Sprache beherrschen und so direkten Zugang zu den heiligen Texten genießen. Sie haben zum Teil in arabischen Ländern wie Ägypten, Saudi-Arabien oder Libyen studiert und sind aufgrund ihrer herausragenden Stellung im Bereich des Handels und der Dienstleistungen, stärker im städtischen Umfeld Malis verwurzelt. Dort haben sie wegen ihrer Förderung von Madresen eine große wirtschaftliche und kulturelle Bedeutung (s.u.).

Die Predigten der Wahhabiyya zeichnen sich dadurch aus, dass sie in afrikanischen Sprachen abgehalten werden, um von einer möglichst großen Zuhörerschaft verstanden zu werden. Dies gilt auch und vor allem für die *Khutbah,* das Freitagsgebet des Imams, und die dazugehörige Predigt, die das Tagesgeschehen und die Tagespolitik der muslimischen Gemeinschaft zum Inhalt hat. Dies ist bei den Sufi-Orden im Rahmen dieses allwöchentlichen Anlasses nur sehr selten der Fall, da die Sufi-Orden in Mali die Übersetzung der heiligen Schrift in afrikanische Sprachen gemeinhin als Verfälschung des religiösen Gehalts begreifen.

Kleinere und neuere Gruppierungen

Das Spannungsfeld und der religiöse Wettbewerb zwischen traditionellen Strömungen (Qadiriyya, Tijaniyya) und den Reformbewegungen der Wahhabiyya wird darüber hinaus durch für Mali neue religiöse Strömungen ergänzt, über deren Mitgliederstärke keine verlässlichen Zahlen existieren. Dies sind etwa:

- *Schiitische Gruppen*
  In Mali im wesentlichen durch Bemühungen der iranischen Botschaft und durch Studenten, die sich im Iran aufgehalten haben, eingeführt.
- *Jama'at al-Tabligh / Dawa*
  Die *Jama'at al-Tabligh* wurde erst kürzlich in Mali gegründet und ist im Land auch unter dem Namen Dawa bekannt. Diese ursprünglich pakistanische Strömung gewann im Indien der Zeit der britischen Kolonialherrschaft an Bedeutung. Moscheen, die der Dawa zuzuordnen sind, finden sich in erster Linie in Kidal, Mopti und Bamako. Anhänger der Dawa finden sich unter anderem unter Jugendlichen, die mit Problemen der Arbeitslosigkeit zu kämpfen haben und unter ehemaligen Sklaven (*Bellah*) der Tuareg. Die Dawa hat keinerlei

Verbindungen zu gewalttätigen Interpretationen des Islam aber versteht sich als Missionskraft eines pureren Islam.[4]

- *Pieds Nus* (Nacktfüßler)
  Die Sekte der Nacktfüßler wurde in der Region Segou in den 1980er Jahre von einem erfolglosen Abiturienten gegründet. Seine Schüler gehen barfuss, tragen Kleidung traditioneller Baumwollart und lehnen jeden physischen Kontakt mit Produkten der westlichen Zivilisation ab. In Dioïla wurde sie Anfang des Jahres 2000 aus traurigem Anlass berühmt: Sie ermordeten den Friedensrichter der Ortschaft, bevor sie sich den Ordnungskräften widersetzten. Etwa zehn „Nacktfüßler" wurden getötet, ihr spiritueller Führer und mehrere Anhänger wurden festgenommen und befinden sich heute in Haft.
- *Cheveux Tressés* (Die mit geflochtenem Haar)
  Die neue Sekte der Cheveux Tressés ähnelt der Bewegung der *Dreadlock Rastafaris*. In Anlehnung an sufistische Werte leben ihre Anhänger, Männer wie Frauen, in Gemeinschaften und tragen Kleidung und Schärpen mit religiösen arabischen Inschriften. Das westafrikanische Symposium zum Sufismus (s.u.) gab ihnen im Dezember 2004 die Möglichkeit, sich vor großem Publikum in Bamako zu präsentieren.

Angesichts dieser verschiedenen Gruppierungen ist festzuhalten, dass die große Mehrheit der Muslime Malis ihre Religion ausübt, ohne sich mit diesen Streitigkeiten der verschiedenen Rechtsschulen, Bruderschaften oder Sekten, die für den Islam in Mali durchaus charakteristisch sind, en detail zu befassen. Dieses Gewicht der „stillen Masse" bremst dabei bisweilen auch den Eifer einzelner Aktivisten.

Trotz des hohen Organisationsgrades der Bruderschaften in Mali haben diese heute mit großen Schwierigkeiten zu kämpfen. So etwa mit dem Widerspruch zwischen Armutsgebot der Gründer und der aktuellen Wirklichkeit. Im städtischen Umfeld suchen und genießen die heutigen Führer der Bruderschaften immer wieder großen materiellen Wohlstand. Diesen gewinnen sie in ihrer Funktion als Manager (Organisator und Umverteiler) der Ordensressourcen, während ihre Schüler kaum über große eigene Einkommensquellen verfügen und lediglich die Kultstätten der Gruppierungen als Zuflucht nutzen können. Aus Sicht der Ordensmitglieder stellt sich die materielle Unterstützung der Ordensführer dabei als *échange de services* dar: Im Austausch für materielle Absicherung der Ordensoberen im Diesseits erhalten die Adepten ihrerseits spirituelle Unterstützung durch die Ordensleitung in bezug auf das *Jenseits*.

---

4 International Crisis Group: Islamic Terrorism in the Sahel. Fact or Fiction? März 2005, S. 8.

2.2. Formelle islamische Organisationen in Mali: Ziele und Strukturen

Die formell institutionalisierten islamischen Organisationen Malis unterliegen dem *Gesetz zur rechtlichen Verfassung von Vereinigungen* und müssen sich öffentlich registrieren lassen.[5] Sie können in nationale und internationale Vereinigungen aufgeteilt werden und spielen unabhängig von ihrer Größe eine erhebliche Rolle bei der Erhaltung des Friedens, der Sicherheit und der Stabilität des Landes. Dies nicht nur durch die spirituelle Unterstützung, die sie ihren Klienten und Anhängern zukommen lassen, sondern auch durch unmittelbare Hilfestellungen in Form von Nahrungs- und Gesundheitshilfen. Der erwähnte gesetzlich vorgeschriebene Prozess der Registrierung von religiösen Organisationen kann als Routineangelegenheit begriffen werden und ist nicht mit rechtlichen oder finanziellen Besserstellungen verbunden. De facto wird das Versäumnis der Registrierung kaum einmal öffentlich geahndet.[6]

Der umfassenden Liste von 106 eingetragenen islamischen Vereinigungen, die vom *Ministère de l'Administration Territoriale et des Collectivitées Locales* (MATCL) im Jahre 2000 zusammengestellt wurde, ist zu entnehmen, dass 66% dieser islamischen Vereinigungen ihren Sitz in Bamako haben. 14% dieser Gruppierungen begreifen sich als Frauenvereinigungen, 6% als Vereinigungen von Jugendlichen. 14% dieser Vereinigungen haben ihren Sitz in den Hauptstädten der Regionen und Kreise (Mopti, Sikasso, Kayes, Gao und Touba). 7% dieser Gruppierungen werden als internationale Vereinigungen geführt. Dies in dem Sinne, dass es sich bei Ihnen um Organisationen handelt, die ursprünglich etwa aus den arabischen Staaten stammen und von dort gestützt in Mali operieren.

Inländische islamische Organisationen

Die inländischen islamischen Organisationen Malis erfüllen bedeutende soziale Funktionen und erhalten entweder finanzielle staatliche Unterstützung oder sind auf finanzielle und praktische Zuwendungen ihrer Anhänger und Sympathisanten angewiesen (interne Selbstfinanzierung). Als Beispiele für in Mali tätige Organisationen seien genannt:

5 Gesetz Nr. 38 AN RM vom 5.8.2004.

6 US Bureau of Democracy, Human Rights and Labor: International Religious Freedom Report 2005 – Mali. Washington 2005.

Tabelle 1: **Inländische islamische Organisationen**

Offizielle Bezeichnung	Gründungsgeschichte	Zielsetzung / Kommentar
Association Malienne pour l'Unité et le Progrès de l'Islam (AMUPI)	Gegründet im März 1981 nach dem Vorbild der Einheitspartei und bis zum Sturz des Regime von Moussa Traoré (1991) als einzige islamische Organisation staatlich anerkannt.	Die AMUPI hat ihre Monopolstellung heute trotz einer unbestreitbar weiter vorhandenen breiten Mitgliederstruktur weitgehend verloren.
Hisbollah (arab. Partei Gottes)	Ende 1980 gegründet und 1991 aktiv am Kampf gegen das Einparteiensystem beteiligt.	Islamistische Organisation.
Association Islamique pour le Salut (AISLAM)	Drei Monate nach dem Sturz von Traoré im Juni/Juli 1991 gebildet.	Vereint arabisch- und französischsprachige Intellektuelle und engagiert sich für islamische Reformen. AISLAM unterhält Moscheen und Gebetsorte (etwa in Militärlagern und staatlichen Schulen) und betreibt den Radiosender „Radio Dambé" und einen weiteren islamischen Sender.
Liga der Prediger Malis		Koordiniert Aktivitäten der Prediger der arabischen Welt und fördert Salafismus/ Wahabiya. Die Liga organisiert Predigerseminare und Projekte für Menschen in Not.
Association Malienne de la Jeunesse Musulmane (AMJM)		Plattform jugendlicher Muslime. Die AMJM organisiert Seminare, Ausbildungslehrgänge und Tourneen von Wanderpredigern.
Ligue des Elèves et Etudiants Musulmans du Mali (LIEEMA)		Fördert islamische Ideale in Schulen und Universitäten durch Aufbau von Moscheen und Organisation von Seminaren zu islamischen Fragen. In allen großen Städten aktiv.
Cercle de Réflexion et de Formation Islamique au Mali (CERFIM)		Institution für Führungskräfte in Verwaltung und Privatsektor. CERFIM begreift sich als Forum für Debatten über aktuelle nationale oder internationale Themen.
Union Nationale des Femmes Musulmanes (UNAFEM)		UNAFEM berät Frauen in islamischen Fragen und machte auf sich aufmerksam, als sie sich vehement gegen eine Novellierung des Personen- und Familienrechts einsetzte.

Offizielle Bezeichnung	Gründungsgeschichte	Zielsetzung / Kommentar
Union Nationale des Medersas Arabo-Islamique du Mali (UNMAIM)	Gegründet 1997	Fördert islamischen Unterricht in bezug auf Berufsausbildung. UNMAIM ist ein wichtiger Partner des Bildungsministeriums bei der Einbindung religiösen Unterrichts in die öffentlichen Schulen.
Ligue des Imams et Erudits pour la Solidarité Islamique au Mali (LIMAMA)	Gegründet 1995	Derzeit Hauptakteur in der Auseinandersetzung um die Anerkennung der religiösen Heirat.
Coordination des Associations Islamiques (CAI)	Gegründet 1992	Als Reaktion auf das Monopol der AMUPI in bezug auf islamische Vereinsgründungen gegründet.
Haut Conseil Islamique du Mali (HCIM)	Im September 2000 in Bamako als Ergebnis der „Tage der Reflektion über religiöse Fragen" entstanden. Die Präambel begründet die Einrichtung um (Art.7): „die Einheit der Muslime zu gewährleisten, Interessen und Prinzipien des Islam zu erhalten und ihren Respekt zu garantieren, unter Verurteilung sinnloser Gewaltanwendung; Beziehungen guten Einverständnisses, der Toleranz und Zusammenarbeit mit anderen monotheistischen Organisationen in Mali und im Ausland herzustellen und zu stärken".	HCIM soll als Schnittstelle zwischen Staat und Religion dienen und stellt die höchste Instanz in der Koordination der islamischen Vereinigungen dar. Der HCIM wird durch einen Jahreskongress, einen Nationalen Rat und durch regelmäßige nationale Konferenzen der Ulamas überwacht und von einer nationalen Kontrollkommission und dem Nationalen Exekutivbüro verwaltet. Aktueller Präsident ist Thierno Hady Boubacar Thiam, der ein Exekutivbüro aus 33 Mitgliedern (vier Frauen) leitet. Diese dürfen keine führenden Mitglieder politischer Parteien sein.

Die eigentlichen Angelpunkte der islamischen Organisationen Malis bilden die Moscheen: Sie dienen sowohl als Orte der Glaubensbezeugung als auch als Zentren der Konfliktbearbeitung und der Bildung. Darüber hinaus bieten sie die Möglichkeit, standesamtliche Handlungen vollziehen zu lassen. Ihre Zahl in Mali ist recht groß. Zur Veranschaulichung mag die Hauptstadt Bamako (circa 1,2 Mio Einwohner) dienen, wo in jeder der sechs Gemeinden des Distrikts weit mehr als 100 Moscheen gezählt werden.

Die malischen Moscheen werden, vor allem im städtischen Umfeld, informell durch interne Verwaltungskomitees geleitet, deren Mitglieder entweder von den Gläubigen gewählt oder vom jeweiligen Leiter oder seinem Stellvertreter ernannt werden. In ländlichen Gegenden unterstehen die Moscheen mit dem Einverständnis der Stammesführer meist direkt den Familien der religiösen Führer, die zu ihrem Bau und ihrem Betrieb finanziell oder organisatorisch beigetragen haben. Die Verwaltungskomitees der Moscheen spielen eine bedeutende Rolle im lokalen Kontext. Sie gewährleisten eine dauerhafte institutionelle Verbindung zwischen den Gläubigen und dem *Imamat* und bestehen aus mindestens zwei Personen, die unentgeltlich tätig sind, um die Gebete zu leiten sowie aus ehrenamtlichen *Muezzinen*. In Städten wie Bamako kann dieses Regulierungsorgan eine wichtige strategische Rolle einnehmen. Daher verwundert es nicht, dass seine Kontrolle bisweilen Gegenstand starker politischer Rivalitäten werden kann. In der Vergangenheit ist die technische, finanzielle und moralische Unterstützung der Imame durch die Verwaltungskomitees der Moscheen (als souveräne Organe) zunehmend unentbehrlich für die Ausübung des Imamats geworden. Dies vor allem deshalb, weil das Imamat im Fall Malis nicht über die nötigen Eigenmittel verfügt, um Unabhängigkeit von den Meinungsführern zu gewährleisten. In dieser Situation geraten die Imame zudem zunehmend in eine finanzielle Abhängigkeit von ihrer Klientel, die sie für ihre religiösen Dienste jeweils entschädigt.

Konfliktpotenzial liefern in den Moscheen oftmals umstrittene Interpretationen des „göttlichen Gesetzes“: Gelingt es einer Fraktion in einem Streitfall nicht, eine Kursänderung in der betreffenden Streitfrage zu erreichen, wird dieser Konflikt oft schlicht durch den Bau einer neuen Moschee gelöst. Dasselbe gilt für die Wahl des Imam, der als Vorbild in der Tradition des Propheten und als Respektsperson wichtige soziokulturelle Aufgaben (u.a. die Durchführung von Taufzeremonien, Eheschließungen und Begräbnissen) erfüllt und dessen Wahl denn auch immer wieder zum Ausbruch versteckter Konflikte führt. Im Fall eines offenen Konflikts um die Besetzung einer Imam-Stelle bemühen sich religiöse Persönlichkeiten und islamische Vereinigungen stets darum, eine Verhandlung des Falles vor der laizistischen Gerichtsbarkeit zu umgehen. Für muslimische Gemeinschaften in Mali wäre es heute undenkbar, die Zulassung zum Amt des Imam von einer Stelle entscheiden zu lassen, die außerhalb der muslimischen Gläubigen steht. Zugleich vermeidet es der malische Staat – wenn er denn doch einmal in einem Streitfall angerufen wird – sorgfältig, einen verwaltungsrechtlichen Erlass zur Wahl eines Imam zu erstellen.

Das Kapital der inländischen islamischen Organisationen stammt im wesentlichen aus Mitgliedsbeiträgen. Für die Errichtung religiöser Gebäude (Moscheen, *Madaris*), die Fürsorge für Bedürftige (Arme, Reisende in Schwierigkeiten, Verschuldete) oder gemeinnützige Tätigkeiten engagieren sich Gläubige zudem tagtäglich im Rahmen der Erfüllung ihrer religiösen Pflicht zur Vergabe von Almosen und zur Zahlung des jährlichen Zakat. Jeder vermögende Muslim hat die religiöse Verpflichtung, einen jährlichen Beitrag (Zakat) in Höhe von 2,5 Prozent der Ersparnisse zu entrichten. In ländlichen Gebieten organisiert der Imam für gewöhnlich die Kollekte des Zakat als Abgabe auf Ernteerträge und den Viehbestand und kümmert sich zugleich um die Verteilung dieser Einnahmen nach den Vorschriften des Koran. In städtischen Gebieten mit einem viel stärker geldbestimmten Umfeld werden die Zakat-Zahlungen der Gläubigen bisher von den Imamen individuell geschätzt. Allerdings sind zurzeit neue Ansätze in Vorbereitung, um den Prozess der Zakat-Besteuerung künftig effektiver durchführen zu können. In jedem Fall kann festgehalten werden, dass der soziale Frieden in Mali zu einem beträchtlichen Teil auch durch diese Zahlung von Almosen gesichert und erhalten wird.

Wie oben erwähnt, beziehen die meisten muslimischen Vereinigungen Malis den Hauptteil ihrer Mittel aus Mitgliederbeiträgen, aus Spendensammlungen, Verkäufen (z.B. von Publikationen), aus Gewinnen eigener Unternehmen sowie aus ihnen zugedachten Erbschaften. Daneben existieren jedoch auch muslimische Vereinigungen, die nicht auf interne Selbstfinanzierung angewiesen sind, sondern institutionalisierte finanzielle Hilfe von außen erhalten. So stellen einige muslimische Vereinigungen zur Verwirklichung bestimmter Projekte regelmäßig Kontakte mit verschiedenen internationalen islamischen Organisationen und privaten Geldgebern aus den Golfstaaten (Saudi-Arabien und Kuwait), Nordafrika (Ägypten, Marokko, Libyen) oder aus dem Iran her. Ziel ist in diesen Fällen eine technische oder finanzielle Partnerschaft. Angesichts der Tatsache, dass es in Mali in den vergangenen Jahren häufig zu finanziellen Veruntreuungen und Betrug durch vorgeblich seriöse Spendensammler gekommen ist, neigen internationale Geldgeber aus der islamischen Welt heutzutage dazu, auf jeden Vermittler zu verzichten und sich entweder direkt zu engagieren oder von einem Engagement vollständig abzusehen.

Internationale islamische Organisationen in Mali

Kooperationsprojekte zwischen islamischen Staaten und Mali finden sich in verschiedenen Bereichen und beziehen sich etwa auf den Bau von Madaris und Moscheen, auf die Unterstützung des Gesundheitswesens, auf akute Nothilfe oder auch auf die Förderung von öffentlichen Bauvorhaben und anderen Infrastrukturmaßnahmen. Der *Saudische Entwicklungsfonds* oder die *Islamische Entwicklungsbank* (BID) haben so etwa den Bau von Brunnen sowie die Realisierung der großen Straßenachsen und ihrer Zubringerstraßen in Mali ermöglicht. Hingewiesen sei auch auf die jährliche Hilfe, die Saudi-Arabien dem *Centre de Documentation et de Recherches Ahmed Baba* in Timbuktu zukommen lässt. Dagegen hat sich die libysche Regierung für den Aufbau der ersten Fernsehstation Malis und in anderen handelspolitischen, bankwirtschaftlichen oder wohnungswirtschaftlichen Projekten engagiert.

Angesichts der Tatsache, dass Mali nach wie vor zu den ärmsten Staaten der Welt zählt, erscheinen diese Aktivitäten islamischer Organisationen in dem vorwiegend von Muslimen bewohnten Land durchaus begreiflich. Sie nahmen ihren Ursprung in den vielbeachteten großen Dürren Anfang der 1970er und 1980er Jahre, denen gegenüber sich die arabischen und islamischen Länder nicht gleichgültig zeigen mochten. 2005 unterhielten insgesamt zwölf internationale islamische Organisationen ein Vertretungsbüro in Mali:

Tabelle 2: **Internationale muslimische Organisationen in Mali***

Offizielle Bezeichnung	**Herkunftsland**
Association Mondiale de l'Appel Islamique	Libyen
Al Mountada	Saudi-Arabien
Agence des Musulmans d'Afrique	Kuwait
ONG pour Appui aux Mosquées et aux projets de bienfaisance	Saudi-Arabien
Association Mondiale de la Jeunesse Islamique (WAMY)	Saudi-Arabien
Organisation Internationale du Secours Islamique	Saudi-Arabien
Islamic Relief	Großbritannien
Agence Islamique pour le Secours en Afrique	Sudan
Medical Educational Mission (AAKARABIC)	Sierra Leone
Institut Culturel Afro-Arabe (ICAA)	Staaten der Organisation für Afrikanische Einheit (OAU, heute AU) und der Arabischen Liga
Fondation Shaych Zayed	Vereinte Arabische Emirate
Centre Culturel Islamique de Hamdallaye	Libyen, Vereinte Arabische Emirate

* *Vgl. International Crisis Group: Islamist Terrorism in the Sahel: Fact or Fiction? Africa Report N° 91, März 2005, S. 22.*

In den Bereichen Demokratieförderung und Gesundheitsvorsorge, in bezug auf die Vermittlung von technischen Fertigkeiten der Berufsbildung sowie der Lehre der arabischen Sprache spielt heute das Angebot des *Kulturellen Islamischen Zentrums* von Hamdallaye eine Sonderrolle dieser Institutionen in Bamako. Es steht für verschiedene Nutzer und die gesamte politische Klasse Malis offen, die es zu einem vielfach in Anspruch genommenen Ort politischer Debatten gemacht haben. Die demokratiefördernde Wirkung entfaltet das Zentrum indirekt dadurch, dass es verschiedenen gesellschaftlichen Akteuren wie etwa Gewerkschaften, Arbeitgeberverbänden und anderen ein öffentliches Forum bietet.

Über die erwähnten Institutionen hinaus sind auch andere islamische Organisationen zu erwähnen, die keine offizielle Vertretung in Mali unterhalten aber dennoch Projekte in Mali durchführen (Tabelle 3).[7]

Tabelle 3: **Internationale muslimische Organisationen ohne Repräsentanz in Mali**

Offizielle Bezeichnung	Herkunftsland
Die Liga der Islamischen Welt	Saudi-Arabien
Das Institut der Zwei Heiligen Moscheen	Saudi-Arabien
Die Islamische Agentur für weltweite Wohltätigkeit	Kuwait
Die Agentur für Nothilfe des Prinzen Sultan Bin Abdul Aziz	Saudi-Arabien

Diese Organisationen arbeiten mit der Zielsetzung:

- Verbreitung des Islam und seiner Kultur durch Predigt und Unterricht
- Kampf gegen Animismus
- Kampf gegen eine Gleichsetzung von Islam mit Terrorismus
- Kampf gegen Armut.

Hierzu unterstützen sie den Bau von Moscheen, organisieren den Unterricht und die Förderung der arabischen Sprache, bemühen sich um die Unterstützung von Predigern und engagieren sich für Waisen und andere sozial Ausgegrenzte. Jedoch leiden diese islamischen NRO unter einer Reihe von strukturellen und funktionalen Problemen. Dies sind etwa:

- Fehlende Koordination untereinander: Dies führt zu Reibungsverlusten bei der Realisierung großer Projekte wie etwa der Einrichtung einer islamischen Universität, von Krankenhäusern, großen Bibliotheken, Mediatheken oder der Einrichtungen des Berufsbildungswesens

7 Anmerkung der Herausgeber: Gerade die „Liga der islamischen Welt" wird gemeinhin als ein Förderer islamistischen Gedankengutes betrachtet. Vgl. Benjamin Gathmann: Wie wirtschaftet die islamische Entwicklungsbank? In: Zeitschrift Entwicklungspolitik (7/8, 2005), S. 30.

- Religiöse Ansätze, die nur wenig auf die malische Alltagswirklichkeit eingehen
- Geringes Vertrauen der internationalen Organisationen in die Kompetenz lokaler Angestellter.

In der politikwissenschaftlichen Diskussion werden zumindest einige der oben genannten Organisationen *(Die Agentur für Nothilfe des Prinzen Sultan Bin Abdul Aziz, Organisation Internationale du Secours Islamique, Association Mondiale de l'Appel Islamique, Agence des Musulmans d'Afrique)* bisweilen als Förderer militanter oder terroristischer Tendenzen eingestuft.[8]

3. Islam und Staat

Obwohl zu etwa 90 % von Muslimen bewohnt, existiert in Mali keine offizielle Staatsreligion. Vielmehr definiert die Verfassung das Land als säkularen Staat, der auf laizistischen Überzeugungen beruht. Eine ernsthafte Debatte über die offizielle Einführung der *Shari'a* findet im Land derzeit nicht statt. Gleichwohl existiert in Mali – wie auch in anderen Staaten des westlichen Afrikas – in rechtlichen Fragen ein gewisser Dualismus zwischen traditioneller (islamisch geprägter) Verfassungswirklichkeit und laizistisch-republikanisch definierter Verfassungsnorm (s.u.).

3.1. Charakter und Zukunft des Laizismus in Mali

Der Laizismus wird gemeinhin als ein System definiert, das religiöse Vereinigungen von jeder politischen oder administrativen Beteiligung an der Macht ausschließt, insbesondere auch vom öffentlichen Bildungssystem. Mit dem Verlust der Privilegien, die die christliche Kirche in Europa besaß und die den wissenschaftlichen Fortschritt in den europäischen Gesellschaften des 16. und 17. Jahrhunderts behinderten, formte sich der Staat zu einem von religiösen Organisationen unabhängigen Gebilde mit republikanischer Prägung und eigenen rechtlichen Strukturen.

Mit Erlangung der Unabhängigkeit am 22. September 1960 übernahm die Republik Mali aus dem kolonialen Erbe das verfassungsrechtlich verankerte Prinzip des Laizismus, dem zufolge die Ausübung von Religionen die Freiheit und Würde anderer nicht beeinträchtigen darf. Das *Ministerium für Territorialverwaltung und Gebietskörperschaften* (MATCL) ist verantwortlich für die Bezie-

8 Jeffrey Haynes: Islamic Militancy in East Africa. In: Third World Quarterly (26, 8), 2005, S. 1325.

hungen zwischen Staat und allen Religionsgemeinschaften Malis und übt dieses Recht durch die *Direction Nationale de l'Intérieur* (DNI) aus. Das Gesetz Nr. 86 AN-RM vom 21.7.1961 zur Organisation der Religionsfreiheit und der Ausübung der Religionen sowie das Gesetz Nr. 38 AN-RM vom 5.8.2004, das sich auf Vereine und Verbände bezieht, stellen die gesetzlichen Grundlagen in dieser Frage zusammen.

Trotz der grunsätzlich laizistischen Verfassung Malis ist der Staat durchaus in einigen reliösen Bereichen offiziell aktiv:

- Im Sinne einer Angleichung der öffentlichen Arbeitszeiten an den islamischen Kalender bestimmt der Staat offiziell den Beginn und das Ende der Fastenzeit im Monat Ramadan und setzt die Daten der religiösen Festtage (Aïd El Fitr und Aïd El Kebir) fest. Dies geschieht auf Basis der Empfehlungen der *Nationalen Kommission zur Beobachtung des Mondes,* die aus Religionsvertretern und Beamten zusammengesetzt ist. Reibungen über diese Festlegung der religiösen Feiertage unter Aufsicht des MATCL und der Nationalen Kommission sind an der Tagesordnung, führen aber in aller Regel nicht zu tiefgreifenderen Konflikten zwischen einzelnen muslimischen Gruppierungen.
- Unter Aufsicht des MATCL tagt zudem jährlich eine *Nationale Kommission für die Organisation der Pilgerfahrt nach Mekka,* die aus Vertretern von Behörden, privaten Reiseagenturen und verschiedenen Vertretern der Zivilgesellschaft besteht. Diese Pilgerkommission tritt alljährlich zusammen, um die Gläubigen in der Durchführung dieser religiösen Pflicht zu unterstützen. Die aufwendige Organisation der Pilgerfahrt bei ständig anwachsenden Pilgerzahlen führt mittlerweile zu regelmäßigen Spannungen zwischen den staatlichen und privaten Akteuren. Die *Tagung zur Organisation der Pilgerreise zu den heiligen Stätten,* die am 20. und 21.10.2003 in Bamako stattfand, verwies auf große Schwierigkeiten in bezug auf die Bereitstellung von Lufttransportkapazitäten, Unterbringung, Verpflegung und Sicherheit bei Antritt der Pilgerreise und auf die wachsende Konkurrenz zwischen staatlichen und privaten Anbietern dieser Dienstleistungen. Während staatliche Stellen von den privaten Anbietern als unwirtschaftlich attackiert werden, werden im Umkehrschluss die privaten Anbieter von den staatlichen Stellen regelmäßig als wenig professionell kritisiert. Dennoch hat die Zahl der privaten Anbieter in den letzten Jahren stetig zugenommen. Von jährlich 5.000 malischen Pilgern wenden sich heute nur noch etwa 1.000 an die staatlichen Organisationsstellen.

Diese Beipiele staatlichen Engagements in religiösen Fragen zeigen unter anderem, dass sich der Laizismus in Mali ohne jeden antireligiösen bzw. antiklerikalen Zug französischer Prägung etablieren konnte. Die Basis hierfür stellte das kulturelle

Erbe des Landes, das stark von Marabouts und den Führungspersönlichkeiten einzelner Ethnien geprägt wurde.

Vor dem historischen Hintergrund, dass es sich bei den Führern des politischen Kampfes gegen die Kolonialisierung durch Frankreich vor allem auch um explizit muslimische Eliten handelte, trifft das post-koloniale Prinzip des Laizismus heute bei der Mehrheit der muslimischen Vereinigungen auf durchaus ambivalente Reaktionen. Dies sowohl in bezug auf die theoretische Ebene der verfassungsrechtlichen Verankerung als auch in bezug auf die Umsetzung dieses Prinzips in tagespolitischen Geschehnissen. Zur Veranschaulichung dieser Einschätzung dient etwa das Beispiel Präsident Konarés, der die zweite Lesung seines weit entwickelten Gesetzentwurfs zum Familienrecht *(Code des Personnes de la Famille)* unter dem Druck der muslimisch argumentierenden öffentlichen Meinung verschieben musste.

Ein weiteres Beispiel für Konflikte findet sich etwa in der oben geschilderten Handhabung des religiösen Kalenders. So führt zum Beispiel die religiös motivierte Forderung nach Schließung von Bars und Vergnügungsstätten während des Ramadan – die vom laizistischen Staat nicht verordnet wird – immer wieder zu Auseinandersetzungen. Einwohner Bamakos zerstörten nach Beendigung des Aid-el-fitr-Gebets im Jahr 2002 etwa eine als „ruhestörend" empfundene Bar in Magnambougou. Die Reaktion der Öffentlichkeit auf dieses Vorgehen war von Ablehnung geprägt.

Trotz dieser Konflikte gehen die islamischen Bewegungen Malis bisher aus Respekt vor der Verfassung nicht soweit, den staatlichen Laizismus offen in Frage zu stellen. Ohne sich dem Verfassungsprinzip des Laizismus offen entgegen zu stellen, kritisieren die Muslime Malis dennoch vehement etwa die laizistisch begründete offizielle Gleichstellung verschiedener Religionsgemeinschaften. Eine Gleichstellung von Christen und Muslimen, wie in der Verfassung der 3. Republik vorgesehen, empfinden sie in einem zu mehr als 90% von Muslimen bevölkerten Staat meist als unangemessen. So ist es für die Muslime Malis etwa nicht hinnehmbar, dass ihnen, die 90% der Bevölkerung stellen, unter Berufung auf den Laizismus nur exakt soviel Sendezeit im Staatsrundfunk eingeräumt wird, wie den Christen des Landes.

So verwundert es nicht, dass der Laizismus in Mali in der Vergangenheit bereits offen attackiert worden ist: Eine Strömung der muslimischen öffentlichen Meinung, die an dem demokratischen Aufbruch des 26. März 1991 nur gering beteiligt war, hatte Anfang der 1990er Jahre versucht, die Frage des Laizismus auf der Nationalen Konferenz vom August 1991 zur Disposition zu stellen. Das Vorhaben scheiterte und das malische Parteiengesetz untersagte in der Folge vorbeugend die Bildung politischer Parteien mit regionalspezifischer sowie ethnisch und religiös motivierter Ausrichtung. Politische Parteien mit offener religiöser Ausrichtung existieren in Mali daher nicht.

Vor diesem Hintergrund stellt sich die Frage, welche Position die islamischen Bruderschaften Malis zur Rolle der laizistischen Zentralgewalt des Staates einnehmen. Die zwei wichtigsten Sufi-Orden Malis (Qadiriyya und Tijaniyya sowie Abspaltungen hiervon) sind in der Tat im Selbstverständnis Organisationen mit einer religiösen Berufung. Sie verfolgen letztlich das Ziel, sich ein eigenes Staatswesen zu schaffen oder in einem bereits existierenden Staat so einzurichten, dass ihre soziopolitischen Vorstellungen durchgesetzt werden können. Dies haben sie in der vorkolonialen Vergangenheit Malis durch die Errichtung islamischer Königreiche erfolgreich unter Beweis gestellt. Im Kolonialzeitalter und zu Beginn der Unabhängigkeit Malis vermochten sie es jedoch nicht, eine wirkliche Teilhabe an der politischen Macht sicherzustellen und zu bewahren. Dies führte in den vergangenen Jahren zu einem Bedeutungsverlust der Bruderschaften. Durch die im Verlauf der europäischen Landnahme und der Laizisierung der Republik erlittenen Rückschläge tendieren die Sufi-Orden heute meist dazu, ihre politischen Ambitionen auf die gewohnheitsmäßige Verwaltung des strikt religiösen Einflussbereichs zu begrenzen. Der weitgehende Konsens mit den derzeitigen politischen Machthabern droht jedoch durchaus einmal aufgekündigt zu werden, wenn sich die Sufi-Orden in einer Position der Stärke befinden, wie es in manchen Gebieten der westafrikanischen Subregion der Fall ist.

Eine politische Anwendung des Islam als Staatsfundament Malis dürfte allerdings aus zwei Gründen immer eine theoretische Annahme bleiben:

- Die religiösen Akteure könnten sich nicht auf funktionierende Strukturen eines solchen Staatsmodells einigen
- Seit der Unabhängigkeit verfügt der Laizismus in Mali über eine große Akzeptanz. Eine Umwandlung in einen islamischen Staat, würde als riskantes Wagnis empfunden, das nicht über die nötige öffentliche Unterstützung verfügen würde.

Trotz dieser Einschätzung finden sich zahlreiche Beispiele, in denen religiöse Bewegungen ihre Meinungsmacht nutzen, um die Führung des Staates politisch zu beeinflussen. Ausdruck finden diese Versuche etwa in:

- der offenen und öffentlichen Unterstützung politischer Kandidaten, von denen angenommen wird, dass sie „den Islam verteidigen" durch religiöse Gruppierungen
- der jüngst deutlichen Zunahme von öffentlichen Stellungnahmen zum politischen Tagesgeschehen. Dies geschieht nicht nur in privaten Medien sondern auch über Predigten
- der Organisation von Protestveranstaltungen gegen missliebige Gesetzesentwürfe der Republik.

Grundsätzlich gelingt es den Maliern bislang, ihren Glauben im republikanischen Rahmen des Laizismus auszuleben. Dies verdanken sie zunächst einer kulturell verankerten Tradition der Toleranz und der Partizipation, die sich etwa im Prinzip der obligatorischen Beratung (Shura) äußert, die in den Dörfern zum Teil seit langem üblicher Brauch mit großer gemeinschaftlicher Tradition ist. Siedlungszentren verfügten immer schon über Beiräte, die die Dorfführer in wichtigen Fragen berieten und in Versammlungen mit Vertretern aller Altersklassen und beider Geschlechter eine Beteiligung der Bevölkerung an Aufgaben allgemeinen und individuellen Interesses gewährleisteten. Darüber hinaus ermöglicht die in der Folge des demokratischen Aufbruchs vom März 1991 erreichte Pressefreiheit, die der freien Rede in Wort und Schrift breiten Raum einräumt, ein Arrangement religiöser Strukturen mit dem Laizismus.

3.2. Islam und demokratische Wahlen

Nach den Aufständen des 26. März 1991 durchlebt Mali heute einen pluralistischen Demokratisierungsprozess, der die Durchführung von Präsidentschafts-, Parlaments- und Kommunalwahlen ermöglicht hat. Deren Ablauf wurde von der internationalen Gemeinschaft als zufriedenstellend und sogar als vorbildlich erachtet. Obwohl heute etwa 100 politische Parteien die demokratische Bühne des Landes beleben, ist die Wahlbeteiligung nach wie vor eher gering. So lag die durchschnittliche Wahlbeteiligung bei den Parlamentswahlen 2002 bei etwa 15%. Bei den im Jahr 2004 in 703 Gemeinden durchgeführten Kommunalwahlen erhöhte sie sich nach Aussage des *Réseau d'Appui au Processus Electoral au Mali* (APEM) jedoch immerhin auf 38 %.

Der Islam spielt in bezug auf diese Wahlen nur eine indirekte Rolle, weil in Mali bisher eher die charismatische Wirkung einer Persönlichkeit als die Überzeugungskraft eines von ihm vertretenen Gesellschaftsmodells über Wahlerfolge entscheidet. In Mali ist die Gründung islamischer Programmparteien gesetzlich verboten. Dieses Verbot wird eingehalten: Allerdings existieren natürlich Parteien, die sich einer islamischen Sprache bedienen. So führten bei den Parlamentswahlen im Jahr 1997 in Bamako drei Kandidaten offen Wahlkampf im Namen des Islam. Bei der Wahl von 2002 rief eine Gruppe von 30 muslimischen Verbänden dazu auf, den ehemaligen Premierminister Keita zum Präsidenten zu wählen. Dieser schien ihnen am ehesten geeignet, für die Umsetzung islamischer Regeln im öffentlichen Leben Malis zu sorgen, zu denen u.a. die Forderung der Gründung eines Ministeriums für religiöse Angelegenheiten gehörte. Dieser Vorgang führte zu starken Reaktionen der Wählerschaft und erst die Intervention des *Hohen Islamischen Rats,* der die muslimische Gemeinschaft zur Neutralität aufforderte und alle Wähler offiziell an ihre Wahlfreiheit erinnerte, beruhigte die Gemüter.

3.3. Islam und aktuelle politische Debatte

Anhand von ausgewählten Ereignissen des politischen Tagesgeschehens in Mali sollen im Folgenden aktuelle Entwicklungen des politischen Islam in Mali aufgezeigt werden: Dargestellt werden sollen die Diskussionen um das Gesetzbuch zu Personen- und Familienstand *Code des Personnes et de la Famille* (CPF), das erste Kolloquium zum Sufismus in Westafrika, die Diskussion um die anstehenden Feierlichkeiten zur Ernennung von Timbuktu zur afrikanischen „Hauptstadt Islamischer Kultur" im Jahr 2006 und einige weitere aktuelle Konfliktkonstellationen.

Reform des Personen- und Familienrechts

Obwohl die 996 Artikel des neuen *Gesetzbuches zum Personen- und Familienstand* (CPF) bereits im Mai 2002 von der Regierung beschlossen wurden, ist diese Gesetzesnovelle bisher nicht vom Parlament Malis unterzeichnet worden und steht immer noch im Mittelpunkt einer bisweilen sehr leidenschaftlich geführten Debatte zwischen Staatsorganen und muslimischen Vereinigungen.[9] Von den insgesamt etwa 30 umstrittenen Artikeln sorgen vor allem die folgenden Punkte zum Heirats- und Eherecht, zum Eltern- und Vormundschaftsrecht, zu Erbfragen und zu „freizügigem Verhalten" für Auseinandersetzungen:

1. Die Festsetzung des Heiratsalters auf 18 Jahre
2. Der rechtliche Status religiöser Ehen
3. Die Festlegung auf die Monogamie
4. Erbfragen und ihre Behandlung nach allgemeinem positivem Recht, muslimischem Recht oder einer Option, die beide Möglichkeiten beinhaltet
5. Die Koexistenz von republikanischen Recht mit bekanntermaßen jüdisch-christlichem Hintergrund und muslimischem Recht im selben Bürgerlichen Gesetzbuch.

Ein interministerieller Ausschuss unter Leitung des Premierministers sowie eine Kommission von Rechtsexperten konnten die Schwierigkeiten u.a. in bezug auf Inhalt und Form der religiösen Heirat bisher nicht beheben. Einige muslimische Vereinigungen und mit ihnen assoziierte Moscheen griffen daraufhin eigenmächtig einer Entscheidung vor. Ohne eine Antwort der Behörden auf diese von einem Oppositionsabgeordneten schon 1996 vorgeschlagene Gesetzesänderung abzuwarten, begannen sie damit, offizielle Heiratsurkunden auszustellen. Unter Androhung von Strafen forderte sie das zuständige Ministerium auf, dieses Vorgehen

9 B. Touré: Mariage: Que valent les certificats délivrés par les mosquées? In: L'Essor, Nr. 15507. Bamako, 1.8.2005.

umgehend zu beenden, da die Imame nicht über die Amtsgewalt eines Standesbeamten verfügen. Dies, obwohl sie die Tätigkeit eines solchen *de facto* natürlich täglich ausüben, indem sie Kulthandlungen wie religiöse Heiraten, Taufen und Begräbnisse durchführen. Diese gewohnheitsmäßig ausgeübten, aber nicht schriftlich niedergelegten Handlungen haben keine vom republikanischen Recht gedeckte juristische Bedeutung, sind aber Akte muslimischer Legitimation des Lebens und Sterbens in der Glaubensgemeinschaft.

Dies wirft ein Schlaglicht auf den in Mali bestehenden Dualismus zwischen islamischem Gewohnheitsrecht und modernem Recht, der alle sozialen Strukturen des Landes durchzieht. Dies vor allem im Familienrecht und in bezug auf die Stellung der Frau. Da sie im Gewohnheitsrecht nicht als eigenständige Rechtsperson anerkannt ist, kann die malische Frau auch heute noch verheiratet werden, ohne zu diesem Sachverhalt überhaupt angehört zu werden. Der Mann fungiert als Familienvorstand und die Mutter besitzt keine Entscheidungsgewalt über die eigenen Kinder. Selbst wenn ihr Mann vorzeitig verstirbt, kann die Frau in eine Ehe mit Brüdern oder Cousins des Ehemanns gedrängt werden. Obwohl die Institutionen der Polygamie und des Levirats[10] für Frau und Kind durchaus auch die Qualität einer sozialen Absicherung haben, verfestigen sie doch männliche Dominanz im islamischen Gewohnheitsrecht. Im Gegensatz dazu garantiert die Verfassung der Republik die Gleichheit aller Bürger vor dem Gesetz, ohne Unterscheidung nach Geschlecht oder Religionszugehörigkeit. Auf politischer Ebene zielen die durchgeführten demokratischen Reformen deshalb darauf ab, Frauen den Status einer eigenständigen Rechtsperson zu verleihen, vor allem im Familienrecht, in Fragen des Erbrechts oder bei der Gleichstellung in bezug auf den Zugang zu Wahlämtern und Verwaltungsposten. Im Spannungsfeld zwischen Tradition und Moderne, lokalen Praktiken und Erfordernissen der internationalen Gemeinschaft hängt die Hoffnung auf eine gelungene Strukturreform für Staat und Institutionen der Zivilgesellschaft einerseits von der juristischen Intelligenz der Verantwortlichen ab, andererseits aber auch vom Kräfteverhältnis zwischen partizipativ orientierten Kräften und jenen, die traditionell oder modern motiviert, in Kategorien der Ausgrenzung Einzelner oder von Gruppen denken.

„Erstes Kolloquium zum Sufismus in Westafrika"

Der internationale Kongress zum Sufismus, der im Jahr 1995 in Libyen abgehalten worden war, hatte die Empfehlung ausgesprochen, das „Erste Kolloquium zum Sufismus in Westafrika" vom 17. bis 19.12.2004 in Bamako abzuhalten. Zielsetzung war es, zur Stärkung der Kultur des Friedens und der religiösen Tole-

10 Heirat der Witwe mit Bruder/Cousin des verstorbenen Ehemanns.

ranz beizutragen, die muslimische Einheit zu festigen, gegen die in missbräuchlicher Absicht verbreiteten Negativ-Bilder einer Verbindung des Islam mit Terrorismus vorzugehen, den Dialog zwischen den verschiedenen Strömungen der Bruderschaften in Westafrika zu fördern und die Beziehungen des Islam mit anderen Konfessionen zu verbessern.

Unter Vorsitz des Staatsoberhaupts Malis nahmen rund 250 Delegierte aus Algerien, Benin, Burkina Faso, Côte d'Ivoire, Ägypten, Ghana, Guinea, Libanon, Libyen, Marokko, Niger, Nigeria, Tunesien, Sierra Leone, Senegal und zahlreiche religiöse Führer Malis an der Veranstaltung teil. Der inhaltliche Austausch bezog sich auf Fragen der Jurisprudenz, der Geschichte des Sufismus und auf aktuelle politische und religiöse Probleme der Region. Im Anschluss an die Debatten zur historischen, pädagogischen und sozialen Dimension des Sufismus in Westafrika wurden durch die Regionalkonferenz folgende Empfehlungen ausgesprochen:

- Verstärkung des Einsatzes für eine Verbreitung des sufistischen Erbes
- Unterrichtung des sufistischen Erbes in den Schulen
- Koordination der verschiedenen sufistischen Glaubensströmungen, um eine Verwechslung des Sufismus mit extremistischen Strömungen zu verhindern
- Ermutigung der jungen Generation der Sufis dazu, größeren Nutzen aus neuen Medien und aktueller wissenschaftlicher Forschung zu ziehen
- Förderung von Begegnungen mit sufistischem Charakter
- Verstärkung der Anstrengungen für Stabilität und Entwicklung der Gesellschaft
- Verbindung von Authentizität und Modernität, um so die Gebote des Sufismus besser bekannt zu machen.

Ein Ergebnis dieses Kolloquiums war die dauerhafte Einrichtung eines Zentrums zur Abstimmung und Koordination zwischen den sufistischen Führern Afrikas.

Timbuktu als „islamische Kulturhauptstadt"

Die *Organisation Islamique pour l'Education, les Sciences et la Culture* (IESCO) beschloss im Dezember 2001 in Doha in Umsetzung einer Resolution der 3. Islamischen Konferenz der Kultusminister, Timbuktu zur ersten Hauptstadt für die islamische Kultur in der Region Afrika für das Jahr 2006 zu ernennen. Die Kriterien für die Wahl dieser Stadt zeigen, wie stark die islamische Zivilisation in der Geschichte Malis verankert ist. Gewählt werden sollte eine Stadt, die

- in den Referenzwerken zum Thema anerkannt ist und über ein umfassendes Renommee als islamischer Wissens- und Kulturstandort verfügt
- sich durch bedeutende Beiträge zur islamischen und universellen Kultur in Form von wissenschaftlichen, kulturellen, literarischen und künstlerischen Werken hervorgetan hat

- über Zentren für wissenschaftliche Forschung, Bibliotheken für Manuskripte sowie über archäologische Zentren verfügen, die die Stadt zu einem Ziel für Forscher machen.

Im Zusammenhang mit der internationalen Förderung einer islamischen Friedenskultur bilden die Feierlichkeiten in Timbuktu im Verlauf des ganzen Jahres 2006 den Rahmen für Konferenzen und Kolloquien, Ausstellungen von Büchern, Manuskripten und Handwerksprodukten sowie für Festivals, kulturelle Veranstaltungen und Kreativwettbewerbe.

Konferenz des *Haut Conseil Islamique du Mali*

Die erste nationale Konferenz der Ulamas als Organ der Gelehrten des *Haut Conseil Islamique du Mali* (HCIM), die in Bamako vom 29. bis 31.3.2005 abgehalten wurde, wies in ihren Beschlüssen darauf hin, dass ihre derzeitige Hauptsorge sehr konkreten Problemstellungen gilt: Überwachung der sittlich-moralischen Reife islamischer Predigten, die Frage der Beschneidung von Jungen und Mädchen, Familienplanung, religiöse Heirat, Schutz der sittlichen Werte der Gesellschaft, Unterstützung der Regierung bei der Lösung der Krise des Schulsystems und bei der Einführung des religiösen Unterrichts im Bildungswesen. Der Ablauf und die Themensetzung dieser sehr konstruktiv abgelaufenen Konferenz zeigt unter anderem, dass die organisierten Muslime in Mali und ihr höchstes institutionelles Repräsentationsorgan religiöse Aktivitäten und Diskussionen im Lande begleiten, ohne sich sofort als politischer Gegner zu gerieren.

Aktuelle Konflikte und Konfliktbewältigung

Auf allen Konfliktebenen der malischen Gesellschaft – öffentlich und privat – schalten sich islamische Vertreter immer wieder als Vermittler ein. Dies meist auf diskretem Wege und zur Zufriedenheit der beteiligten Parteien. Die Wirksamkeit ihres Vorgehens beruht dabei vor allem auf der moralischen Kraft, der hohen Glaubwürdigkeit und der großen Autorität vieler Imame. Anschließend einige aktuelle Beispiele:

- Konflikte im Norden Malis

  Drei Regime Malis waren von 1962 bis 1995 mit einem bewaffneten Konflikt um die Entwicklung im Norden des Landes konfrontiert. Angesichts des bewaffneten Aufstands der Tuareg gegen den Zentralstaat, der bisweilen auch als islamischer Aufstand gegen „Schwarzafrikaner" bezeichnet wurde, wobei letztere unrichtigerweise als nichtmuslimisch dargestellt wurden, fand sich der Staat zu Beginn der 1990er Jahre zunehmend in einer isolierten Position. Es bedurfte der uneingeschränkten Mitwirkung traditioneller Stammesführer und gesellschaftlicher Entscheidungsträger, um einen Dialog zwischen den bewaffneten Konfliktparteien zu initialisieren. Unter anderem vereinten die *Association Malienne pour l'Unité et le Progrès de l'Islam* (AMUPI), das *Koordinationsbüro der Islamischen Vereinigungen* (CAI) und der Imam von Mekka ihre Anstrengungen, um in den Auseinandersetzungen zu vermitteln und zu versöhnen. Ein Bemühen, das letztlich von Erfolg gekrönt war.

- Konflikte im Erziehungswesen
  Seit den Ereignissen vom März 1991 ist aus der ehemals unpolitischen *Association des Elèves et Etudiants du Mali* (AEEM) eine gewerkschaftliche Bewegung geworden, deren Betätigungsfeld den schulischen und universitären Rahmen überschreitet. Dabei haben die Staatsorgane noch immer Schwierigkeiten, sich mit diesem ehemaligen Alliierten aus den Tagen des demokratischen Aufbruchs konstruktiv auseinander zu setzen. Hieraus entstand ein langes Jahrzehnt von Auseinandersetzungen und Krisen im Schulbereich, die trotz des Engagements religiöser Vereinigungen und Organisationen der Zivilgesellschaft weiterhin andauern.
- Politische Konflikte
  Nachdem das *Collectif des Partis Politiques de l'Opposition* (COPPO) im Jahr 1997 zum Wahlboykott aufgerufen hatte, entstand eine überaus konfliktbeladene Situation in seinen Beziehungen zu den Staatsorganen. Muslimische Vereinigungen Malis unternahmen daraufhin Vermittlungsanstrengungen, die dazu beitrugen, das politische Leben wieder zu normalisieren.
- Religiöse Konflikte in bezug auf Moscheen
  Die Bewältigung von Konflikten zwischen und im Umfeld von Moscheen ist das originärste Betätigungsfeld muslimischer Vereinigungen. Es gelang ihnen in diesem Bereich immer wieder in vielen Krisensituationen, das Schlimmste zu verhindern. Die Häufigkeit solcher religiöser Auseinandersetzungen verleiht ihnen die Rolle eines Friedenswächters, der die Staatsorgane vor einem Eingreifen in heikler Lage bewahrt.
- Andere soziale Konflikte
  Eine extremistische Sekte der Wahhabiyya („Nackfüßler"), die einem spirituellen Führer im Grenzgebiet zwischen Mali und Burkina Faso folgt, verweigerte im März 2005 in einem Weiler des Dorfes Tandio in der Gemeinde Koury die Impfung ihrer Kinder gegen Kinderlähmung. Nachdem dem Rechtsstaat mit einem Urteil und der Verurteilung von elf Personen Genüge getan war, begab sich eine Delegation des *Haut Conseil Islamique du Mali* (HCIM) im Juli 2005 vor Ort, um sich mit diesen Muslimen und den dortigen Behörden auszutauschen. Daraufhin gaben Angehörige der Sekte zu Protokoll, den Begriff der medizinischen Vorsorge im Islam falsch interpretiert und die Impfungen fälschlicherweise abgelehnt zu haben. Leider konnte sich diese Erkenntnis nicht

durchsetzen, da die fortgesetzte Impfkampagne am 18.9.2005 in Yanfolila zu einer bewaffneten Auseinandersetzung zwischen den Ordnungskräften (zwei Schwerverletzte) und den Mitgliedern der Sekte (vier Tote) führte.[11]
Nach dem Fußballländerspiel zwischen Mali und Togo um die Qualifikation für den Afrika-Cup 2005 führten die gewalttätigen Ausschreitungen der enttäuschten Anhänger zur Zerstörung öffentlichen und privaten Eigentums im Stadion und in der Stadt Bamako. Parallel zur öffentlichen Strafverfolgung (Festnahme und Verurteilung der Täter) wandten sich die religiösen Führer der Muslime und die Stammesführer in einer im Fernsehen ausgestrahlten Botschaft an die Bevölkerung Malis, um zur Mäßigung aufzurufen.

- Häusliche Konflikte
  Bei einer Vielzahl häuslicher Konflikte, die mit der in Mali dominierenden Polygamie zusammenhängen, spielen die Imame der Moscheen eine wichtige Vermittlungsrolle.

4. Islam in der Gesellschaft

Generell kann gesagt werden, dass die Ausbreitung des Islam in Mali über die Konvertierung von Bevölkerungsminderheiten erfolgte. Zuerst durch Missionierung von Eliten, dann von Würdenträgern und zuletzt von einem großen Teil der Bevölkerung auf Basis von Überzeugungsarbeit, in der kein Zwang geduldet wurde. Diese Grundvorstellung prägt das Verhältnis von Religion und Gesellschaft in Mali auch heute.

4.1. Islam und Öffentlichkeit: Prediger und Medien

Mit dem Demokratischen Aufbruch im März 1991 und dem Entstehen von Medienpluralität in Presse und Rundfunk legte sich die muslimische Gemeinschaft direkt eigene Rundfunksender im ganzen Land zu, die auch von Predigern genutzt werden. Neben zwei islamischen Radiosendern, der „Stimme des Koran und des Hadith" und „Dambé", die von der *l'Association Islamique pour le Salut* (AISLAM) betrieben werden, erscheinen in Mali mehrere religiös geprägte Zeitungen. Beispiele hierfür sind etwa: *„Sadaqa", „Concorde", „Shura", „Wazifa", „Mustaqabal", „Al Watan", „Le Politicien Musulman"* oder *„Le Salut"*. Diese Publikationen fügen sich in eine mittlerweile sehr stark ausdifferenzierte Presselandschaft, die heute allein in der Hauptstadt Bamako aus rund 50 regelmäßig erscheinenden Zeitungen

11 C.H. Sylla: La vaccination tourne au drame. In: Le Républicain, Nr. 2005, Bamako 26.9.2005.

besteht. Die erwähnten religiösen Radiosender ergänzen die in den letzten 15 Jahren entstandenen rund 150 freien (lokalen) Radiostationen des Landes.

Öffentlichkeitswirksam sind indes nicht nur religiöse Medien, sondern auch Prediger, die nicht ausschließlich in Medien auftreten. Die staatlichen Stellen Malis sind sich des öffentlichen Gewichts und der sozialen Anerkennung dieser Prediger durchaus bewusst. Eine erste Reaktion der sozialistischen Republik Mali bestand daher zunächst darin, das Recht öffentlich zu Predigen mit einer Steuer zu belegen, um dieses Phänomen einzudämmen. Nach dem Staatsstreich von 1968 wurde diese Haltung revidiert, indem das *Comité Militaire de Libération Nationale* (CMLN), das vor der Gründung der zweiten Republik hoheitliche Aufgaben wahrnahm, der muslimischen Gemeinschaft für Predigten den Zugang zum öffentlichen Rundfunk gewährte. Aufgrund dessen wurden seit 1974 wöchentlich etwa zehn islamische Radiosendungen sowie Sondersendungen zu islamischen Festtagen gesendet. So gibt es etwa seit 1979 jeweils eine Spezialsendung zum Ramadan und ein institutionalisiertes Büro der Ulamas beim nationalen Rundfunk. Diese Sendungen ergänzen die oben erwähnten rein-islamischen privaten Radiostationen. Drei Monate nach Gründung des malischen Fernsehens mit libyscher Hilfe im Jahr 1983 wurden religiöse Sendungen darüber hinaus auch regelmäßig im Fernsehen ausgestrahlt.

Auch heute bemühen sich malische Prediger in missionarischen Kampagnen darum, den Islam im Land zu verkünden. Sie sehen ihre Aufgabe dabei oftmals insbesondere darin, die Verbreitung der islamischen Lehre in den verschiedenen nationalen Sprachen des Landes zu betreiben. Die Prediger Malis sind grundsätzlich in drei Kategorien aufzuteilen, wobei darauf hinzuweisen ist, dass die Funktion des Predigers die einzige religiöse Position in Mali ist, die Stück für Stück auch von Frauen übernommen wird, wobei sich weibliche Prediger stets an weibliche Zuhörer wenden:

- Festangestellte Prediger, die von internationalen Organisationen wie der *Association Mondiale de l'Appel Islamique* (Libyen), dem Ministerium für islamische Angelegenheiten Saudi-Arabiens, dem *l'Etablissement des deux Saintes Mosquées* u.a. beschäftigt werden.
- Freiberuflich tätige Prediger: Dies ist zahlenmäßig die größte und zugleich die bedürftigste und informellste Gruppe.
- Die Führer der Sufi-Bruderschaften, vor allem die Scheichs der *Zawiyas*, die in der Regel im begrenztem Kreis ihrer eingeweihten Mitglieder predigen. Unter Zawiya (arab.: Ecke) werden Wohn- und Versammlungsorte der Sufiorden verstanden.

Was die Qualität der verschiedenen Predigten betrifft, so konstatieren Beobachter regelmäßig, dass heute oft kaum mehr ein Zusammenhang zwischen den Predigtthemen und der Alltagswirklichkeit des Zielpublikums besteht. Häufig wird zudem auch ein Mangel an pädagogischen Fertigkeiten und der inhaltlichen Beherrschung der behandelten Themen festgestellt. Die unzureichende Ausbildung und ungenügenden sozialen und politischen Kenntnisse vieler Prediger haben dazu geführt, dass viele Prediger und Imame heutzutage ihre führende Rolle in der muslimischen Gemeinschaft eingebüßt haben. Ihr Betätigungsfeld ist oftmals nur noch auf die Durchführung von Gebeten und zeremoniellen Dienstleistungen im Rahmen von Taufen, Hochzeiten und Begräbnissen reduziert.

Dabei unterliegen Prediger bisweilen Einschränkungen in bezug auf ihr Recht der Redefreiheit. So verwiesen Gesprächspartner z.B. auf einen Prediger, der darum gebeten wurde, sich im Rahmen der Fernsehsendung *Rencontres des Ulémas* zum Thema „Unterschlagung öffentlicher Mittel" zu äußern und kurz vor der Sendung vom Moderator erfuhr, dass die Sendung „auf Anweisung offizieller Stellen" abgesetzt worden sei.

Um die moralische Dimension islamischer Predigten, die auf öffentlichen Plätzen, in Moscheen oder in Madaris gehalten werden, bewerten zu können, fordert ein Rundschreiben des *Ministère de l'Administration Territoriale et des Collectivitées Locales* (MATCL) vom 16.8.2005 die Gouverneure, Präfekten, Unter-Präfekten und Bürgermeister Malis dazu auf, die Aktivitäten malischer und ausländischer Prediger in ihrem jeweiligen Verantwortungsbereich zu prüfen. Auf Basis festgelegter Kriterien, deren Kontrolle einer lokalen Kommission obliegt, zielt diese Maßnahme darauf ab, jeder Verletzung des Toleranzgebots vorzubeugen, die möglicherweise Uneinigkeit unter den Muslimen einerseits und zwischen diesen und anderen Konfessionen andererseits säen könnte.

Das MATCL hat darüber hinaus die Befugnis, einzelne religiöse Schriften im Land zu verbieten, die nach Einschätzung des Ministeriums andere Religionsgruppen diffamieren. Die Durchsetzung dieses Verbotes ist jedoch nur selten erforderlich.[12]

4.2. Islam im Bildungssektor

In Mali wird Islamunterricht in verschiedenen Institutionen erteilt. Zu nennen sind hier in erster Linie die Koranschulen und die Madaris. Eine im Jahr 1983 durchgeführte Teilerhebung durch das *Ministerium für Nationale Bildung* zeigte, dass von den rund 130.000 Schülern Malis, die Bildungseinrichtungen mit religiösem Charakter besuchten, rund 55.000 in Koranschulen und rund 72.000 in

---

12 US Bureau of Democracy, Human Rights and Labor: International Religious Freedom Report 2003 – Mali. Washington 2003.

Madaris unterrichtet wurden. Diese Zahl entspricht rund 37% aller im Grundschulbereich Unterrichteten.[13]

Außerhalb des Erziehungswesens im engeren Sinn findet Islamunterricht vor allem in den Moscheen statt, wo die Gläubigen nicht nur ihre religiösen Pflichten erfüllen, d.h. die fünf Gebete des Tages ausführen, sondern auch von den Predigern Unterweisung im Islam erhalten. In den sunnitischen Moscheen findet diese Unterweisung – meist professioneller organisiert – von Lehrern statt, die den in Studierzirkeln unterteilten Gläubigen Religionsunterricht erteilen. In den Zawiyas des Tijaniyya-Ordens in Mali wird der Unterricht auf die gleiche Weise wie in den Moscheen abgehalten, mit dem einzigen Unterschied, dass diese Zentren für die eingeweihten Gläubigen reservierte Rückzugsorte darstellen und Nichteingeweihten verwehrt bleiben.

Die Bedeutung der Koranschulen

Die Koranschulen vertreten ein traditionell orientiertes Erziehungssystem, das vor allem auf die Vermittlung der islamischen Religion ausgerichtet ist. Bei den Koranschulen handelt es sich um die älteste Form gemeinschaftlicher Erziehung Malis, die eng mit dem Aufkommen des Islam im Lande verbunden ist.

Auf Basis einer von Roberto-Christian Gatti im Jahr 2001[14] durchgeführten Erhebung gab es 1998 in der Stadt Djenné 113 Koranschulen, von denen 49 von einheimischen Lehrern geführt wurden. 64 Koranschulen wurden von auswärtigen Lehrern geleitet. Die Zahl der Schüler wurde auf etwa 24% der Gesamtbevölkerung geschätzt. 80% aller Schüler waren männlichen Geschlechts und 16% von ihnen besuchten zugleich eine öffentliche Schule. Das Durchschnittsalter betrug 12 Jahre, wobei sich das Ausbildungsalter über einen Bereich von 3 bis 40 Jahren (!) erstreckte. Mädchen wurden nur vor ihrer Heirat im Alter zwischen 12 und 15 Jahren zugelassen – eine Zeitspanne, die gerade dazu ausreicht, einige Koranverse zu erlernen.

In enger Verbundenheit mit ihrem Ursprungsmilieu stellen diese Koranschulen ein funktionales Erziehungssystem zwischen Tradition und Wandel dar. Es sei daran erinnert, dass das Ziel der Koranschule vornehmlich darin besteht, aus dem Kind einen „guten Muslim“ zu machen. Um dies zu bewerkstelligen, lernt der Schüler den Koran ganz oder auszugsweise auswendig, macht sich mit Gebeten aber zumindest auch mit der Suche nach Möglichkeiten des Lebensunterhalts vertraut.

13 Seydou Cissé: L'Enseignement Islamique en Afrique Noire. Edition l'Harmattan, Paris 1992.

14 Roberto-Christian Gatti: Actes du VIIIème Congrès de l'Association pour la Recherche Inter-Culturelle (ARIC), Universität Genf 24.-28. September 2001. Website: http://www.unige.ch/fapse/SSE/groups/aric. Und Roberto-Christian Gatti: Les Ecoles Coraniques au Sud du Sahara. L'exemple de Djenné. Bamako 2000.

Im städtischen Milieu verwandelt sich der Austausch von Dienstleistungen zwischen Schülern und Lehrern dabei immer wieder leicht in Ausbeutung der Schüler durch den Lehrer. Die Aufforderung an die jungen Schüler, in den urbanen Zentren Malis zu betteln oder sich als Landarbeiter auf den Reisanbaugebieten des „Office du Niger" oder den Plantagen in der Elfenbeinküste zu betätigen, stellt heute eine der großen Fehlentwicklungen der Koranschulen dar. UNICEF weist in einem Bericht aus dem Jahr 2001 zur Lage der Frauen und Kinder in Mali darauf hin, dass die Verantwortlichen für diesen illegalen Handel vom geheimen Einverständnis auf verschiedenen Entscheidungsebenen profitieren und in Netzwerken organisiert sind. So bestätigen etwa die malischen Sicherheitskräfte in diesem Kontext, dass viele Lehrer der Koranschulen eine bestimmende Rolle in dem verbreiteten Schwarzhandel spielen. In einer im Jahr 2002 verfassten Studie, die sich der Erfassung aller Kinder widmet, die eines besonderen sozialen Schutzes bedürfen, stellt der *Service d' Experts pour les Ressources Naturelles et l'Environnement au Sahel* (SERNES) fest, dass „die schlechte Behandlung seitens der Eltern und der Lehrer der Koranschulen die wichtigste Ursache für die Flucht in ein Leben auf der Straße ist."[15]

Die Bedeutung der Madaris

Unter Madaris werden Schulen verstanden, in denen Kinder religiöse Lehrinhalte und – in schwächerer Form – säkulare Curricula bearbeiten. Unterrichtssprache ist in der Regel Arabisch. Die Madaris repräsentieren rund 15% der Kapazität des malischen Schulwesens mit mehr als 100.000 Schülern (1998) und können als koloniale Weiterführung der Koranschulen begriffen werden. Sie zielten ursprünglich darauf ab, die geistige Autorität der oppositionellen religiösen Führer zu untergraben und zu verdrängen. Aus Angst vor dem Unbekannten und aus einem gewissen Misstrauen heraus weigerte sich ein Teil der Marabouts jedoch, die Koranschulen in Madaris umzuwandeln.

Die erste Madrasa in Mali wurde in Kayes, damals Hauptstadt des französischen Sudan und in der Nähe Senegals und Mauretaniens gelegen, gegründet. Nach und nach verwandelten sich die ersten Madaris in moderne Bildungseinrichtungen für den Islam- und Arabischunterricht. So wurden in den 1950er Jahren zwei große Madaris in Ségou gegründet: „Weg des Seelenheils" von Sa'd Oumar Touré und „Weg des Erfolges und des Seelenheils" von Aboubacar Thiam.

Seitens der Behörden der 1. Republik Malis war mit keinerlei Unterstützung für diese Bildungseinrichtungen mit islamischer Ausrichtung zu rechnen, da das

15 Direction Nationale de la Promotion de l'Enfant et de la Famille/SERNES: Recensement des Enfants Errants. Bamako 2002, S. 23.

Regime die Madaris für unvereinbar mit dem staatlichen Sozialismus hielt. Mit dem Fall des sozialistischen Regimes im November 1968 begann eine fruchtbare Phase in der Entwicklung von Bildungseinrichtungen für eine moderne islamische Erziehung. Die neuen Machthaber beeilten sich, Beziehungen zur wohlhabenden arabischen Welt zu knüpfen, indem sie eine Politik des kulturellen und wissenschaftlichen Austausches begannen. Parallel hierzu wurden bürokratische Hürden bezüglich technischer und juristischer Genehmigungsprozeduren zugunsten der Förderer und Stifter von Madaris aufgehoben, denen sogar Vorteile beim Erwerb von Grundstücken und beim Erteilen von Baugenehmigungen für solche Bildungseinrichtungen gewährt wurden. So konnte man das Entstehen vieler neuer Madaris beobachten, was dem islamischen Bildungswesen erlaubte, sich in großem Maßstab in Mali zu verbreiten.

Angesichts der steigenden Zahl von Madaris beschlossen die Behörden im Jahr 1985 die Dienstaufsicht über diese Schulen vom Innenministerium auf das Erziehungsministerium zu übertragen, indem diese Aufgabe an das *Centre de Promotion de la Langue Arabe* (CPLA), das später in *Division de Contrôle et d'Animation du Système des Medersas* (DCASM) umbenannt wurde, überwiesen wurde.

Der Unterricht der arabischen Sprache und der islamischen Kultur in den Madaris traf bei den Behörden der 3. Republik auf größeres Interesse, da sich diese von einer Kooperation eine Verbesserung der Beschulungssituation im Land versprachen. Das Interesse, das die malische Regierung heute dem arabischen Sprachunterricht beimisst, drückt sich in einer ganzen Reihe von Initiativen aus:

- Gründung des *Département d'Etudes et de Recherche* (DER) an der Fakultät für Sprache, Künste und Geisteswissenschaften (FLASH) der Universität von Bamako im Jahr 1993/94. Diese Abteilung steht Absolventen von Madaris nach einem Zugangsexamen im Jahresrhythmus offen.
- Eröffnung des Instituts für Hedschra-Studien in Timbuktu, das seit 1997 die pädagogische und wissenschaftliche Ausbildung von Studenten nach Erlangung des Diplôme d'Etudes Fondamentales (DEF) übernimmt, um ihnen die für die Unterrichtung im Grundschulwesen notwendigen Kenntnisse zu vermitteln.
- Einbeziehung des Arabischunterrichts in das Studienprogramm des Instituts für Verwaltungswissenschaften der Universität Bamako angesichts der Bedeutung der Beziehungen zwischen Mali und der arabischen Welt.
- Detaillierte Ausarbeitung von Erziehungsprogrammen und -methoden für Madaris und öffentliche Schulen, um so eine bessere Integration der beiden Systeme zu gewährleisten.

Beschäftigungsaussichten der Absolventen

Die alte malische Regierungspraxis, alle Absolventen höherer Bildungseinrichtungen in den öffentlichen Dienst zu übernehmen, gehört heute schon lange der Vergangenheit an. So verwundert es nicht, dass sich angesichts der Begrenzung des formellen Arbeitsmarktes sämtliche Regierungen der 3. Republik bemüht haben, die Entstehung von Arbeitsplätzen zu fördern. Was die Absolventen von Studiengängen in arabischer Sprache betrifft, so bleibt die Suche nach einer Anstellung eine äußerst ungewisse Angelegenheit. In Mali gilt Französisch als offizielle Landessprache, obwohl auch diese Sprache nur von einer Minderheit der Bevölkerung beherrscht wird. Die einzige Institution, die in regelmäßigen Abständen Absolventen aus diesem Bereich einstellt, bleibt das *Ministerium für das Nationale Bildungswesen,* das auf Arabischabsolventen angewiesen ist, um den Unterricht in den öffentlichen Schulen aufrecht erhalten zu können. In anderen Berufsfeldern ist offensichtlich, dass die arabisch-französische Sprachbarriere zurzeit eine der größten Hindernisse für Absolventen der Madaris darstellt. Die Bedeutung dieser Hürde könnte in den kommenden Jahren jedoch leicht abnehmen, da die kulturellen und wirtschaftlichen Beziehungen Malis zu arabischen Staaten im Zuge der Globalisierung künftig noch weiter intensiviert werden dürften. Im Zuge dieser weiteren Vertiefung der malisch-arabischen Kontakte könnten sich für Absolventen von Studiengängen in arabischer Sprache neue Tätigkeitsfelder erschließen.

Absolventen, die nicht das Glück haben, eine Anstellung bei einer der in Mali vertretenen arabischen Nichtregierungsorganisation oder beim *Ministerium für das Nationale Bildungswesen* zu finden, bzw. einen Predigervertrag mit dem saudischen *Ministerium für Islamische Angelegenheiten* oder dem *Weltverband für den Islamischen Appell* aus Libyen abzuschließen, bleibt heute oft nur die Möglichkeit, einer Tätigkeit im Handel nachzugehen oder etwa eine Reiseagentur zur Organisation von Pilgerreisen zu den Heiligen Stätten zu gründen.

Den im Land ausgebildeten Arabischabsolventen gelingt es vor allem deshalb häufig nicht, eine Anstellung in der Privatwirtschaft zu finden, weil sie in der Regel über keinerlei praktische Berufsausbildung verfügen. Nur dem *Islamischen Institut Abdoul Aziz Yatabary* in Bamako ist bisher die Einrichtung eines Studienganges für Technik und Informatik (technischer Berufsfachschulabschluss) für Absolventen des *Diplôme d'Etudes Fondamentales* (DEF) in arabischer oder in französischer Sprache gelungen.

5. Islam und andere Religionsgemeinschaften

Der Islam in Mali wird stärker durch innere Streitigkeiten, vor allem zwischen den Sufi-Orden und den Wahabiten/Salafisten, geprägt als durch externe Konflikte mit dem Christentum und den traditionellen Naturreligionen. Ohne dass ein interkonfessioneller Dialog im klassischen Sinne des Wortes geführt wird, existieren die verschiedenen Religionen doch in der Regel weitgehend harmonisch nebeneinander und pflegen dabei durchaus eine gegenseitige Wertschätzung. So ist es etwa üblich, dass Angehörige einer Religion kultische Feste von Angehörigen anderer Religionen – wie etwa Taufen – besuchen. Auch sind in vielen Familien durchaus verschiedene Glaubensrichtungen vertreten.

5.1. Verhältnis zum Christentum

In seinem Bericht zum 1. Kongress im Jahr 1987 unterstrich der Präsident der *Association Malienne pour l'Unité et le Progrès de l'Islam* (AMUPI), El Hadj Omar Ly:

> *Seit den kolonialen Eroberungszügen hat eine andere religiöse Konfession ihren Zutritt nach Mali gefunden. Es handelt sich um das Christentum, dessen mehr oder weniger bedeutende Glaubensinseln sich in katholischer und protestantischer Form vor allem im Westen, in der Mitte und im Süden des Landes finden. Bis jetzt hat eine friedliche Koexistenz die Beziehungen der beiden Glaubensgemeinschaften bestimmt. Wir für unseren Teil wünschen uns, dass das so bleibt. Der Islam ist eine Religion der Toleranz und, in Befolgung von Vorschriften des Koran, sind wir immer offen für einen Dialog mit Menschen eines heiligen Buches, ohne selbstverständlich unsere eigenen Überzeugungen zu leugnen, noch etwa die tiefgreifenden Unterschiede, die uns trennen, bagatellisieren oder übertreiben zu wollen.*

Um eine bessere Verständigung zwischen den Religionen zu fördern und den Geist der Toleranz zu pflegen, existieren in jeder Diözese der katholischen Kirche Malis Kommissionen, die mit der Pflege der Beziehungen zu den Muslimen beauftragt sind. Dennoch können bisweilen Missverständnisse oder Streitigkeiten auftauchen. Ein Beispiel hierfür war der öffentliche Protest mehrerer islamischer Distrikte und der AMUPI, die sich zu Beginn der 1990er Jahre gegen eine Evangelisierungskampagne der *Eglises Evangéliques Protestantes* des Révérend Brooke im Stadion von Bamako aussprachen. Um auf solche Krisen- und Spannungssituationen auf Landesebene reagieren zu können, wurde eine Schiedskommission zwischen AMUPI sowie Katholischer- und Protestantischer Kirche als offizielle Beratungsinstanz ins Leben gerufen. Sie soll auf Initiative der Behörden bei Konflikten im Schulbereich, bei Wahlen oder anderen Interessensdifferenzen zwischen einzelnen religiösen Verbänden aktiv werden. Diese Kommission hat sich etwa im Jahr 2003 bei der Beilegung einer Krise in Bamako hervorgetan, als eine Diffamierungsklage der unabhängigen Gewerkschaft gegen das *Office de Radiodiffusion Télévision du Mali* (ORTM) eingereicht worden war.

Anders als die katholische Kirche sind protestantische Kirchen in Mali, bzw. dem französischen Westsudan, erst seit Beginn der 1920er Jahre aktiv. Die Tatsache, dass beide christlichen Konfessionen als Glaube der Kolonialherren wahrgenommen worden sind, hat sich dabei stets als entscheidender Nachteil für das Christentum in Mali ausgewirkt. Dennoch ist die soziale und wirtschaftliche Bedeutung der Christen in Mali sehr viel größer als aufgrund der geringen Anhängerzahl zu vermuten wäre. Ein Hauptort des Christentums in Mali ist die Stadt Kita in der Region von Kayes als Zugangsweg der kolonialen Eroberungszüge, wo sich die Kathedrale *Notre Dame de Kita* befindet, zu der die alljährlichen katholischen Pilgerfahrten im Land führen.

Mit der Verbreitung neuer protestantischer Evangelisationssekten und Pfingstkirchen in Westafrika und in Mali sind in jüngerer Zeit neue Konfliktpotenziale entstanden. Die Missionstätigkeit dieser christlichen Gemeinden stößt in der muslimischen Mehrheitsgesellschaft auf eine deutliche Ablehnung und kann im Einzelfall kritische Gegenreaktionen bei einigen Muslimen auslösen, da aktive Missionstätigkeit von vielen Muslimen als verletzend empfunden wird.

5.2. Verhältnis zum Animismus

Obwohl es sich hierbei um das älteste Glaubenssystem des Landes handelt, wird die offen praktizierte Ausübung dieser Religionen in Mali heute seltener. Angesichts der wachsenden Ausbreitung des Islam und auch des Christentums innerhalb der Bevölkerung, tritt der Animismus im öffentlichen Raum eher dezent in Erscheinung. Nichtsdestoweniger übt er weiterhin auch einen sehr starken kulturellen Einfluss auf einen großen Teil der monotheistischen Gläubigen aus.

In zahlreichen Ortschaften Malis üben heute Animisten, Muslime und Christen jeweils ein und dieselben agrarischen Kulte aus und vereinen sich in nachbarschaftlicher Solidarität in Gemeinschaften und Vereinen. Die Mitglieder dieser dörflichen Unterstützungsgemeinschaften schreiten im Bedarfsfall ein und bestellen etwa das Feld eines Mitglieds in Schwierigkeiten. Zudem bieten sie gemäß altüberlieferten Traditionen zu Beginn der Regenzeit Opfertiere dar, um so für eine Verbesserung der Fruchtbarkeit der Felder zu sorgen. Auf gemeinschaftlicher Ebene sind die Vereine von Jägergruppen, Anhänger des Zwillingskults oder Anhänger der Anbetung eines Schutzbaumes Ausdrucksformen interkonfessionellen Zusammenwirkens, die von einem strikt monotheistischen islamischen

Standpunkt aus eigentlich nicht gebilligt werden können. Zum korrekten Umgang mit diesen Phänomenen herrschen in der islamischen Gemeinschaft Malis tiefgreifende Meinungsverschiedenheiten.

6. Islam und Kampf gegen den Terrorismus

Der systematische Rückgriff auf Gewalt, der für den Terrorismus charakteristisch ist, steht grundsätzlich in diametralem Gegensatz zu den Werten des Islam. Diese Überzeugung findet sich auch in der Grußadresse des Generalsekretärs der Vereinten Nationen, Kofi Annan, aus Anlass der Außerordentlichen Sitzung der Außenminister der *Organisation de la Conférence Islamique* (OCI) in Doha am 10. Oktober 2001:

> *Die OCI hat den kürzlich erfolgten Angriff [in den USA am 11.9.2001] umgehend verurteilt, und Sie haben dazu beigetragen, die internationale Gemeinschaft davon zu überzeugen, dass Islam und Terrorismus nicht dasselbe sind, niemals dasselbe waren und niemals dasselbe sein werden. Erlauben Sie mir dennoch Sie inständigst zu bitten, dem Islam und den Muslimen dieser Welt, die Gefahr laufen, Opfer von Verdächtigungen oder Feindseligkeiten zu werden, und für die es unabdingbar ist, dass diese Botschaft zur zutiefst friedfertigen und toleranten Natur des Islam in größerem Maße gehört und verstanden wird, weiterhin diesen Dienst zu erweisen.*

Dieser Appell stieß auf fruchtbaren Boden, vor allem angesichts der sozialen Umwälzungen in den islamischen Gebieten und den hier deutlich werdenden Unterschieden im politischen Verständnis zwischen Traditionalisten und Reformern, zwischen Gemäßigten und gewalttätigen Extremisten wie der *Groupe Islamique Armé* (GIA) in Algerien oder der *Al Qaida*. Die muslimische Mehrheitsgesellschaft Malis, tolerant und jedem religiösen Extremismus abgeneigt, verurteilt in ihrer übergroßen Mehrheit die Inbesitznahme des Islam durch bewaffnete Gruppen, wie an der Beendigung des Aufstandes im Norden Malis zu Beginn der 1990er Jahre gesehen werden kann. Eine schlechte Verwaltung der Tuareg-Gebiete im Norden Malis, die schon seit Kolonialzeiten andauerte, lag dieser staatlichen Krise zugrunde. Durch das mutige Engagement der malischen Zivilgesellschaft, vor allem aber der muslimischen Religionsführer vor Ort, unterstützt von der AMUPI und dem Groß-Imam der Moschee von Mekka im März 1995, gelang es, den gewalttätigen Konflikt zu beenden und das Verschwinden der *Front Arabe Islamique de l'Azawad* (FIAA) und anderer bewaffneter Gruppierungen zu bewirken.

Zwar ist der Norden Malis auch heute noch von einem Rest an Unsicherheit geprägt, da Malier, die von der rebellionsbedingten unsicheren Lage profitieren, dort noch immer einzelne Geländefahrzeuge entführen und dabei gelegentlich auch Todesopfer in Kauf nehmen. Was aber die internationale Gemeinschaft am meisten beunruhigt, ist die mögliche Anwesenheit der *Groupe Salafiste pour la Prédication et le Combat* (GSPC) in den nördlichen Gebieten Malis und Nigers. 15 schweizer, deutsche und niederländische Touristen, die in Algerien als Geiseln gefangen genommen worden waren, wurden von ihren Entführern in den Norden Malis verschleppt. Nach einer Gefangenschaft von mehr als sechs Monaten, im Verlauf derer es einen Todesfall gab, kam es am 3.8.2003 zur Freilassung der Geiseln. Diese Entführung scheint die amerikanische These eines „Bogens des Al Qaida-Terrorismus", der sich durch die Sahara und Sahel-Zone bis hin zum Roten Meer erstreckt, zu untermauern. Um eine engere militärische Kontrolle der Region durch die jeweiligen Staaten zu gewährleisten, haben die US-Sicherheitskräfte zahlreiche Kooperationen mit den Behörden dieser beiden Staaten vereinbart.

7. Schlussbemerkung

Die Verwaltungs- und Justizorgane der Republik Mali und die höchsten islamischen, katholischen und protestantischen Autoritäten versammeln sich alljährlich aus Anlass der Verkündung ihrer Neujahrswünsche in Erinnerung an den Heiligen Sylvester beim Staatsoberhaupt und der gesamten Regierung Malis in Bamako. In den vordersten Rängen der Gläubigen, just hinter dem führenden Imam, beteiligt sich auch die Regierung an den gemeinsamen Gebeten. Dies ist ein gutes Beispiel dafür, dass der nicht anti-religiöse Laizismus Malis und die verschiedenen Religionen gemeinsam zum Wohle des Landes wirken können, jeder in seiner von der republikanischen Demokratie zugeordneten Rolle. Im derzeitigen internationalen Umfeld einer Radikalisierung der religiösen Tendenzen über alle Glaubensrichtungen hinweg, wird der Islam in Mali bisher nicht als eine Bedrohung für die Freiheit der Menschen und den Frieden im Land angesehen.

8. Bibliographie

Cissé, Seydou: L'Enseignement Islamique en Afrique Noire. Paris 1992.
Direction Nationale de la Promotion de l'Enfant et de la Famille/SERNES: Recensement des Enfants Errants. Bamako 2002.
Gathmann, Benjamin: Wie wirtschaftet die islamische Entwicklungsbank? Zeitschrift Entwicklungspolitik, 7/8, 2005, 30-32.
Gatti, Roberto-Christian: Les Ecoles Coraniques au Sud du Sahara. L'exemple de Djenné. Bamako 2000.
Gatti, Roberto-Christian: Actes du VIIIème Congrès de l'Association pour la Recherche Inter-Culturelle (ARIC), Universität Genf 24.-28. 2001.
Haynes, Jeffrey: Islamic Militancy in East Africa. Third World Quarterly, 26, 2005, 1321-1339.
International Crisis Group: Islamist Terrorism in the Sahel: Fact or Fiction? Africa Report N°92. Dakar/Brussels März 2005.
US Bureau of Democracy, Human Rights and Labor: International Religious Freedom Report 2003 – Mali. Washington 2003.
US Bureau of Democracy, Human Rights and Labor: International Religious Freedom Report 2005 – Mali. Washington 2005.

KAPITEL IV

Nigeria

Die ehemalige britische Kolonie Nigeria ist mit Abstand das bevölkerungsreichste Land Afrikas. Es verfügt über reiche Erdölvorkommen, konnte diese bislang aber nicht erfolgreich zur Armutsbekämpfung nutzen. Dem United Nations Development Programm zufolge leben derzeit 70% der nigerianischen Bevölkerung unterhalb der Armutsgrenze.

Nach nahezu 16 Jahren Militärdiktatur mit massiven Menschenrechtsverletzungen kam es 1999 zur friedlichen Machtübergabe an eine zivile Regierung. Bei den Wahlen im April 2003 wurde Präsident Olusegun Obasanjo im Amt bestätigt.

Internationale Aufmerksamkeit erregen seit einigen Jahren vor allem die teilweise blutigen Auseinandersetzungen zwischen Muslimen und Christen, die den Vielvölkerstaat erschüttern. Für weltweites Aufsehen sorgten etwa im Dezember 2002 die Unruhen im Zusammenhang mit der Miss-World Wahl, die nach heftigen Protesten islamischer Gruppen schließlich nach London verlegt wurde. Doch auch jenseits solcher Großereignisse gehört religiöse Gewalt mittlerweile zum politischen Alltagsgeschehen des Landes. Die offiziellen Angaben über die Opfer religiöser Unruhen liegen für die Zeit seit 1999 bei etwa 10.000 Toten. Die tatsächlichen Opferzahlen dürften sehr viel höher sein. Verschärft werden die Spannungen auch dadurch, dass seit 1999 in zwölf nördlichen Bundesstaaten Nigerias die Shari'a-Strafgesetzgebung eingeführt wurde, was in vielen Bereichen de facto einer rechtlichen Teilung des Landes gleichkommt.

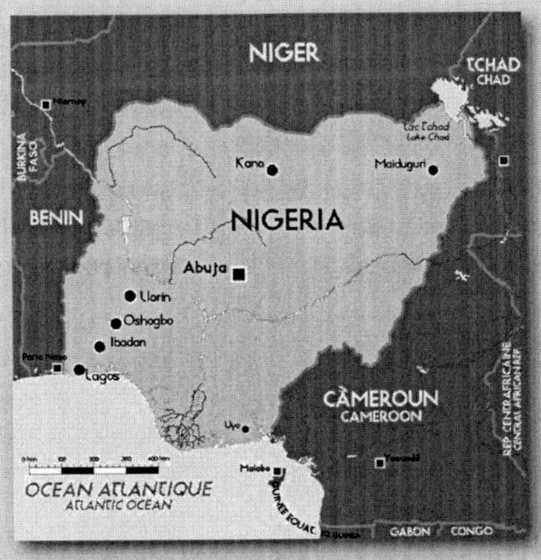

Fläche	923.768 km²
Einwohnerzahl	ca. 133 Mio.
Religion	Muslime (50%); Christen (40%); Sonstige (10%)
Größte ethnische Gruppen	Hausa (21%), Yoruba (20%); Igbo (Ibo) (17%); Fulani (10%)
BSP/Kopf	361 US $
Lebenserwartung	46,7 Jahre
Alphabetisierung	68%
Quelle: www.auswaertiges-amt.de; CIA – The World Fact Book	

4
Political Islam in Nigeria

Ousmane Kane

1. Introduction

With more than a 100 million inhabitants, Nigeria, also called the "Giant of Africa", has the largest single population on the African continent. According to the Nigerian census of 1963, Muslims represented 47.2% of the population, Christians 34% and adherents of African traditional religions 18.2%. It is widely assumed that most followers of traditional religions have either converted to Islam or to Christianity since 1963. In the absence of a recent head count providing data on religious affiliation, the exact religious distribution of Nigeria at the beginning of the twenty-first century is a matter of pure conjecture. Muslims claim to form the majority; so do Christians. Based on the 1963 census and observed patterns of conversion, one can reasonably assume that Nigerian Muslims should not count less than half of the population and that Christians are slightly under that percentage.

With almost 300 ethno-linguistic groups[1], Nigeria is also one of the most ethnically and culturally diverse African countries. The dominant ethno-linguistic groups are the Hausa/Fulani[2] and the Kanuri predominant in the North, the Yoruba in the South West and the Igbo in the South East. However, a third of Nigeria's population belong to so-called ethnic minorities. The latter are predominantly based in the central region of the country known as Middle Belt. The ethno-linguistic distribution overlaps to some extent with the religious geography as Hausa/Fulani and Kanuri speaking people are primarily Muslims, Igbo predominantly Christians, whereas Yoruba are evenly divided between Islam and Christianity (40% vs. 40%), and have a sizable minority of followers of African traditional

1 The colonial ethnic classification is contested and rightly so because boundaries between ethnic groups have never been as rigid as often assumed, but the critique of ethnic construction in Nigeria is beyond the scope of this paper.

2 The Hausa and Fulani used to be and are still to some degree two separate ethno-linguistic groups. However, following the conquest of Hausaland by Muslim reformers led by Fulani clerics at the beginning of the nineteenth century, the Fulani took over power in most Hausa states. As they became rulers, they adopted Hausa language and culture and intermarried with Hausa. In addition, the two groups are bound by a common Islamic identity. Thus, they are often lumped together, as Hausa/Fulani particularly by southerners.

religions (20%). The Middle Belt is probably equally divided between Islam and Christianity.

The legal system governing Muslims is quite complex and has changed over time. Before colonial rule, the Northern part of Nigeria hosted two major Islamic polities: the Kanem Borno Empire and the Sokoto Caliphate, both governed by *Shari'a* law in civil and criminal matters. After the colonial conquest, the British conquerors, who pledged not to interfere in the religion of Muslims, maintained most legal aspects of the *Shari'a*, with the exception of some deemed-inhumane bodily punishments such as amputation or death by stoning which they banned as contrary to British notions of humane punishment. But family law (issues of marriage, divorce, custody, inheritance) was governed by Islamic jurisprudence according to the Maliki School of Law. During the transition to independence, several commissions were created to make recommendations on the ideal legal framework for the predominantly Muslim Northern Region in an independent Nigeria. Each of the independent regions of the Nigerian federation adopted its own penal code. The North adopted a new penal code in 1960 which was based on the Sudan penal code of 1899, which was itself derived from the Indian penal code of 1834. Both India and the Sudan were former British colonies that bear similar characteristics with Nigeria with their mixtures of Muslim and non-Muslim populations. Some principles of Islamic criminal law were incorporated in this new code. For instance, adultery, fornication, seduction and enticement were criminalized but this code contained no such harsh bodily punishment as amputation or death by stoning. Therefore, it was largely English in derivation.[3] In the first decades of independence (1960s and 1970s), this code was well received among Muslims. However, as will be addressed later, with the weakening of Muslim influence in Nigeria, particularly from the 1980s, there was a growing perception among Muslims that it was a foreign importation aimed at undermining Muslim identities and ways of life. With regard to family law, after Nigerian independence most Muslims remained governed by *Shari'a* as was the case during colonial rule, whereas Christians and those Muslims who so desired, were governed by common law.

The Islamic field in Northern Nigeria is quite diverse and fragmented. Some forms of Islamic organizations gained a foothold in the region since the nineteenth century if not earlier and underwent transformations. Others were established during the postcolonial period. Some are very local in many respects (membership, agenda, funding) others maintain connections with other parts of West Africa and in the wider Muslim world. Some organizations are state-sponsored and act to

3 Ostien 1999, p. 25.

legitimize state power, others operate outside state influence and may even oppose the state. Over time, the orientation of many Nigerian Muslims towards *Shari'a* has changed. About twenty years ago, only a small minority of Muslims advocated Islamization of the state, whereas in the late 1990s, there were strong grass-root demands, at least in predominantly Muslim areas, for the replacement of the English inspired criminal code by Islamic criminal law. While recently created organizations use modern technology to transmit Islamic knowledge and proselytize, older organizations are increasingly adopting the same methods. For all these reasons, no rigid categorization can do justice to the complexity of Nigerian Islamic politics and rigid dichotomies such as political/apolitical, modern/traditional, state centered/society centered have limited analytical value. To make some sense of this complexity, this paper will be structured around two interrelated levels of analysis: the first relates to the rise of new Islamic groups and the tensions between old and new groups to define Islam. It is against the background of rapid postcolonial social change and greater interactions between Nigerian Islam and global Islam that this dynamics should be understood. The second level of analysis addresses the struggle of the Northern establishment to build hegemony in the early postcolonial period and its attempt to regain its influence in the late postcolonial period. The rise of political Christianity in Nigeria influences and is influenced by this second process a great deal. Both processes intersect to shape the actions and strategies of different actors (politicians, youth) and their orientation towards community, authority and each other. The early postcolonial period was characterized by the construction of Muslim political hegemony at the federal level as well as the fragmentation of religious authority whereas the very late postcolonial period, particularly the post Abacha period after 1998 is marked by the loss of (and attempt to reconstruct) Muslim influence as well as a greater polarization between Muslims and Christians, which reflects the contestation of Northern Muslim hegemony in the federation. I will first describe the most important Islamic players. Next, I will address military rule, political Christianity and the polarization of politico-religious identities. Then, I will discuss Islamization as a response to the loss of political power and the Islamic groups in the public sphere. In conclusion, I will address broader challenges facing Nigerian Islam such as the issues of democracy and political violence and the connection, if any at all, between Nigerian Islamic politics and the global *jihadist* ideology.

2. Islamic Politics and the Building of Northern Muslim Hegemony

Nigeria, it must be recalled, has the largest single Muslim population of Sub-Saharan Africa. Nigerian Islam has expressed itself more as a group identity than as an individual identity. Although a countless number of groups and organizations have been established during the postcolonial period, particularly visible and public among them are or have been

- the Sufi orders
- the *Jama'at Nasr al-Islam* (Organization for the Support of the Faith)
- the *Jama'at Izalat al-bida wa iqamat al-Sunna* (The Society for the Removal of Innovation and Reinstatement of Tradition)
- the *Brothers*
- and the *Yan Tatsine.*

Regarding the number of adherents of Islamic organisations there is no reliable quantitative data, as followers or sympathisers usually relate informally to these organisations and do not have membership cards.

2.1. Sufi Orders

As a form of expression of Islamic spirituality, Sufism has been present in the region for many centuries. However, in the 19th century highly organized Sufi orders emerged in West Africa. Founded by Abd al-Qadir al-Jilani (1077-1166) in Baghdad, the oldest Sufi order is the *Qadiriyya*. Originally very elitist, the *Qadiriyya* became the official order of the Sokoto Caliphate after the jihad of the early nineteenth century. Another major Sufi order is the *Tijaniyya*. Founded by Ahmad al-Tijani (1737-1815), this Algero-Moroccan order was introduced in Northern Nigeria by al-Hajj Umar Tall (1794-1864) in the mid nineteenth century. During the second half of the 20th century (1950s-1970s), both orders were popularized and recruited membership in all strata of society and geographical areas. Very instrumental in this shift was the action of two prominent Sufi leaders. One of them was the Senegalese Sheikh Ibrahim Niasse (1900-1975) whose following in West African English speaking countries, Nigeria in particular, was quite large. The other was Nasiru Kabara (1916-1996) from Kano, who also had a substantial following in many parts of West Africa. The constituency of both orders is largely based in Northern Nigeria, although both do have followers in the South West among the Yorubas. Sufi orders emphasize the mystical aspects of Islam. They are organized along lodges/mosques under the leadership of a local sheikh, where aspirants meet to perform *zikr* (remembrance of the name of God) as a way of purification. Sufi orders also perform a mutual aid function. Sufi lodges provide accommodation to traveling members. Sufi communities have established networks of schools which members and/or children can attend. Members of a specific order may obtain loans from another member for the purpose of establishing a business. This mutual aid function has been critical in the spread of Sufi orders among the Hausa people in colonial and early postcolonial Nigeria.[4] Sufi orders have also established first aid committees throughout the Nigerian federation to provide first aid to ill people, evacuate road accident victims to hospital after providing them with first aid, and assist pilgrims to Mecca (Kane 2003; 160 sq). During the pre-colonial period, Sufi leaders participated in many jihads that led to the establishment of Islamic states. A flag-bearer of the *Tijaniyya* Sufi order, Al-Hajj Umar Tall waged a holy war and conquered a territory of some 150000 square miles in parts of present day Senegal, Nigeria, Mauritania and Guinea. This was the largest territory in this region ever to be submitted to a single Islamic authority. Uthman Dan Fodio (1754-1817) who claimed membership to the *Qadiriyya* Sufi order, led a holy war that toppled most Hausa kingdoms of Northern Nigeria and established the Sokoto Caliphate, which was one of the most powerful political and economic systems of West Africa in the nineteenth century.

However, in much of the twentieth century, they accommodated to the secular institutions of the Nigerian state. Although Sufis are often presented as traditional, many orders, alongside mosques and lodges, now operate modern schools, which provide courses of mathematics, history, science and technology. In the 1960s, Sufi orders were the expression of Islamic spirituality par excellence. Even non Sufi-affiliate Muslims did not contest their orthodoxy. However, Sufi orders were divided and rivalry between them led to frequent confrontations, which the Northern political establishment felt might undermine the basis of Northern political power in independent Nigeria. One of the main goals of the *Jama'at Nasr al-Islam* (Organization for the Support of the Faith) and the *Supreme Council of Islamic Affairs* was to foster unity among Muslims.

2.2. The *Jama'at Nasr al-Islam* and the *Supreme Council of Islamic Affairs*

During the First Nigerian Republic (1960-66), the population of the North was larger than that of the rest of the federation combined. Ahmadu Bello (d.1966), the then Premier of the Northern Nigerian Region believed that the unification of the North could enable the Northern political establishment to dominate the federation. Although Islam was not a state religion, Bello saw it as an important element of a Northern ideology and a possible unifying factor for Northerners. To

4 Kane 1997.

achieve this objective, Ahmadu Belllo established the *Jama'at Nasr al-Islam* in 1962. It was not federally sponsored, but it was strongly backed by Ahmadu Bello. Although its stated goal was to promote the Islamic faith and its membership was open to all Muslims, in reality the JNI had a clear political agenda: to serve the strategy of Bello for Northern unification. The JNI strove to speak in the name of all Nigerian Muslims and urged them to transcend their differences, such as those arising from affiliation to different orders, which it claimed to be minor. Sufi orders felt that the JNI was attempting to wrest religious authority from them. They united to form a pro-Sufi modern organization known as *Fityan al-Islam* which would defend Sufi organizations against attempts to undermine them.[5]

Ahmadu Bello was a committed panIslamist. He was a founding member and served as a Vice-President of the *World Muslim League.* In the early 1960s, he undertook campaigns to convert Northern Nigerian non-Muslims to Islam. He also strove to foster cooperation in religious and educational matters with other Islamic countries, including the Sudan, Saudi Arabia, Egypt, Pakistan etc. Within the framework of his panIslamism, a number of Nigerian students were sent to universities in the Middle East. In addition, several Islamic cultural centers were established in Nigeria and lecturers from Sudan, Pakistan and other Muslim countries were also appointed in Nigerian institutions of higher learning. All these converged to open the door to alternative Islamic understandings at an unprecedented scale particularly among the youth.

A bloody coup d'Etat in which Ahmadu Bello was assassinated brought down the First Republic in 1966. In the aftermaths of the coup, Abubakar Gumi (1922-1992), a former advisor of Ahmadu Bello and former *Grand Qadi* (Supreme Judge) of Northern Nigeria filled the vacuum created by Bello's disappearance. Undoubtedly the spiritual father of the Nigerian reform movement, Abubakar Gumi was a charismatic religious and political leader. Just like Bello, Gumi believed that unification was key to maintaining Muslim's political influence in Nigeria. He perceived the Sufi orders as an obstacle to achieving these goals and conducted a vigorous campaign against them.[6]

In an effort to broaden its national base, the *Jama'at Nasr al-islam* created a forum known as *Nigerian Supreme Council of Islamic Affairs* (NSCIA) in 1974. The top leadership of NSCIA comprised Islamic authorities representing the major ethno-Muslim groups. The Chairman of the Council was the Sultan of Sokoto, his

5 For more on the *Fityan al-Islam* organization, see Ousmane Kane, Muslim Modernity in Postcolonial Nigeria, p. 154 sq, Roman Loimeier, Islamic Reform and Political Change in Northern Nigeria, p. 48 sq.

6 See Muhammad Sani Umar, Sufism and Its Opponents in Nigeria. The Doctrinal and Intellectual Aspects, passim.

deputy the Mai of Borno and the Secretary General was Abdulatif Adegbite, a leading Yoruba Muslim and one of the founding members of the *Muslim Students' Society*.[7] The NSCIA leadership included other distinguished Muslims from the thirty-six states of the Federation.[8] The Council met regularly to deliberate on Islamic matters. It strove to foster unity among Muslims and to build connections with other Islamic organizations in the Muslim World and in the West. However, it is perceived by non Muslims as "the instrument of the Sokoto Caliphate to manipulate Islam in Nigeria for the entrenchment of Fulani hegemony".[9]

The postcolonial period witnessed a dramatic change in Islamic identities and modes of organization in Nigeria. This resulted from a combination of internal social change and the impact of imported Islamic ideologies in the Nigerian scene. Internally, the diffusion of the oil wealth was a major generator of change. The urban bias of oil wealth redistribution induced a rapid rural-urban migration, particularly in the 1970s. In many cities, urban growth scored a double-digit-growth rate, not least because job and/or educational opportunities were concentrated there. As far as education is concerned, the universal primary education launched in 1976 enabled the enrolment of 9 million pupils.[10] The number of middle and high schools increased dramatically. So did that of institutions of higher learning (universities, polytechnics etc). From two universities at independence, Nigeria established more than thirty universities in three decades. These institutions of learning created a fertile ground for the reception of new ideas that would upset the religious geography and demography of the colonial period. They would also pave the way for the rise of new groups who found Abubakar A Gumi's message of Islamic reform quite appealing. One such will be treated in the following section.

2.3. The Society for the Removal of Innovation and Reinstatement of Tradition

The students and disciples of Sheikh Gumi established the *Yan Izala* organization, the full name of which is the *Jam'aat Izalat al-Bid'a wa Iqamat al-Sunna,* which in Arabic means the *Society for the Removal of Innovation and Reinstatement of*

7 The *Muslim Students' Society* was the earliest Islamist organization to recruit a nationwide following. Most Islamist groups were to a large extent splinter groups from the MSS. For more on the MSS, see Ousmane Kane, Muslim Modernity..., p. 73 sq.

8 John Paden, "Islamic and Democratic Federalism in Nigeria", p. 5.

9 See Femi Awoniyi, "Fulanis, Yorubas, Islam and Political Power in Nigeria". "This is a rejoinder to The Role of 'Resource Control' and Restructuring in the Political Economy of Nigeria" by Ibrahim Ado-Kurawa in http://www.nigerdeltacongress.com/farticles/fulanis_yorubas_islam_and_politi.htm accessed in July 2005.

10 See Mark Bray, Universal Primary Education in Nigeria, p. 1.

Tradition. Formally established in 1978, the *Yan Izala* became in few years the largest single Muslim reform movement of West Africa.[11] By the time of its break up into two main sub-groups at the beginning of the 1990s, the sympathizers of the *Yan Izala* no doubt ran into a few million Muslims. Although it is difficult to give an exact number of members or followers, no less than 20% of Muslims in urban centers of Northern Nigeria are sympathizers of the two main splinter groups of *Izala* groups at the beginning of the 21st century.

Izala's appeal came from the fact that it echoed the aspirations of a diversity of groups, who were the products of social change seeking to enter into the modern world. Just like related *Salafi* movements, the *Yan Izala* was in many respects very egalitarian. It preached that Muslims were equal regardless of caste, age, wealth, social status and origin.[12] The *Yan Izala* spoke vehemently against some Hausa customs inextricably interwoven with Islamic beliefs such as excessive veneration of elders and traditional authorities before whom younger people were expected to kneel down as a way of greeting. The *Yan Izala* spoke against the seclusion of women, the exorbitant price of brides, fees charged regularly by more "traditional groups" for performing wedding, naming and funeral ceremonies, offerings to religious leaders, etc. The sympathizers of the *Yan Izala* movement were largely based in urban Northern Nigeria and included students, civil servants and business people as well as people of lower social extraction such as petty traders, artisans, new settlers, low-caste people and other marginalized groups. To the latter the *Yan Izala* gave a sense of belonging and a Muslim identity. As an organized group, the *Yan Izala* was structured as follows: at each level of territorial administration (federal, state, local government and city or village level), there existed a committee of *ulama,* a committee of patrons and a first aid committee. They were all largely male dominated. The committee of patrons comprised influential and wealthy people, usually rich businesspeople or top civil servants who would help preachers secure clearance and/or provide logistics to conduct preaching tours. The *Committee of Ulama* was made of learned scholars, the most prominent of whom had studied under Sheikh Abubakar Gumi. They wrote pamphlets and made a huge number of audio or video-recorded sermons that circulated widely in Northern Nigeria advocating greater egalitarianism in religion and society. Finally the first aid committee provided first aid to the needy. Most sympathizers related informally to the organization, as is the case with virtually

11 See Ousmane Kane, Muslim Modernity in Postcolonial Nigeria, passim.

12 With regard to gender, without fostering gender parity in the modern sense of the word, the *Yan Izala,* more than any other Islamic party stood against the seclusion of women, a long standing custom among Hausa Muslims and advocated that women be educated and employed.

all major Islamic players in the country. They did not have membership cards, nor did they pay regular membership fees. The attendance of preaching activities and of specific *Yan Izala* mosques materialized their membership to the organization.

Although Saudi Arabian religious bodies and Islamic NGOs distributed copies of the *Qur'an* and *Wahhabi* theological literature throughout the Muslim world, including to some of the *Yan Izala* groups, only influential Muslim leaders received substantial funding from Saudi Islamic NGOs. To the best of my knowledge, the funds received were not linked to any attempt to destabilize the State in Nigeria. Furthermore unlike the cliché that only Wahhabi oriented groups were funded, influential Muslim leaders benefited from Saudi generosity in Nigeria and other West African countries. The funds that supported much of the activities of the *Yan Izala* (preaching tours, schools, courses) were raised locally. The *Yan Izala's* impact on Nigerian society was great, not only because they recruited a substantial following, but because they forced traditional religious orders to modernize or to abandon some of the most criticized aspects of their teachings. Although the *Yan Izala's* agenda was to promote a more strict observance of the Islamist creeds and practice, the officials of the organization initially did not demand the establishment of an Islamic state, not least because most of their protectors were top civil servants working for the secular state. However, among sympathizers of the organization, many denounced state corruption, which was rampant in Nigeria. It should be noted that Nigeria has been consistently classified since the 1980s as one of the most corrupt states in the world by Transparency International.[13] From 1990 onwards, and particularly after the death of Abubakar Gumi in 1992 and of Ismail Idriss, the first Chairman of the *National Committee of Ulama*, two major splinter groups appeared. One is the old *Izala* which remains loyal to Sheikh Idriss and his teachings. Its leadership was educated locally. Called *Yan Madina* (Madinites), the other splinter group is now led by graduates of *Izala* secondary schools who attended university education at Madina in Saudi Arabia. They speak fluent Arabic and have a wider exposure to different traditions of Islamic learning, and international contacts.[14] Although both groups advocate an egalitarian Sunni Islam, the Madinites are more tolerant vis-à-vis the Sufi orders. They believe that Sufis are Muslims whose religious practices need to be reformed, whereas the old

13 Corruption is defined here as "the abuse of public office for private gain". See Infoplease 2004. http://www.infoplease.com/ For Nigeria's ranking, see: Transparency International. Corruption Perceptions Index, Older Indices. Internet Center for Corruption Research. http://www.icgg.org/corruption.cpi_olderindices.html.

14 Umar 2001.

Izala denounce Sufi orders as non-Muslims. None of the splinter groups had as clear an Islamist agenda as the group known as the *Brothers,* a group that will be dealt with in the following section.

2.4. The *Brothers*

Another development with major consequences in Nigerian Islam was no doubt the Islamic Revolution in Iran. A few Nigerian students who visited Iran after the Revolution became fascinated with the Iranian model and believed that further Islamization was the panacea to Nigeria's problems. Members of this group were called by their opponents "Yan Shi'a" or "Shi'awa" which means "Shiites" in Hausa, but they refer to themselves as "Brothers"/"Sisters". The most prominent leaders of the Shiites are Ibrahim El-Zakzaky and Abubakar Mujahid. Initially, very few of them may have been Shiites in the doctrinal sense of the word. The label "Shiite" aimed at marginalizing them since West African Islam is predominantly Sunni. Shiites are found only among the Levantine communities. Nevertheless, some Shiite doctrinal influence is increasingly felt among members of this movement. New members are required to denounce their preexisting political system and severe ties with it (*bara'a*), pledge allegiance to the Islamization cause (*bay'a*) and to declare loyalty to the leadership of the Islamic movement (*wilaya*). All three concepts come from classical Shiite theory.[15] In the 1980s and early 1990s, the *Brothers/Sisters* were the most radical in their demands for the Islamization of the state. They were mostly students who refused to work in any government agency. Their activism was limited to Northern Nigerian university campuses and secondary schools for two decades. With the exception of some isolated acts of vandalism, they never engaged in large-scale violence against the state or the community. Their leader Ibrahim El-Zakzaky served several jail sentences for incitement to civil disobedience. In recent years, the *Brothers* have recruited thousands of people in the wider Northern Nigeria.[16] Unlike the *Yan Izala* or the Sufi organizations, the Brothers don't have yet the power to mobilize hundreds of thousands of people, but at the beginning of the 2000s, their movement is no longer limited to schools and university campuses as they are reaching the larger society. It is not clear at this juncture whether they will grow to further prominence in the near future.

However, unlike the *Yan Izala,* they do not quarrel very much with other Muslims over doctrinal issues. Their most important goal is the Islamization of

15 Umar 2001, pp. 14.
16 Umar 2001, p. 139.

the Nigerian state. Strangely, El-Zakzaki has opposed the recent expansion of *Shari'a,* arguing that Islamization of the state must come first before implementation of *"full Shari'a"*. Although a few Brothers have visited Iran and were sympathetic to the Afghan resistance against Soviet occupation, there is no evidence that they have received training in *Al-Qa'ida* or other camps in Afghanistan or that they have fought on war fronts such as Chechenya, Afghanistan, or Iran, unlike those so-called "Arab Afghans". The only Islamic group whose action has been associated with a great deal of violence in postcolonial Nigeria is the *Yan Tatsine.*

2.5. The *Yan Tatsine*

In the first half of the 1980s, a group known as *Yan Tatsine* initiated several riots which claimed many lives and caused the destruction of millions of euros worth of property. Led by a Qur'anic teacher called Muhamamad Marwa knick-named Maitatsine, this group claimed to be preaching the true Islam, but their opponents label them heretics. From rural origin, the *Yan Tatsine* were luddites, who rejected the material culture of modern urban life. They believed that using watches, bicycles, cars, radios and modern medicine were innovations contrary to Islam. They denounced those who used them as infidels. During the massive rural urban migration of the 1970s, thousands of them settled in the Kano metropolis. Over the years, frequent clashes occurred between them and other Muslims whom they labeled also infidels. These clashes culminated in 1980 when the *Yan Tatsine* occupied parts of the city of Kano and drove inhabitants out of their home. The then governor of Kano State Abubakar Rimi summoned the Yan Tatsine to leave the city, but they refused to comply, and the police were obliged to intervene. Believing that they would be able to defeat the police or go to paradise if they died, the *Yan Tatsine,* armed with rifles, swords, cutlasses, clubs and spears assaulted the local police of Kano and indeed defeated them in December 1980. Given the failure of the local police to restore order in the city of Kano, the federal army intervened and crushed the rioters after 24 hours. According to official sources, by the end of the mayhem, the number of people killed was 4,177, whereas unofficial sources estimate casualties at double this figure. Muhammad Marwa the leader of the movement was killed, but some of his followers managed to leave Kano. They initiated other riots in Borno State in 1982, in Kaduna State in 1984 and in Gombe State in 1985. In each case, police or army intervention caused extensive loss of civilian lives. Although there were speculations that they might have been backed by Libya, the truth is that the *Yan Tatsine* had no connections with other states or terrorist groups outside Nigeria. Since 1985 the *Yan*

Tatsine have been eradicated in Nigeria and have not posed any credible threat to public order since then.

In December 2003, a violent confrontation opposed security agents and people calling themselves the *"Taliban of Nigeria"*. These people call themselves *Hijra Movement* and are composed of young graduates with an understanding of the Islamic religion that completely denounces sin, corruption and immorality. They reportedly sought to establish an independent Muslim state close to Nigeria's border with Niger Republic. The 200 armed members of this group set fire on government buildings in the capital Damaturu, attacked police stations and seized guns and ammunition and occupied the small town Kanamma. Although there were rumors linking them to Maitatsine, they have denied categorically to be *Yan Tatsine* and no serious evidence has come to light to substantiate that claim. Most probably the membership of this group must be negligible compared to that of major Islamic players.

With the exception of the *Yan Tatsine* the different Islamic groups discussed above remain all important players in Nigerian Islam at the beginning of the 21st century, although they appeal to different constituencies. The Sufi groups recruit both in rural and urban areas and have a larger constituency than remaining Islamic organizations. The two main splinter groups of the *Yan Izala* are the second most important Islamic players and tend to recruit particularly in urban areas among the modern sectors of the population. The Brothers are becoming more and more popular among sections of the urban youth. Although not many Muslims may be formally affiliated to the *Jama'at Nasr al-Islam,* it is perceived by many Muslims as the advocate at the national level of Muslim causes particularly against Christian political activists such as the *Christian Association of Nigeria.* Following the bloody repression of the *Yan Tatsine,* nobody dares to claim membership to that movement today, but there may still be some sympathizers of the *Yan Tatsine* in Nigeria.

During the early postcolonial period, the internal reconfiguration of Nigerian Islam through the emergence of new religious identities occurred at the societal level alongside the struggle of the Northern Muslim political establishment to maintain its prominence in the Nigerian federation. Prolonged military rule gradually undermined this prominence since the Nigerian military tended to remain a corporate group committed to maintaining national unity. The more the Northern elite lost prominence in the Nigerian federation, the more Muslims demanded civil and political rights and the need for Islamization.

3. Military Rule, Political Christianity and the Polarization of Politico-Religious Identities

The military has ruled Nigeria during much of the postcolonial period. Islamic and Christian organizations proliferated to fill the gap created by the absence of party politics during military rule. A great number of Charismatic and Pentecostal movements, which first took root in Western Nigeria, spread like wildfire on Northern Nigerian campuses in the 1970s, recruiting among their sizable Christian student population. These new religious movements became a threat both to established Roman Catholic and Protestant churches whose authority they contested, and Muslim students and politicians who feared that Islamic hegemony in Northern Nigeria was in jeopardy. Pentecostal and Charismatic movements recruited largely among the northern ethnic/religious minorities who resented the political and economic domination of Muslim Hausa/Fulani and others. These evangelicals were very aggressive in proselytizing in the North, including in "predominantly Muslim areas" where Christian missions had never operated, not even during British colonial rule.

The 1980s witnessed a greater politicization of religion as the result of several interrelated phenomena. One is the sense of loss of Muslims' political power, which prompted Muslims to further assert their identity. Another was that many Christians felt that Nigerian Muslims have supplied most of Nigeria's heads of state and that Christians did not get a fair share of the national cake. They believed that greater unity among Christians could also serve to advance their political agenda. From 1980 onwards, the *Christian Association of Nigeria*, and particularly its northern branch, became a staunch public advocate for Christian political demands. The growing confrontation between Muslims and Christian radicals led to a number of conflicts that claimed the life of many people and prompted a greater polarization of religious identities.

Whereas in the 1960s and early 1970s, the struggle for political power tended to proceed along regional and ethnic lines, in the 1980s, the salience of religion in political life became greater. The aggressive proselytizing of Evangelical and Islamist groups were instrumental in this shift. Polemical literature degrading the religious creeds of the other circulated widely. Muslim groups in particular obtained, distributed or sold copies of the Gospel according to Barnabas. This Gospel supports the same view of Jesus as is found in the Koran, denies the existence of the "holy trinity", and announces the arrival of another Prophet after Jesus. It was declared apocryphal by Christian churches. Among other polemical literature, the writings of the South African Muslim preacher and polemist Ahmad Deedat, who died in August 2005, figured prominently. His pamphlets were translated into Hausa and distributed by the *Islamic Propagation Bureau,* an Islamic NGO founded by Bachir Tofa, a Hausa Muslim who was also one of the two candidates of the annulled 1991 presidential elections. Proselytizing Muslim groups have used Deedat's arguments to deride the Christian faith. Evangelicals have also had their own polemical literature and interpreted the Koran to support Christian beliefs. Each group was determined to gain converts from the other camp. This led to clashes that affected a much wider public than those engaged in proselytizing. In 1987, a major confrontation happened in Kafanchan in Kaduna State. It started as a polemic between members of the *Muslim Students' Society* (MSS) and the *Fellowship of Christian Students* (FCS) of the *College of Education,* Kafanchan, over the interpretation of the *Qur'an* by a former Muslim who converted to Evangelicalism. Skirmishes ensued between members of FCS and the MSS that escalated into communal fight opposing Muslims and Christians in the city of Kafanchan. In less than twenty-four hours, the turbulence spread to major cities in the far north, including Katsina, Funtua, Zaria, Kankia, Daura Kaduna and Malumfashi. For a few days, Northern Nigeria witnessed a massive conflagration. Nineteen people lost their lives and 152 churches, five mosques and 95 beer parlors were damaged. This crisis set the pace for many others to come, opposing Muslims and Christians during the 1990s. Most took place in Northern Nigeria. In April 1990, an argument between a Muslim and a Christian escalated into a communal confrontation in Tafawa Balewa, in Bauchi state. A few Muslims were killed. The transfer of their corpses to Bauchi City, the capital of the Bauchi State, caused anger among Muslims and led to a vendetta, which claimed the life of hundreds of people and caused thousands of injuries. In October 1991, a planned crusade by Reinhard Bunnke, a German Evangelical in Kano, the heart of Muslim Northern Nigeria upset the Muslim population and caused a cycle of killings and retaliations which claimed the life of several hundred people. In 1992, in Zangon Kataf, a confrontation between Christians and Muslims caused the death of 4000 people.

During the same period (from the late 1980s until the early 1990s), the polarization became even sharper. Instrumental in this escalation of tension was the controversy over the so-called affair of the *Organization of the Islamic Conference* (OIC). The OIC was established in 1969 by the heads of state of a number of Muslim countries following the attempt by an extremist Jew to burn the Al-Aqsa mosque in Jerusalem. Nigeria sent representative delegations as observers to OIC meetings on a regular basis. In January 1986, General Ibrahim Babangida the then Nigerian Head of State sent a delegation headed by a Muslim minister, who allegedly signed the agreement upgrading Nigerian status in the organization, from that of observer to full member.[17] While most Muslim activists welcomed the move, Christian activists and particularly the *Christian Association of Nigeria* (CAN) denounced it. CAN saw the decision as a violation of the Nigerian state's secular foundations. Taking place in the context of the verbal and physical confrontations of the 1980s, the OIC affair remained a front page story in the Nigerian newspapers for a while. Protagonists from both sides provided arguments to support their views. In response to this situation, the *Armed Forces Ruling Council* established the *Nigerian Advisory Council for Religious Affairs* in 1986 with the aim of fostering collaboration between Muslim and Christian authorities for the benefit of peace and harmony. The Council had 24 members equally divided between members of the *Christian Association of Nigeria* and the *Nigerian Supreme Council for Islamic Affairs*.[18] They were supposed to discuss matters of mutual concern and report to the then Minister of the Interior John Shagaya. However, the divisions between the leadership of CAN and NSCIA were so deep that they could not work together partly because Sheikh Abubakar Gumi and Archbishop Anthony Olubunmi Okogie were both in the forefront defending Muslim and Christian interests respectively. Christian members stopped attending meetings and the Council became moribund. However, there are still initiatives at the federal and state level to foster inter faith dialogue.

At the state level, conferences and workshops to promote peace between Muslims and Christians are held often through many NGOs that receive support and funding from some of the state governments. At the federal level, commissions of inquiry and reconciliation are commonly set up in the aftermath of any violent conflict.

In the face of strong internal protest, Nigeria renounced its full membership in the OIC in 1991 to the great satisfaction of Christian activists. Needless to say, Muslim activists disapproved of the decision. Some of them demanded without success that, in fairness to Muslims, Nigeria should break its diplomatic ties with the Vatican. The end of the OIC controversy did not lead to a reduction in the polarization as the polemics over the place of the *Shari'a* in Nigerian legislation demonstrate.

17 See Ousmane Kane, Muslim Modernity in Postcolonial Nigeria, passim.
18 See John Paden, "Islamic and Democratic Federalism in Nigeria" op. cit., p. 5.

4. The Politics of *Shari'a*

During the First Republic (1960-1966), native jurisdictions had competence to deal with civil and penal affairs, and the *High Regional Court of Appeal* was vested with the authority to hear appellate cases. A *Northern Shari'a Court of Appeal* handled litigation related to Muslim personal law. A *Resolution Court* was to settle conflicting competence between the *High Regional Court* and the *Shari'a Court of Appeal*. Finally, the *Federal Supreme Court* had competence to handle appellate cases against contested judgments of the *Shari'a Court of Appeal*. That system died with the collapse of the First Republic. As the federal structure based on four regions was dismantled in 1967 and replaced by a 12 state federal structure, regional institutions became irrelevant. During the first military interregnum, all the states had their own court of appeal, and each of six northern states, including Benue-Plateau where Muslims were substantial minority, had *State Shari'a Courts of Appeal*, but these *Shari'a Courts of Appeal* heard cases relating exclusively to personal status (marriage, inheritance, custody etc). During the first transition to civilian rule in 1977-78, the ruling *Supreme Military Council*, headed by President Olesegun Obasanjo appointed a committee to draft a constitution for the upcoming Second Republic. The draft was submitted to a Constituent Assembly composed of elected members from 19 states as well as members nominated by the *Supreme Military Council* for recommendations. Among the questions debated by the *Constituent Assembly*, the most controversial related to the issue of a *Federal Shari'a Court of Appeal* (FSCA). The debate between opponents and proponents of the FSCA was not limited to the Assembly. Outside the *Constituent Assembly*, Muslim Students, and in particular members of the *Muslim Students' Society*, were strong advocates of the establishment of a *Federal Shari'a Court of Appeal* whereas opponents, most of whom were Christians and secular Muslims stood against the creation of such an institution. Finally, the federal military government ruled that no *Islamic Federal Court of Appeal* should be created, but all states that expressed the wish, could have courts of first instance and state *Shari'a appeal courts*. If a judgment by any such court should be contested as unconstitutional, the Muslim judges learned in Islamic law and serving as judges of *Federal Court of Appeal* in second instance and the *Federal Supreme Court* in last instance would decide on its constitutionality. The Second Republic lasted only four years before it was brought down by the coup d'Etat of Generals Buhari and Idiagbon, who seized power in January 1984 with a stated agenda to save the country from corruption. In 1985, the Buhari/Idiagbon military regime, which started an aggressive policy to restore discipline and eradicate corruption, was toppled by General Babangida. The latter publicly committed himself to handing over power to civilians just as General Obasanjo had done in 1979. A *Constituent Assembly* was again convened to discuss the draft of the Constitution of the Third Republic in 1988. Once again, a heated debate arose because of the polarization of religious identities. Finally, the *Armed Forces Ruling Council* decreed that the final decision regarding the *Shari'a Court of Appeal* would be the sole prerogative of the *Armed Forces Ruling Council*, and reproduced the relevant sections of the 1979 Constitution regarding the issue of appellate *Shari'a* cases. However, the transition to the Third Republic aborted, because General Babangida, the then military head of state, had no intention of handing over power to civilians. In 1999, during the transition to the Fourth Republic, another *Shari'a* debate also took place, but did not lead to the adoption of any *Shari'a* court of Appeal.

In the 1990s, religious identities became even more polarized. The notion that secularism guaranteed neutrality and the rights of all believers regardless of their religion was hotly contested. Some Muslims argued that the adoption of a Gregorian calendar starting with the birth of Christ was a violation of state neutrality in matters of religion. The adoption of Saturday and Sunday as national days of rest was also cited, because they are considered days of rest by Jews and Christians, but not by Muslims whose holy day is Friday. In the context of increasing polarization of religious identities, frequent inter-religious riots, and the success of Pentecostal movements in the North, an increasing number of Hausa/Fulani and Kanuri people were receptive to the ideas that Muslims in a secular state were being denied their full civil rights. This is the background against which the Islamic criminal code would be revised in a few Northern states. As will be discussed below, Islamic criminal law was reenacted in 1999. This needs to be situated in the context of the struggle to restore Northern influence in national politics.

5. Islamization as a Response to the Loss of Political Power

In 1999, presidential and gubernatorial elections marked the transition from military rule to the Fourth Republic. Olesegun Obasanjo, a Yoruba and born-again Christian was elected president of the Nigerian federation. This was not the first time that General Obasanjo has served as head of the Nigerian State. As already mentioned, Obasanjo supervised the transition from the first military interregnum to the Second Republic. Unlike most of his corrupt military predecessors, Obasanjo has enjoyed the reputation as a man of high integrity. After being elected, he publicly committed his regime to public moral uplift and to eradicating corruption. Many corrupt politicians in the North, some of whom had backed Obasanjo during the electoral campaign, felt threatened by this so-called commitment against corruption. Indeed, many of the people who voted for Obasanjo in the North were tycoons and career politicians. It is argued that they secured many votes for him on the understanding that he would reward them with positions and contracts after reelection. However, Obasanjo, so the story goes, refused to play that game. As a result, he alienated some prominent members of the Northern political establishment. It is believed that these discontented Northern elites lobbied for the reenactment of the Shari'a as an attempt to destabilize Obasanjo's government. In other words, they strove to promote the theological aspects of Islam as a religion in order to preserve their own influence.

During his campaign for the gubernatorial elections of 1999 in Zamfara State, Sani Yerima committed to restore full Shari'a, if elected as a governor. Immediately after being elected, Yerima announced in November 1999 that full Shari'a would be restored in Zamfara. This meant the reenactment of the Islamic criminal law since Muslims were already governed by Shari'a as far as personal status is concerned. Sani Yerima, it must be emphasized, was not known prior to that as an ardent militant for Islamization. This decision made him very popular in Northern Nigeria, because he was perceived as a defender of the interests of Muslims as an ethnic group. Under strong pressure from public opinion, eleven other Northern states out of the thirty six states in the Nigerian Federation introduced some form of Shari'a in their criminal legislation; these are the states of Bauchi, Borno, Gombe, Jigawa, Kaduna, Kano, Katsina, Kebbi, Niger, Sokoto, and Yobe. This policy shift resulted in a kind of legal dualism in the Federation. The reenactment of the Shari'a entailed the implementation of several measures. Beer parlors were closed in all states operating under Shari'a criminal law. Sex work was banned and most sex workers were forced to leave Northern Shari'a states. The harsh bodily punishments abolished since the beginning of British colonial rule were re-introduced, starting in Zamfara State. In February 2000, a Shari'a court in Zamfara tried Buba Kare Garki for stealing a cow and sentenced him to amputation. The Governor Sani Yerima authorized the amputation of his right hand and the sentence was carried out in the state hospital at Talata Mafara by the Governor's personal doctor.[19] There were several other sentences to death by stoning handed down against fornicators and sodomists, although none was carried out because Nigerian and international human rights groups mobilized to provide legal assistance to the accused and succeeded in having death sentences overturned by appellate courts. To date, only one person has been executed following the sentence handed down by a Shari'a court. Sani Yakubu found guilty

19 Human Rights Watch, "Political Shari'a"? Human Rights and Islamic Law in Northern Nigeria, p. 37.

of the murder of a woman and her two children was condemned to death by a Katsina State Shari'a court and hanged in January 2002.[20]

These developments were met with utter disapproval among Christian populations and secular Muslims, and even some Islamist groups. Christian activists, who had been warning the public since the OIC affair that Northern Muslim fanatics planned to islamize the country found tangible corroboration in the reenactment of Shari'a in the Northern states. Secular Muslims also stood against what they saw as a step backward and a threat to the unity of the country. In Kaduna State, which has a sizable Christian population, the reintroduction of Shari'a faced strong opposition from Christian youth. In 2000, riots broke out pitting Christians against Muslims over the Shari'a and caused the death of at least 2000 people.[21] However, the violence did not prevent the state from adopting Islamic criminal law.

Since 1999, the Nigerian federal government's position on the reenactment of Islamic criminal law has been straightforward: it violates chapter II, section 10 of the 1999 *Constitution of the Federal Republic of Nigeria* which states that "the Government of the Federation or of a State shall not adopt any religion as State Religion". However, twelve Northern Shari'a states have a different interpretation of the above-mentioned articles of the Constitution. They point to the sections of the constitution allowing the application of Shari'a in the states that want to do so, as well as sections of the constitution allowing states to legislate their own laws. They argue that the reenactment of Islamic criminal law does not violate the Constitution as Islamic criminal law does not apply to non Muslims, who are neither forced to convert to Islam, nor to be governed by Islamic criminal law. To further justify their move, proponents of the Shari'a listed a number of benefits for Shari'a, including eradicating criminality and stopping the spread of the HIV virus. The harsh bodily punishment, they submitted, would deter potential criminals, and the abolition of sex work would halt the spread of AIDS, although some clandestine sex workers are still operating in the Shari'a states. Given the popularity of the new Shari'a criminal law in the North in the early 2000s and in order to avoid the risk of serious civil and political disturbances, the federal government under Obasanjo has avoided any coercive solution and opted instead for a negotiated solution to the Shari'a crisis.

As of 2005, Islamic criminal law is still in place in Northern Nigeria, but state officials seem to be reluctant to implement its harsher and more controversial aspects such as stoning and amputation. Dozens of sentences have been handed down, but only three were implemented, and none has been implemented

20 Human Rights Watch, "Political Shari'a" op.cit., p. 32.
21 Human Rights Watch, "Political Shari'a", op.cit., p. 93

since 2001.[22] The combination of international pressure and domestic disillusion seems to have diminished the enthusiasm of government officials and vigilante groups for a strict and systematic implementation of the most punitive aspects of Islamic criminal law.

One finds broadly three schools of thought on Shari'a now:

- Members of the first group are Christians and secular Muslims who believe that legal dualism and thus the acceptance of Shari'a is a threat to the unity of Nigeria.
- Members of the second group are Muslims who believe in Shari'a but prioritize good governance and the provision of public goods over the punitive aspects of Shari'a. They think that governments and state officials should have first eradicated corruption and striven to provide public goods such as health, housing and education in order to create a conducive environment for the implementation of Shari'a. What has been implemented so far, they argue, is not "proper Shari'a" but "political Shari'a"[23] and governors who rush to adopt Islamic criminal law are not sincere, they just want to secure votes from the majority of Muslims to remain in power. A growing number of formerly staunch supporters of the Shari'a think this way.
- Finally, there are the unflinching supporters of the Shari'a who believe that the decline in the standard of living of Muslims is a punishment from God for having abandoned Islamic law and codes in favor of Western ones and that the Shari'a must remain in place no matter what.

Regardless of their particular doctrinal orientations and attitudes towards Shari'a, Islam in Nigeria is very much a public religion.

6. Islamic Groups and the Public Sphere in Nigeria

Most of the groups discussed above *(Yan Izala, Yan Tatsine, Sufi orders, Brothers/ Sisters, Jama'at Nasr al-Islam)* devote much of their energies to spreading the Islamic faith and recruiting new members in their organization. They train preachers (*masu wa'azi* in Hausa) and send them to tour the country preaching for the sake of gaining converts to Islam or to their particular understanding of the faith. This tradition of itinerant preaching has long been established in the region. This entails most of the time criticizing other groups, including Christian Evangelicals, who have a similar agenda.

22 Human Rights Watch, "Political Shari'a", op.cit., p.5
23 Human Rights Watch, "Political Shari'a", op.cit., p. 4.

Islamic Groups also disseminate their ideas and teachings through radio and television programs. Even state-own radio stations and television channels devote a substantial time slot to religious broadcasts. Audio and videocassettes remain the principal means of disseminating religious ideas. A few hours after a preaching session, audio-recordings of sermons are disseminated throughout the country. Islamic organizations also operate schools that offer Islamic as well as secular education in which they also strive to promote their own peculiar brand of Islam (Sufi, Salafi etc.). Islamic ideas and practices thus provide the basis for Nigerian Muslims to relate to community and authority. Clearly, religion is not likely to be relegated to private life in Nigeria, as secularization theorists would expect. It will remain a major political issue for the foreseeable future.

Whereas some Nigerian Christians favor secularism, believing that it is the only way to guarantee state neutrality, many Muslims question secularism as an ideology deeply rooted in Christian worldviews. However, this critical attitude towards secularism as a worldview does not prevent Nigerian Muslims from overcoming barriers of ethnicity and religion and making alliances that serve their strategic interests. Many Nigerian political parties recruit constituencies throughout the federation. Their membership includes diverse groups, including people very active in Islamic theopolitics. During the Second Republic, Sheikh Abubakar Gumi, the flag bearer of Islamic reform in Nigeria, was an active supporter of the *National Party of Nigeria* (NPN), which had a diverse and multi-religious constituency. Sheikh Gumi had a network of non-Muslim friends and connections in the NPN with whom he collaborated to promote NPN class interests, while at the same time promoting the cause of Islam in Nigeria. Likewise Abdulkarim Daiyyabu, a former leader of the *Yan Izala* organization contested the gubernatorial elections in Kano State in the 1980s under the banner of the *United Party of Nigeria,* a party dominated by Yoruba Christians.[24] As already discussed, the current Head of State Olesegun Obasanjo received many votes from the Muslim North during the 1999 presidential elections. Therefore, ethnicity and religion have not always prevented Nigerians of different faiths from working together. This raises the question: under what conditions do Nigerians work together despite religious and ethnic differences and under what conditions do they fail to do so? Common class interests may prompt Nigerians from different faiths to overcome barriers of religion and ethnicity and to collaborate for a common goal as is the case with business people. Another answer to the question is suggested by Professor William Miles who draws a distinction between Islamic theopolitics and Muslim ethnopolitics in Nigeria.[25]

---

24 See Ousmane Kane, Muslim Modernity in Postcolonial Nigeria, op.cit., p. 114.
25 Miles 2001, p. 229.

By "ethnopolitics", Miles refers to the "electoral behavior on behalf of Muslims operating as a quasi ethnic community", and by "theopolitics" he refers to the "theological activism to promote Islam as a religion". Obviously these two processes may overlap, but they may also operate distinctly. The 1999 presidential elections provide an example of how they operated distinctly. For the first time in Nigerian history, neither of the two main candidates for the presidency was Muslim. Yet neither candidate could have won without the support of Muslims. Olesegun Obasanjo who ultimately won the elections received many votes from Muslims who believed that voting for him was going to serve their interests as an ethnic group. When subsequently it appeared to Muslims, particularly in the North, that Obasanjo's rule was going to only undermine their influence, they massively championed the cause of further Islamization (Islamic theopolitics) as a way to recover political influence.

Although there is no registered Islamic political party in Nigeria, Islam remains no doubt an important ingredient in the political culture of most Nigerian Muslims, and the defense of Islamic values is an item on the agenda of virtually all Muslim politicians. Throughout the history of Nigeria, religious organizations have been operating as self-help associations. Christian missions made a major contribution to the development of modern education in colonial and postcolonial Nigeria. They also provided health care and other forms of assistance to the needy. Islamic organizations likewise. Neither the British colonial state, nor the Nigerian independent state has opposed self-help groups, religious or otherwise, as long as they do not promote an anti-state agenda.

7. Conclusion

As evidenced by the multiplication of communal riots during the last two decades, the potential for religious tension and violence between different Muslim groups or between Muslims and Christians is very real, particularly in predominantly Muslim Northern Nigeria. However, this violence is largely the consequence of internal competition for hegemony, and the struggle for influence and consolidating identities. There is no evidence that links Nigerian Islamic politics to an international jihadist agenda, primarily targeting Western interests or pro-Western governments in the Muslim world.

Based on its growing concern for fighting "terror" and defending oil interests in West Africa, the United States is deepening its interest in this region. The US has identified the Sahel as the number two-zone in the "war on terror". To address that concern, the US has set up the *Pan-Sahel Initiative* within the framework of which the Pentagon will provide logistical support to four Sahelian countries (Mauritania, Mali, Niger and Chad) to better control their porous borders. The immediate motivation of the *Pan Sahel Initiative* was to track down operatives of the Algerian Islamist group known as *Groupe Salafiste pour la Prédication et le Djihad,* which claims links to *Al-Qaida.* In 2003, this group kidnapped 32 Europeans and held them hostage until the German Government paid 5 million Euros in ransom. In 2005, they attacked a Mauritanian military post on the border with Algeria, killed many Mauritanian soldiers and confiscated weapons. The US has recently decided to rename the *Pan-Sahel Initiative* as the *Trans-Saharan Counter Terrorism Initiative,* to include Nigeria, Senegal, Morocco, Algeria, and Tunisia as observers, and to increase its budget from a modest 6 million dollars up to 400 million dollars, with more troops, sophisticated surveillance, and other military devices.[26] This development is likely to increase the risk of more anti-Americanism in the region and more receptivity to jihadist networks actively battling the US. The *Groupe Salafiste pour la Prédication et le Djihad* has been operating in Northern Mali, but so far has not yet reached Nigeria. Certainly, there is a degree of anti-Americanism in Nigeria which may be linked to US policies in the Middle East. This has translated into a sympathy for groups fighting the United States, including *Al-Qaida.* However, this sympathy has so far not translated into a terrorist agenda targeting American or Western interests. The politics of Islamism in Nigeria is better understood as an expression of cultural or political identity and a factor in the struggle for influence within the Nigerian federation.

26 Donna Miles, "New counterterrorism initiative to focus on Saharan Africa." 17 May 2005. United States European Command. http://www.eucom.mil/english/FullStory.asp?art=528.

8. Reference

Bray, Mark, Universal Primary Education in Nigeria, London, 1981.

Falola, Toyin, Violence in Nigeria. The Crisis of Religious Politics and Secular Ideologies, Rochester, 1998.

Hiskett Mervyn, The Development of Islam in West Africa, London, 1984.

Human Rights Watch "Political Shari'a"? Human Rights and Islamic Law in Northern Nigeria", vol 16, September 2004.

Ibrahim, Jibrin, „The Politics of Religion in Nigeria, The Parameters of the 1987 Crisis in Kaduna State," Review of African Political Economy, 1989, pp. 65-82.

Infoplease "The 2004 Transparency International Corruption Perception Indexes" in http://www.infoplease.com/ipa/A0781359.html, accessed July 9 2005.

International Crisis Group, "Islamist Terrorist in the Sahel: Fact or Fiction" Africa Report, March 2005.

Kane, Ousmane, Muslim Modernity in Postcolonial Nigeria, Leiden, 2003.

Kane, Ousmane „Muslim Missionaries and African States," in Susan Hoeber Rudolph and James Piscatori (eds.), Transnational Religion and Fading States. Boulder, 1997, pp. 47-62.

Kukah, Matthew Hassan and Toyin, Falola, Religious Militancy and Self-Assertion. Islam and Politics in Nigeria, Avebury, 1996.

Kukah, Hassan Matthew, „An assessment of the Intellectual Response of the Nigerian Ulama to the Shari'a Debate Since Independence," Islam et sociétés au sud du Sahara, (7), pp.35-55.

Kukah, Hassan Matthew, Religion, Politics and Power in Northern Nigeria, Ibadan, 1993.

Laitin, David, „Hegemony and Religious Conflicts, British Imperial Control and Political Cleavages in Yorubaland," in Evans, Peter B.; Rueschemeyer, D. and Skocpol, Theda (eds.), Bringing the State back in, N.Y., 1985, pp. 285-316.

Laitin, David, "The Shari'a Debate and the Origins of Nigeria's Second Republic" The Journal of Modern African Studies, 20, 3, 1982, 411-430.

Loimeier, Roman, Islamic Reform and Political Change in Northern Nigeria, Evanston, 1997.

Lubeck, Paul, „Islamic Protest under Semi Industrial Capitalism Yan Tatsine explained," Africa, 55, (4), 1985, pp. 369-389.

Marshall, Ruth, „God Is Not a Democrat' Pentecostalism and Democratisation in Nigeria," in Terence Ranger and Olufemi Vaughan (eds.), Legitimacy and the State in Twentieth-Century Africa. Essays in Honour of A. H. M. Kirk-Greene, Oxford, 1993, pp. 239-260.

Miles, William, "Muslim Ethnopolitics and Presidential Elections in Nigeria," Journal of Muslim Minority Affairs, 202, 2, 2000, pp. 241.

Ojo, Mathews, „The Contextual Significance of the Charismatic Movements in Independent Nigeria," Africa, 58, (2), 1988.

Ostien, Philip, "A Study of the court systems of Northern Nigeria with a proposal for the creation of lower Shari'a courts in some northern states, Jos, 1999.

Paden, John, "Islam and Democratic Federalism in Nigeria," Center for Strategic and International Studies, Africa Notes, 8, 2002.

Umar, Muhammad Sani, "Education and Islamic Trends in Northern Nigeria 1970-1990s" Africa Today, 48, 2, 2001, pp. 127-150.

Umar, Muhammad Sani, "Sufism and Its Opponents in Nigeria. The Doctrinal and Intellectual Aspects," Frederick de Jong and Bernd Radtke (eds.), Islamic Mysticism Contested: Thirteen Centuries of Controversy and Polemics, Leiden, 1999, 357-385.

Rudolph, Peters, Islamic criminal law in Nigeria, Ibadan, 2003.

4
Shari'a-Debatten – Impressionen aus dem zeitgenössischen Nigeria

Franz Kogelmann

Im Januar 2004 organisierten Wissenschaftler der Universitäten Jos (Plateau State, Nigeria) und Bayreuth gemeinsam eine Konferenz zu vergleichenden Sichtweisen bezüglich der *Shari'a* in Nigeria. Ziel dieser in Jos abgehaltenen Veranstaltung war es nicht, den hinreichend bekannten Standpunkten nigerianischer Protagonisten zur seit 1999 anhaltenden *Shari'a*-Debatte in Nigeria abermals ein Forum zu bieten[1], sondern vielmehr einem breiten Publikum intellektuelle Stimulanz in dieser verfahrenen Debatte angedeihen zu lassen.[2] Bewusst waren – mit der Ausnahme von Sanusi Lamido Sanusi, einem der intellektuell scharfsinnigsten nigerianischen Kritiker der Implementierung des islamischen Rechts[3] – Referenten gewählt worden, die außerhalb der innernigerianischen Diskurse stehen. Mehrheitlich westlichen Wissenschaftlern wurde die Möglichkeit eröffnet, ihre Forschungsergebnisse bezüglich einer Reihe unterschiedlicher Fragen zum Verhältnis Staat und Religion oder dem Stellenwert des islamischen Rechts in zeitgenössischen muslimischen Staaten darzustellen. Um jedoch dem möglichen Vorwurf einer dem Kontext nigerianischer Realitäten entrückten, rein akademischen Debatte oder etwaiger Parteilichkeit wenig Raum zu lassen, hatten die Organisatoren jeweils zwei nigerianische Kommentatoren, d.h. einen Muslim sowie einen Christ, darum gebeten, mit eigenen Referaten direkt auf die Präsentationen zu reagieren.

---

1 Um einige dieser Shari'a-Konferenzen zu nennen: „National Conference on Sharia and Constitutional Proces", organisiert durch das *Centre for Islamic Legal Studies*, Ahmadu Bello University, Zaria, 17.-18.11.1999; „National Conference on the Application of Sharia", Bayero University, Kano, 01.-03.12.1999; „National Conference on Shariah and the Nigerian Federation", organisiert durch 24 islamische Organisationen von Borno State, Maiduguri, 31.01.-02.02.2000; „Shari'a Implementation in Nigeria. Issues & Challenges on Women's Rights and Access to Justice", organisiert durch WACOL, Enugu, und WARDC, Lagos, in Zusammenarbeit mit der Heinrich-Böll-Stiftung, Abuja, 25.-28.02.2003.

2 Siehe hierzu die Einleitung der publizierten Konferenzbeiträge in: Philip Ostien, Jamila M. Nasir und Franz Kogelmann 2005.

3 Sanusi Lamido Sanusis Veröffentlichungen sind zum Großteil unter www.gamji.com publiziert.

In muslimischen Kreisen hat die hohe Präsenz westlicher Referenten – die Konferenz war im Vorfeld in nigerianischen Tageszeitungen mit landesweiter Verbreitung publik gemacht worden – Misstrauen hervorgerufen. Vor allem die Tatsache, dass einer der Referenten durch die amerikanische Botschaft in Nigeria finanziert wurde, goutierte einigen Repräsentanten des muslimischen Establishments von Nordnigeria wenig und der Verdacht, die Konferenz diene dem westlich inspirierten Kulturimperialismus, mit dem Ziel, die Shari'a in Nigeria zu schädigen, machte rasch die Runde. So schaltete das *Kano State Shari'ah Implementation Advisory Committee* am 15. Januar 2004, Tag der Konferenzeröffnung, eine ganzseitige Anzeige im *Daily Trust* – einer weitgehend von Muslimen gelesenen nationalen Tageszeitung –, in der schwerwiegende und grundlegende Bedenken gegen diese Konferenz geäußert wurden.

Diese auch von anderen muslimischen Kreisen in Nigeria geteilten Bedenken gegen die Veranstaltung mündeten jedoch keinesfalls in einen Boykott. Vielmehr forderten Vertreter des muslimischen Establishments die Muslime Nigerias dazu auf, aktiv an dieser Konferenz teilzunehmen, um ihre Sicht des Islam zu verteidigen. Letztendlich kamen zahlreiche muslimische Vertreter aus allen Landesteilen, selbst das *Kano State Shari'ah Implementation Advisory Committee* scheute weder Kosten noch Mühen und entsandte eine vielköpfige Delegation, mit dem Vorsitzenden dieses Komitees Sheikh Ibrahim Kabo an deren Spitze, nach Jos.

Was die christliche Seite angeht – immerhin existiert in den so genannten *Shari'a*-Staaten Nordnigerias eine ethnisch gemischte christliche Minderheit –, war das Misstrauen gegenüber dieser Konferenz nicht weniger stark ausgebildet. War muslimischen Vertretern der Konferenzort an sich ein Dorn im Auge – bei Jos handelt es um eine Schnittstelle zwischen dem christlichen Süden und dem muslimischen Norden des Landes und die Stadt hat sich in jüngster Vergangenheit zunehmend zu einem Zentrum einer sich aggressiv gerierenden christlichen Mission durch charismatisch-evangelikale Kirchen in Nordnigeria entwickelt –, zielten die Bedenken von Christen darauf ab, dass die verborgene Agenda dieser Veranstaltung die Implementierung des islamischen Rechts in Plateau State sei.

Der teils turbulente Diskussionsverlauf bot wenig Überraschungen. Häufig losgelöst von den Beiträgen der Referenten wiederholten die Diskussionsteilnehmer ihre Standpunkte zum nigerianischen *Shari'a*-Projekt. Im Einzelnen handelt es sich um die für viele Muslime zwangsweise sich ergebende Verknüpfung von Islam und islamischem Recht. Auf eine Kurzformel gebracht: Der Islam sei gleichbedeutend mit der Shari'a und vice versa. Aus dieser Gleichung leite sich für viele muslimische Aktivisten konsequenterweise die Errichtung eines wie auch immer gearteten islamischen Staates ab. Dem hatten die christlichen Diskussionsteilnehmer ihre marginalisierte Stellung innerhalb eines derartig verfassten Staates entgegenzuhalten. Der von Muslimen vorgebrachte Hinweis, die *Shari'a* – immerhin handelt es sich im Falle von Nigeria nicht nur um einzelne Aspekte des islamischen Personenstandsrechts, sondern um die Anwendung des islamischen Strafrechts – gelte lediglich für Muslime, beeindruckt im Allgemeinen die christliche Seite nur wenig. Verfassungsrechtliche Einwände gegen die Einrichtung einer Quasi-Staatsreligion in den nördlichen Bundesstaaten werden einerseits durch den Hinweis auf den göttlich inspirierten Charakter des islamischen Rechts vom Tisch gewischt – die *Shari'a* stehe deshalb über der von Menschen geschaffenen nigerianischen Verfassung –, andererseits bietet der das islamische Recht betreffende Abschnitt in der Verfassung genügend Raum für Interpretation, ja lädt geradezu ein, auf bundesstaatlicher Ebene das islamische Recht vollständig zu implementieren.[4] Bedenken gegen die vollständige Implementierung der *Shari'a*, die sich auf international anerkannte Menschenrechte berufen, werden in der Regel entweder gleichfalls durch die göttlichen Eigenschaften des islamischen Rechts oder durch Verschwörungstheorien entkräftet.

Beiden Lagern – mit einer gewissen Bandbreite an unterschiedlichen Ansichten – ist eine gewisse Schützengrabenmentalität nicht abzusprechen. Allerdings verfügen sie auch über eine Reihe von Gemeinsamkeiten. So propagieren islamistische wie charismatisch-evangelikale Nigerianer ein in sich geschlossenes, auf religiösen Normen und Werten beruhendes, geradezu manichäisches Weltbild. Sexuelle Enthaltsamkeit außerhalb der Ehe, striktes Alkoholverbot, Segregation der Geschlechter in der Öffentlichkeit und Verbot von Glücksspielen sind beiden Lagern gewichtige Anliegen. Gerade der Versuch, die Sünde in den Garnisonsstädten der nördlichen Bundesstaaten auszumerzen, hat häufig zu einer paradoxen Situation geführt. Während Anstrengungen unternommen wurden, die Städte von Prostitution, Alkohol und Glücksspiel zu befreien, steht in den unter Kontrolle der Bundesregierung stehenden Kasernen das Übel in voller Blüte. Tragischer hingegen sind Hinweise, dass in Kano die zumindest sichtbare Abwesenheit von Prostituierten zu einem signifikanten Anstieg von Vergewaltigungsfällen geführt hat. Aber auch Versuche, auf die Politik entscheidenden Einfluss zu nehmen sowie die Religion als Mittel zum Zweck einzusetzen, sind unabhängig vom Glaubensbekenntnis.[5]

Ein weiterer Punkt, der sich gleich einem roten Faden durch die Konferenz gezogen hat – das Verhältnis von Religion und Staat bzw. die unterschiedlichen Konzepte säkularer Staatsauffassungen –, stieß sowohl bei Christen als auch

4 Siehe Philip Ostien 2006.

5 Für Muslime siehe Roman Loimeier 1997, für Christen siehe Asonzeh Franklin-Kennedy Ukah 2004.

Muslimen auf reges, wenn auch skeptisches Interesse. So nimmt es nicht Wunder, dass der am *Department of Religious Studies* der Universität von Jos lehrende amerikanische Theologe Danny McCain mit seiner Kampfansage an die „godless forces of political correctness and secularism"[6] stürmischen Beifall von beiden Seiten bekam.

Weit weniger Beifall – zumindest von muslimischer Seite – konnte der letzte Referent Abdullahi an-Nacim einfahren. Als führender Kopf der sudanesischen *Republican Brothers* – ihr Vordenker Mahmoud Mohamed Taha wurde aufgrund seiner Interpretation des Islam 1985 als Apostat gehängt – sind seine Ansichten zum Verhältnis von Religion und Staat im Allgemeinen und seine Interpretation des islamischen Rechts im Speziellen in Jos auf wenig Gegenliebe gestoßen. Vor allem seine an die im Publikum vertretenen muslimischen Protagonisten des nigerianischen *Shari'a*-Projekts gerichtete Aufforderung „that the state should not claim, or be accepted by the public as having, the authority to enforce any aspect of shari'ah as positive law of official policy"[7] überschritt die Toleranzgrenze. Es kam zum Eklat. Sheikh Ibrahim Kabo, die Delegierten des *Kano State Shari'ah Implementation Advisory Committee* und in deren Gefolge etwa 250 Personen verließen unter Protest die Veranstaltung.

Der Leser wird sich vielleicht fragen, welchen Zweck dieser impressionistische Konferenzbericht an dieser Stelle erfüllen soll. Die Konferenz besitzt einen gewissen Modellcharakter für die gegenwärtige *Shari'a*-Debatte in Nigeria. Die Brisanz dieser Thematik verdeutlicht die enorm hohe Teilnehmerzahl. Es hatten sich mehr als 900 Besucher registriert. Die Repliken auf die Referate sowie die Diskussionsbeiträge waren ungefiltert und häufig durch Personen geäußert, die nicht zu den üblichen Protagonisten der *Shari'a*-Debatte zählen. Je nach politischer Handhabung kann die vollständige Implementierung des islamischen Rechts für die Christen im Norden Nigerias grundlegende Einschnitte in ihre alltäglichen Lebensgewohnheiten bedeuten. Diese Bedenken und Ängste artikulieren sie. Allerdings ist es fraglich, inwiefern das gegenwärtige Missionsverhalten charismatisch-evangelikaler Kirchen und deren Reaktionen auf die Implementierung der *Shari'a* einem gedeihlichen Zusammenleben von Anhängern unterschiedlicher Religionsgruppen dienlich ist. Für viele Muslime wiederum dient das islamische Recht, bzw. was sie darunter verstehen, als Blaupause für eine gerechtere und sozialere Gesellschaft.[8] Gründe für eine Umgestaltung der gegenwärtigen sozialen, politischen und ökonomischen Verhältnisse gibt es in Nigeria zuhauf. Interessant ist,

---

6 Danny McCain 2005, S. 15.
7 Abdullahi an-Nacim 2005, S. 331.
8 Siehe hierzu Philip Ostien 2006.

wie gewichtige Protagonisten des *Shari'a*-Projekts auf innermuslimische Kritik reagieren. Nach dem Vortrag von Abdullahi an-Nacim zogen es Sheikh Ibrahim Kabo und sein Gefolge vor den Saal zu verlassen. Letztendlich hat an-Nacim ihnen ihre Existenzberechtigung abgesprochen und die Grundlage ihrer Macht in Frage gestellt. Nachdem seit den 1970er Jahren eine neue Generation von politisch aktiven Muslimen die bislang vorherrschenden Vorstellungen von ihrer Religion bzw. die Art und Weise, wie sie in Nigeria praktiziert wird, öffentlich kritisiert hat, wähnen sich zumindest einige von ihnen an ihrem Ziel. Sie verfügen nunmehr über einflussreiche Stellungen und lukrative Pfründe, die es zu verteidigen gilt.

Erstaunlich an der gegenwärtigen *Shari'a*-Debatte ist die Tatsache, dass zumindest in der Anfangsphase dieses Prozesses kaum kritische Stimmen von muslimischer Seite bekannt geworden sind. Offenbar war es Ahmed Sani, Gouverneur von Zamfara State, gelungen, die meisten Muslime durch das Ausspielen der „*Shari'a*-Karte" für seine Sache einzuspannen. Nachahmer fanden sich rasch in anderen Bundesstaaten und dieser Prozess entwickelte innerhalb weniger Monate eine enorme Eigendynamik.

Über die anfängliche Reaktion des islamischen Establishments zu den Bestrebungen, das islamische Recht in all seinen Aspekten zu implementieren, ist wenig bekannt. Ein bezeichnendes Detail ist jedoch der Umstand, dass Muhammadu Maccido, als Sultan von Sokoto traditionelles Oberhaupt aller nigerianischen Muslime, den von Ahmed Sani organisierten Feierlichkeiten anlässlich des Beschlusses, das islamische Recht in vollem Umfang zur Geltung zu bringen, fern blieb.[9] Selbst wenn er lediglich indirekt dem religiösen Establishment angehört – sein Großvater war Emir von Kano – liefert Sanusi Lamido Sanusi die vielleicht prägnanteste muslimische Kritik am nigerianischen *Shari'a*-Projekt:

> *(...) the reform of the law was started by politicians but found popular support in an environment of despondency, frustration and discontent. The reforms received immediate intellectual support from proto-Wahhabi neo-fundamentalist movements who did not initiate them but who shared a vision of replacing the discourse on the state by the discourse on society, thus strengthening the state as agent of personal morality while understating the critical role of political ethics and ideology.*[10]

Was die islamistischen Gruppen Nigerias anbetrifft, sind weder von Vertretern der *Yan Izala* noch von der *Jama'at Nasr al-Islam* oder dem *Supreme Council of Islamic Affairs* kritische Stimmen zum Prozedere der *Shari'a*-Implementierung

9 Siehe Umar Habila Dadem Danfulani 2005, S. 66.

10 Sanusi Lamido Sanusi, „Fundamentalist Groups and the Nigerian Legal System: Some Reflections", November 2002; http://www.whrnet.org/fundamentalisms/docs/doc-wsf-sanusi-nigeria-0311.rtf.

publik geworden. Es hat den Anschein, dass Vertreter dieser Gruppen die Gunst der Stunde nutzten, um an der Macht zu partizipieren. Die *Shari'a*-Staaten bieten ihnen ein breites Tätigkeitsfeld. Von den *Hisba*-Truppen – islamischen Vigilanten-Truppen, deren Aufgaben und Kompetenzen meist unklar definiert sind – bis hin zu diversen staatlichen Gremien, die die reibungslose Implementierung des islamischen Rechts zu steuern und zu überwachen haben, sind Posten zu besetzen und zu vergeben. Beobachtet man den nun seit über fünf Jahren andauernden Prozess der Implementierung des islamischen Rechts genauer, hat es durchaus den Anschein, dass sich ein islamisches Neo-Establishment entwickelt hat.

Einzig die als Schiiten bezeichnete Gruppe *Muslim Brothers* um Ibrahim El-Zakzaky opponierte offen gegen die vollständige Implementierung des islamischen Rechts. In einer visionären Stellungnahme kritisierte El-Zakzaky bereits zu Beginn der Implementierungsphase in Zamfara State die Absichten des Gouverneurs:

> *If the Zamfara state government wants to implement the Shari'a in courts of law, then I am afraid it will be turned into an instrument where the ruling authorities will be on the top of the Shari'a and the Shari'a will be used against the talakawa [masses].*[11]

Offenbar wendet sich die Staatsgewalt der nördlichen Bundesstaaten nun gegen El-Zakzakys Bewegung. In Kano, der Metropole des Nordens, sind im Laufe des Jahres 2004 Spannungen zwischen den *Muslim Brothers* und den Machthabern zu Tage getreten. Presseberichten zufolge hatte Abdullahi Tanko – ein ranghohes Mitglied der Shari'a-Kommission von Kano – in einer Radiosendung im September 2005 die so genannten Schiiten mit den für blutige Ausschreitungen während der 1980er Jahre verantwortlichen *Yan Tatsine* gleichgestellt und unverhohlen zu deren Bekämpfung aufgerufen.[12] Die blutigen Auseinandersetzungen zwischen Schiiten und Sunniten im Irak tun ihr übriges, diese Spannungen zu schüren.

Nachdem Nigeria 1999 nach langer Militärherrschaft den Weg zurück zur Demokratie gefunden hat, haben internationale Beobachter die allgemeinen Wahlen von 2003 als Lackmustest der jungen Demokratie erachtet. Der Wahlkampf war von Gewalt geprägt und über Wahlfälschung im großen Stil herrscht weitgehend Einigkeit.[13] In Anbetracht der Geschichte des unabhängigen Nigeria ist es

11 Al-Islam – The Quarterly Journal of the Islamic Foundation (Nairobi), Vol. 24,1, 2000, S. 10, siehe auch Umar Habila Dadem Danfulani 2005, S. 49-50.

12 Mahmud Mustapha in: http://www.gamji.com/article5000/NEWS5105.htm.

13 Zum Verlauf der Wahlen von 2003 siehe Heinrich Bergstresser 2003; Amnesty International http://web.amnesty.org/library/print/ENGAFR440112003, Human Rights Watch, "Nigeria's 2003 Elections: The Unacknowledged Violence June 2004" http://hrw.org/reports/2004/nigeria0604/, European Union Election Observation Mission's Final Report http://www.eueomnigeria.org/f-report.html.

jedoch als Erfolg zu werten, dass die Armee in ihren Kasernen geblieben ist. Die Parteienlandschaft Nigerias zeichnet sich in erster Linie durch einen Mangel an politischer Ideologie aus, der durch religiöse Faktoren und ethnische sowie regionale Identitäten ausgeglichen wird. Nachdem vor allem durch die *Shari'a*-Debatte ein religiös aufgeheiztes Klima vorherrschend war, lag die Vermutung nahe, dass Politiker religiöse Themen als Wahlkampfthema einsetzen würden.

Während die religiöse Zugehörigkeit des amtierenden Präsidenten Olesogun Obasanjo – er ist ein so genannter (unter dem Einfluss der Pfingstbewegung stehender) *born again Christian*[14] – im Wahlkampf nicht thematisiert wurde, hatte der aussichtsreichste muslimische Gegenkandidat Muhammadu Buhari einen schwereren Stand. Buhari sah sich des Öfteren mit der Anschuldigung konfrontiert, seine Partei (ANPP) votiere für eine Festigung des islamischen Rechts in Nigeria. Allerdings hat die *Shari'a*-Debatte auf nationaler Ebene während des Wahlkampfes nur eine sehr untergeordnete Rolle gespielt bzw. ist von den Protagonisten sorgfältig umschifft worden.

Auf der Ebene der einzelnen Bundesstaaten hingegen nahm die *Shari'a*-Frage eine prominente Rolle ein. So überraschte der amtierende und wiedergewählte Gouverneur von Sokoto State, Attahiru Dalhatu Bafarawa, mit einer unkonventionellen Interpretation des islamischen Rechts. Falls nicht innerhalb eines halben Jahres nach seiner Wiederwahl eine bestimmte Region seines Bundesstaates an das öffentliche Wasserversorgungsnetz angeschlossen sei, solle er gesteinigt werden.[15] Auch der ursächliche Initiator der aktuellen *Shari'a*-Debatte, Ahmed Sani, hat offenbar seine Wiederwahl seiner kompromisslosen Haltung in Sachen *Shari'a* zu verdanken. Ein wagemutiger Politiker kündigte sogar die Amputation der rechten Hand an, falls Wahlbetrug ruchbar geworden wäre – „[t]he punishment will be executed on anybody irrespective of the political party."[16] Meines Wissens sind allerdings sämtliche an den Wahlen von 2003 beteiligten Politiker nach wie vor körperlich unversehrt. Das Thema Shari'a hat offenbar auch in Kaduna State eine wahlentscheidende Rolle gespielt. Kaduna ist seit 1999 mehrfach Schauplatz schwerer politisch-religiöser und/oder ethnischer Unruhen gewesen.[17] Seine politisch geschickte Handhabung der so genannten *Shari'a*-Krise von 2000 – tagelange Unruhen in der Hauptstadt hatten hohe Verluste an Menschenleben gefordert – hat auch viele Christen dazu bewogen, dem amtierenden Gouverneur Ahmed Muhammed Makarfi ihre Stimmen zu geben, um

14 Asonzeh Franklin-Kennedy Ukah 2004.
15 The Guardian, 26.03.2003.
16 The Guardian, 06.04.2003.
17 Siehe Umar Habila Dadem Danfulani 2005, S. 13-38.

seine Wiederwahl zu ermöglichen. Während sein Herausforderer für die volle Umsetzung des islamischen Rechts in diesem religiös heterogenen Bundesstaat optierte, „Makarfi promoted the implementation of a judicial reform which enables the Muslims, Christians and others to be tried in law courts according to either *Shari'a* or Customary laws".[18]

Die 1999 in den nördlichen Bundesstaaten begonnene vollständige Implementierung des islamischen Rechts brachte Nigeria in erster Linie eine schlechte Presse in der westlichen Hemisphäre sowie wohlwollende Zustimmung in muslimischen Ländern mit islamistischem Regime. Die anfängliche Euphorie vieler Muslime Nigerias für das *Shari'a*-Projekt ist einer weitgehenden Desillusionierung gewichen. Dem Gros der Bevölkerung haben die vollmundigen Versprechen von Politikern nur wenig gebracht. Die Lebensumstände für die meisten Nigerianer sind weiterhin prekär und Korruption grassiert. Die Unfähigkeit des Staates, bzw. der einzelnen Bundesstaaten, selbst die elementarsten Aufgaben in Form von Bereitstellung einer funktionierenden Infrastruktur zu erfüllen, die Sicherstellung eines Mindestmaßes an Bildung oder die Aufrechterhaltung von Sicherheit und Ordnung zu gewährleisten, hat das Vertrauen in staatliche Strukturen kaum verstärkt. Der traditionellen islamischen Führungselite fällt heutzutage nur noch in beschränktem Umfang eine Rolle als Mittler zwischen den muslimischen Bevölkerungsanteilen und dem Staat zu. Der Prozess der Implementierung des islamischen Rechts, bzw. die Wiedereinführung bestimmter Aspekte der *Shari'a* verdeutlichen, dass im zeitgenössischen Nigeria dem religiösen Establishment die Deutungshoheit in islamischen Angelegenheiten nur noch eingeschränkt zufällt. Politiker, die sich über die Religion definieren, sowie ein islamisches Neo-Establishment, hervorgegangen aus den islamischen Protestbewegungen der 1980er und 1990er Jahre, haben diese Rolle teilweise übernommen und setzen sie für ihren Machterhalt effizient ein.

18 The Guardian, 29.04.2003.

Literaturhinweise

Heinrich Bergstresser: „Zweite Wahl. Nigeria zwischen Wählerwillen, Gebetsorgien und Benzinknappheit“. In: Der Überblick (39,3) 2003, S. 45-7.

Umar Habila Dadem Danfulani: The Sharia Issue and Christian-Muslim Relations in Contemporary Nigeria. Stockholm 2004.

Klaus Hock: Der Islam-Komplex. Zur christlichen Wahrnehmung des Islams und der christlich-islamischen Beziehung in Nordnigeria während der Militärherrschaft Babangida. Münster 1996.

Danny McCain: „Which Road Leads Beyond the Shari'ah Controversy? A Christian Perspective on Shari'ah in Nigeria“. In: Philip Ostien, Jamila M. Nasir und Franz Kogelmann (Hrsg.): Comparative Perspectives on Shari'ah in Nigeria. Ibadan 2005.

Franz Kogelmann: „The *Shari'a Factor* in Nigeria's 2003 Elections". In: Benjamin Soares (Hrsg.): Muslim-Christian Relations in Africa. Islam in Africa Series (vol. 5), Leiden 2006 (in Druck).

Roman Loimeier: Islamic Reform and Political Change in Northern Nigeria. Evanston 1997.

Philip Ostien: „An Opportunity Missed by Nigeria's Christians“. In: Benjamin Soares (Hrsg.) Muslim-Christian Relations in Africa. Islam in Africa Series (vol. 5), Leiden 2006 (in Druck).

Philip Ostien, Jamila M. Nasir und Franz Kogelmann, Comparative Perspectives on Shari'ah in Nigeria. Ibadan 2005.

Philip Ostien: „Ten Good Things about the Implementation of Sharia. Taking Place in Some States of Northern Nigeria“. Swedish Missiological Themes 90, 2 (2002), S. 163-71.

Asonzeh Franklin-Kennedy Ukah, „The Redeemed Christian Church of God (RCCG), Nigeria. Local Identities and Global Processes in African Pentecostalism“, Dissertation der Universität Bayreuth, siehe http://opus.ub.uni-bayreuth.de/volltexte/2004/73/.

KAPITEL V

Senegal

Der westlichste Staat Afrikas zeichnet sich grundsätzlich durch – im regionalen Vergleich – vorbildliche demokratische Strukturen aus. Neben anderen grundlegenden Freiheitsrechten schützt die laizistische Verfassung der Republik ausdrücklich auch die Religionsfreiheit.

Von großer Bedeutung sind im Senegal die vom islamischen Mystizismus geprägten Bruderschaften der Sufi-Orden, die vor allem in der ländlichen Bevölkerung tief verwurzelt sind. Besonders bedeutsam sind hier die Orden der Tijaniyya und der Muridiyya, deren Machtbasis sich unter anderem in ihren Heiligen Städten Kaolack und Touba manifestiert.

Traditionell sind diese Bruderschaften mit dem modernen Staat einen kooperativen „échange de services" eingegangen, der sich für Bruderschaften und Staat als vorteilhaft erwies und die Einbindung der religiösen Strukturen in den modernen Staat ermöglichte.

Über lange Jahre typisch für diese Verzahnung von Politik und religiösen Machtsstrukturen war die regelmäßige Veröffentlichung religiös verbindlicher Wahlempfehlungen der Sufis zugunsten einzelner Kandidaten oder politischer Parteien. In den letzten Jahren wurde diese Praxis weitgehend aufgegeben. Neben ihrer Dominanz in religiösen und ihrer Bedeutung in politischen Angelegenheiten sind die Sufi-Bruderschaften Senegals u.a. durch großen Landbesitz auch wichtige wirtschaftliche Akteure des Landes. Dabei haben sie ihre wirtschaftlichen Aktivitäten in den vergangenen Jahren von vornehmlich landwirtschaftlichen Aktivitäten mittlerweile auch auf andere Felder ausgedehnt. Eine zentrale gesellschaftliche Funktion nehmen in diesem System die religiösen Führer der Bruderschaften ein, die oft als Marabouts bezeichnet werden.

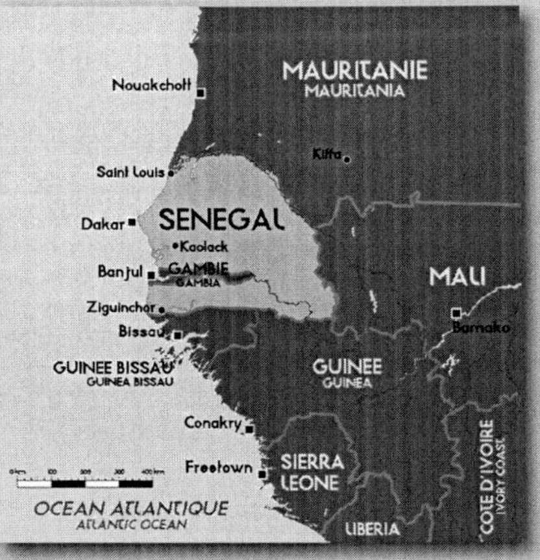

Fläche	196.712 km²
Einwohnerzahl	11,2 Mio.
Religion	Muslime (94%); Christen (5%)
Größte ethnische Gruppen	Wolof (43%); Pular (24%); Serer (15%);
BSP/Kopf	578 US $
Lebenserwartung	58,9 Jahre
Alphabetisierung	40,2 %
Quelle: www.auswaertiges-amt.de; CIA – The World Fact Book	

5
„Political Islam" in Contemporary Senegal

Roman Loimeier

1. Introduction

The focus on "political Islam" and a respective biased interpretation of "Islam" as a political ideology has not only produced predictable and mostly apologetic reactions but has also stimulated the quest to identify Muslims who could be seen as to represent "political Islam".

Unfortunately, this quest to identify "political Islam" has led to dichotomic constructions of Muslim society into potentially radical, militant and activist "reformist Islam" and its flipside, namely allegedly peaceful, moderate and accommodating „Sufi Islam". In this dichotomic view of Muslim society, "political Islam" is regularly associated with movements of reform, which are, at the same time, viewed as to fight against "Sufi-Islam". Senegal's recent history has shown that nothing could be more removed from truth. Not only is the dichotomic presentation of Islam in Senegal as being divided in a moderate "Sufi" and a radical "reformist" tradition far from historical realities, Senegal's recent history has also shown that Sufi-brotherhoods have contributed decisively to the political development of the country and that religious scholars affiliated with these Sufi-brotherhoods have been among the most outspoken and politically active Muslim "radicals".

In Senegalese history, Sufi-brotherhoods have in fact adopted a multitude of positions with respect to political rule. These positions should be viewed in spectral rather than dichotomic terms: In the recent history of sub-Saharan West Africa, for instance, virtually all "militant" movements of reform have been led, since the 17th century, by Sufi scholars. Sufi-brotherhoods such as the *Qadiriyya* and the *Tijaniyya* have been of primordial importance for the *jihad*-movements of the 19th century that led to the establishment of a number of *imamates* in sub-Saharan West Africa, such as Sokoto, Masina or the empire of al-Hajj Umar Taal. In these imamates, religious scholars, all affiliated with either *Qadiriyya* or *Tijaniyya*, have assumed political power for the first time in the history of Muslim societies in sub-Saharan Africa. Equally, Sufi scholars were in the forefront of the anti-colonial struggle and were initially seen as a potential threat to colonial rule by the colonial powers. Until today, the *Murids* in Senegal still cultivate Amadou Bamba's image as an anti-colonial hero,[1] and similar cases could be quoted for other parts of Africa.

At the same time, Sufi scholars were prepared to find „paths of accommodation"[2] that were often linked with an "exchange of services"[3] (see below) which allowed both the colonial administration and the religious leaders of the Sufi-brotherhoods to profit in a number of fields of cooperation. The acceptance of the unwritten rules of "exchange of services" between the secular state (the political realm) and different religious groups (the religious realm) thus came to constitute a basic pillar of the development of the colonial system in Senegal and may be said to be in force until today.

From a legal perspective, the first article of the Senegalese constitution of 1958 defines the secular character of the state:

> *La République du Sénégal est laïque, démocratique et sociale. Elle assure l'égalité devant la loi de tous les citoyens sans distinction d'origine, de race, de sexe, de religion. Elle respecte tous les croyances.*

In 1983, President Abdou Diouf explained the secular (laïc) character of the Senegalese state, as defined in this article of the constitution, by saying: "Laïcité is neither atheism nor anti-religious propaganda." Rather, he considered Senegal as an Islamic society, its values protected by the secular state.[4] This basic perception of the secular character of the Senegalese state which does not define "laïcité" as anti-religious or a-religious but as obliged to protect (all expressions of) religion has found widespread acceptance in Senegal, some exceptions granted.

In Senegal's colonial history, Muslims have developed thus a multitude of "paths of accommodation": While many religious movements were prepared to cooperate with the state, others continued to resist state encroachment or simply withdrew into political non-activity. Some few efforts to modify or even abolish this basic understanding between state and Murids (as well as Tijani groups) as under Prime Minister Mamadou Dia in the late 1950s and early 1960s were discouraged soon, in Mamadou Dia's case by his deposition as Prime Minister by

---

1 See, for instance, Youssou Ndour's most recent CD "Egypt", which contains four praise songs for Amadou Bamba who is depicted as an icon of anti-colonial resistance. Interestingly, the Arabic label of the CD is "Allah", while the CD is marketed in Senegal under the label 'sant', praise (Villalon 2004: 70; Nonesuch Record, New York, 2004).

2 A term coined by David Robinson 2000.

3 The expression "échange de services" has been coined by Christian Coulon (1981: 174). D.B. Cruise O'Brien has called this system of "échange de services" a "social contract" (see Cruise O'Brien 2003).

4 A. Diouf in "Le Soleil", 31.12.1983.

President Senghor, in late 1962. Only in contexts when either the state or a religious group were unable to "deliver the goods", i.e. the services that were seen to be essential for a working relationship between religious groups and the state, were religious leaders, both Murid and Tijani, prepared and willing to shift gears and to voice critique as well as to apply well dosed forms of non-obedience. Such instances were the severe economic crisis in the 1970s in the aftermath of the Sahel drought and the subsequent collapse of the national groundnut marketing board, or, in the 1990s, President Abdou Dioufs' apparent withdrawal from established traditions of mutual recognition.[5] Responding to the economic failure of the state in the Sahel drought, the *Khalifa Général* of the Murids in the 1970s and 1980s, Abdou Lahatte Mbakke, publicly denounced, in 1973, the Senegalese state as a manifestation of "Satan". Also, his successor, the Murid *Khalifa Général* Saliou Mbakke, abstained, after 1993 from the Senegalese tradition to "command" his followers to cast their votes for Abdou Diouf, due to increasing dissatisfaction with the government's economic policies.

The politics of economic and political liberalization of the 1980s and 1990s have contributed to the further expansion of the spectrum of religio-political positions among Muslims and the victory of Maître Abdoulaye Wade in the elections of 2000 brought about a further expansion of scope and scale of Senegal's political scene. The development of "political Islam" in Senegal presents us, thus, with some important clues which are instrumental to discard established yet misleading paradigms of explanation of political processes in Muslim societies such as Senegal.

In particular, we have to realize that there has always been a multitude of positions among "Sufi-oriented" Muslims, and that their political agendas have been changing all the time, in a conscious and dialectical reaction to the development of Senegal as a whole. In the end, it makes more sense to talk about a "spectrum" of positions in the political as well as religious domain, and to underline that these positions may be adopted by both "reformist" and "Sufi-oriented" Muslims: from active participation in politics, the cultivation of traditions of

5 In April 1990, the Diouf administration, facing serious economic problems, passed legislation which started a process of administrative, political and economic decentralization. This process of "disengagement of the state" was accelerated in the mid-1990s by a series of comprehensive laws on decentralization which led to a distinct increase in power of elected local authorities. At the same time, administrative officials representing the central government lost most of their former privileges, and thus, their "power to distribute". The process of decentralization also increased the chances of Senegalese opposition parties of that time, in particular, Abdoulaye Wade's *Parti Démocratique Sénégalais* (PDS), to expand into local administrations and to build up alternative venues of power on the local government level which included direct links with the respective local religious leaders. See Gellar 2005: 56f.

"échange de services", peaceful accommodation and acceptance of existing structures, to withdrawal from politics, to finally opposition and active resistance. Before going into the details of religio-political developments in contemporary Senegal, I would like to present the major players among both reformist groups and Sufi-brotherhoods while exploring, at the same time, the interfaces with "politics" and the way in which different players and groups have tried to come to terms with politics.

2. The "Sufi"-Tradition of Political Islam

When looking at Senegal, we are, at a first view, confronted with the well-presented role of the two major Sufi-brotherhoods *Tijaniyya* and *Muridiyya*. Sufi brotherhoods represent an esoteric episteme in Islamic thought which stresses the mystical dimension of Islam. Accepting the scriptural foundations of the faith as expressed in Qur'an, Sunna and Islamic law (*fiqh*), Sufi scholars have also developed distinct ideas on possible ways to approach God or to achieve a notion of the real essence of God. Their different schools and methods of meditation (*dhikr*) have developed into "spiritual paths" of "Sufi-brotherhoods", which have spread in the Islamic *oicumene* since the 11th century. While some Sufi brotherhoods stress the teaching of the spiritual path, others have developed into religious organizations with a social, political and economic agenda.[6]

On a second view, this presentation of Senegalese religious structures as dominated by two large Sufi-brotherhoods disintegrates into a puzzle of many parts. Sufi-brotherhoods in Senegal do not in fact form a homogenous body, but represent a vast scale of different movements (including the numerous branches of the *Qadiriyya* as well as the movement of the *Layènnes* in Cap Vert) that are split into many, sometimes competing family networks led by individual religious leaders (*marabouts*) who represent different religious, social and political orientations within their respective brotherhood. When looking at their regional distribution, the *Muridiyya*, for instance, dominates the region of Diourbel "only", and is in a majority position in Louga and Thiès, while the *Tijaniyya* dominates the regions of St. Louis and Kaolack and is in a majority position in Fatick, Dakar/Cap Vert, and Tambakounda. The different branches of the *Qadiriyya* are strongest in Ziguinchor and form a respectable minority in Kolda, Tambakounda, Fatick and Louga, while the small *Layène* movement may be said to represent a

6 For the different aspects of Sufism and the development of Sufi-brotherhoods see Popovic/Veinstein 1996.

local force in some parts of the Cap Vert region, in particular the Lebou villages of Ngor, Yoff and Camberène (see chart 1).

Chart 1: **Regional Distribution of Sufi-Brotherhoods in Contemporary Senegal**

Region	Murids	Tijanis	Qadiris	Others (Layènes, Christians, ...)
Diourbel	85,50%	9,50%	3,70%	
Louga	45,90%	37,30%	15,10%	
Thiès	44,70%	40,30%	7,40%	
Fatick	38,60%	39,50%	12,40%	
Kaolack	27,20%	65,40%	4,90%	
Dakar	23,40%	51,40%	6,90%	
Tambakounda	7,50%	54,10%	25,20%	
St. Louis	6,40%	80,20%	8,40%	
Ziguinchor	4,00%	22,90%	32,90%	
Kolda	3,60%	52,70%	26,00%	
Senegal	30,10%	47,40%	10,90%	11,30%

Source: Piga 2002: 33.

These different brotherhoods mostly cooperate, today, in political terms with the secular state. Yet, some movements such as the *Tijani* community of al-Hajj Mamadou Ceerno Seydou Ba (c. 1900-1980) in Casamance also represented, for some time at least, a "walk-out option". The *Muridiyya,* in particular, has become famous for its endeavors to consolidate its claim for local religious and political autonomy in its holy capital city, Touba. Last but not least, Sufi movements have engaged, in different degrees, in social, educational and economical ventures that have tended to compete with respective state policies.

Historically, Senegal's political and social development was characterized by far reaching processes of transformation in the 19th century that were connected with the introduction and consolidation of groundnut cultivation, the end of the slave trade and the corresponding fragmentation of political authority that led to increasing instability and resistance to the rule of the established aristocracies.

This situation stimulated the development of local movements of *jihad* that were directed against established forms of rule depicted as "pagan". Most leaders of Senegambian movements of *jihad* were linked with a Sufi-brotherhood which claimed spiritual superiority over all other Sufi-brotherhoods but had been introduced in the greater Senegambian region only in the 1820s, namely the *Tijaniyya*. The best known representative of the *Tijaniyya* in the Senegambian region was al-Hajj Umar Taal (c. 1796-1864), although he was to establish his own "Tukuloor" empire further to the east, in Kaarta and Segou, i.e. present-day Mali[7]. Al-Hajj Umar who originated from the Fuuta Tooro region in northern Senegal was able, however, to recruit numerous followers in Senegal who either followed him east or supported his policies of reform as well as anti-colonial resistance in Senegal proper: Sheikh Ma Ba Diakhou (1809-1867) was able, from 1860, to establish a small imamate on the Gambia and Saloum rivers that could reject French military advances into these areas, while Sheikh Amadou Ba or "Amadou Sexu" (d. 1875), another *jihad* leader affiliated with the *Tijaniyya,* established an *imamate* in the Jolof region of central Senegal in 1869.[8]

Although their respective efforts to establish local *imamates* eventually failed, the French became rather nervous when they registered, in the 1890s, the development of yet another seemingly militant Sufi movement as directed by a non-descript religious scholar called Amadou (AÎmad) Bamba (1850-1927). In order to suppress his movement, Amadou Bamba was imprisoned in 1895 and sent into exile into far away tropical Gabon.[9] In the absence of their leader, his followers, the *"Murids"* as organized by Sheikh Ibra Fall, one of the first disciples of Amadou Bamba, tried to find possibilities of rescuing their sheikh and discovered them in the set-up of the French colonial system in Senegal as such: France had namely granted French community status to four coastal settlements, St. Louis, Gorée, Dakar and Rufisque, since 1848. This status implied equal political rights as French citizens for all inhabitants of the *"quatre communes",* including the Muslim population. Muslim-French citizens became subsequently vital in the political structures of the quatre communes, as the quatre communes were entitled, since 1848, to send one "deputé" into the French parliament. As a consequence, the candidates for this position competed for votes in the local electorate, a process that usually implied, in the 19th century, an "échange de services" between the respective candidates and their prospective voters which mostly meant electoral support in terms of votes in exchange for precisely defined material benefits or legal protection. This ar-

7 See Robinson 1988.

8 See Klein 1968: 83ff and Charles 1977.

9 For the local political context of Ahmadu Bamba´s exilation see Searing 2002.

rangement could be activated by Sheikh Ibra Fall when he used the money earned by *Murid* farmers in the production of groundnuts to finance the election campaign of François Carpot, a Méti candidate for the French National Assembly, for Carpot's promise to "do something" for Amadou Bamba's release from exile if elected.[10]

Carpot was in fact able to win the 1902 parliamentary elections with Muslim support and stuck to his promise. As a consequence, Amadou Bamba was allowed to return to first Mauritania, in 1902, then Diourbel/Senegal, in 1907. His return was celebrated by the *Murids* as a manifestation of Amadou Bamba's power as a saint over even non-Muslim France. Sheikh Amadou Bamba realized, however, that times had changed and accepted, in 1912, French rule over Muslims, when he asked his *Murid*-followers, in a letter, to tolerate French rule which had brought peace, stability and equality. Amadou Bamba's release from exile had thus not only led to a pacification of the relations between his supporters and the French colonial system, but had thus also established a pattern of understanding that proved to be rather profitable for both sides, the French colonial administration, as well as, later, the Senegalese state, and the Murids: *Murid* farmers would continue to produce Senegals' major cash crop, groundnuts, and support the colonial system i.e. pay taxes and support French war efforts in WWI and WWII, while France (and later the Senegalese state) would grant the *Murids* a certain degree of internal autonomy, in particular, with respect to religious affairs, a privilege that found expression in French support for *Murid* projects of development such as for instance, the construction of a railway line from Dakar to the seat of the Murid supreme leader, the *Khalifa Général,* in Touba.[11]

What has been said for the development of the Murids in the early colonial period, may be repeated with slight alterations for the *Tijaniyya* as well as the smaller Sufi-brotherhoods in Senegal, the *Qadiriyya* and the *Layène* movement.

With respect to the *Tijaniyya* we could say, though, that this Sufi-brotherhood seems to illustrate our argument of the basic fragmentedness of religious movements in Senegal best: although linked through spiritual chains with the founder of the brotherhood, Amadou at-Tijani (1737/8-1815), the *Tijaniyya* has disintegrated, in Senegal, in the 20th century, in a number of competing branches and family networks that have tended to cultivate internal rivalries. Thus, the *Tijaniyya*

10 See Cruise O'Brien 1971. „Méti(s)" were an influential fraction of the population of St. Louis, and, to a lesser degree, Dakar, Rufisque and Gorée. The Métis were a result of franco-senegalese inter-marriages since the 17th century. In the 19th century, the Méti population of St. Louis, in particular, contributed considerably to French economic and military expansion on the river Senegal and became competitors of the major Marseille and Bordeaux based French trading houses. For a history of the Méti population in St. Louis see Sinou 1993.

11 Cruise O'Brien 1971: 58ff and Behrman 1970: 50ff.

is represented, today, by the families of the Taal, the Sy and the Niass as well as a number of smaller families such as the Ba family in Madina Gounass/Casamance and the Dème family in Sokone (Saloum) as established by al-Hajj Ceerno Amadou Dème (1885-1973).[12] And while *Tijani* scholars played a major role in the *jihad* movements of the 19th century, most of them became, in the 20th century, outspoken collaborators of the colonial government. This is particularly true for the family of al-Hajj Umar Taal, and his grandson Seydou Nourou Taal, who was regarded by the French colonial administration as an "africain sûr"[13] and contributed considerably, in the context of his journeys throughout French West Africa, to the acceptance of French colonial rule. As a consequence, France conferred numerous privileges to him and cultivated Seydou Nourou Taal as a major intermediary in her dealings with the Muslim populations of French West Africa.[14]

The second major *Tijani* family was represented by al-Hajj Malik Sy (1855-1922) in Tivaouane, the first prominent sheikh of the *Tijaniyya* to support French colonial rule publicly, in 1912, in a statement similar to that of Amadou Bamba, proclaiming France a government "blessed by God".[15] In contrast to the *Murids* and the Niass family (see below), Sy's economic activities did not focus so much on groundnut cultivation but on commerce. Traders, entrepreneurs, and notables subsequently became the major clientele of the Sy network. This legacy was continued by al-Hajj Malik Sy's successors, especially Abubakar Sy (1890-1957) and Abd al-Aziz Sy (1905-1997), who managed to transform the Sy branch of the *Tijaniyya* into the most prominent urban Sufi movement in Dakar and the greater Cap Vert region.

While Seydou Nourou Tall and al-Hajj Malik Sy became reliable allies of the French colonial system, the Niass family, as based in Kaolack, developed different approaches to colonial rule that were characterized by more cautious positions, although the Niass family as such never became radically critical of French rule. Abdallah Niass (1845-1922) who had established this branch of the *Tijaniyya* rather started the development of groundnut production in the Saloum area on a scale comparable only to *Murid* cultivation projects in Bawol, and was respected, in that role, by the French colonial administration. Sheikh Abdallah Niass' successors, Muhammad Niass (1881-1959) and Ibrahim Niass (1900-1975; see also below)[16] continued along these lines and contributed to transform the Saloum area into a major groundnut cultivation zone. Ibrahim Niass, who had provoked

12 See Villalon 1995: 142.
13 Johnson 1991: 183. Seydou Nourou Taal was seen as a "good collaborator".
14 See Behrman 1970: 50ff.
15 Robinson 1993: 189.
16 For Ibrahim Niass' biography see extensively Seesemann 2004.

a first split within the family when he refused to accept, in 1930, the authority of his elder brother, became, for a short period of time, in 1958, an opponent of colonial rule and even joined a group of dissident *Murid* sheikhs and Muslim reformers who asked, in 1958, for immediate independence, only to return to moderate positions, when these endeavors misfired.

Other branches of the *Tijaniyya* have acquired only local importance. The Dème family in Sokone has, thus, gained notoriety as being opposed to Niassène claims of spiritual superiority, while the Ba family in Madina Gounass, Casamance, has cultivated, since its very foundation in 1935, a position of "splendid isolation" and largely refused any dealings with the colonial system or the postcolonial state. Only after the death of its founder, al-Hajj Mamadou Ceerno Seydou Ba, in 1980, and subsequent succession disputes, the Madina Gounasse enclave opened to outside influences and was subsequently more or less integrated into mainstream Senegalese religio-political structures.[17]

In the late 19th and early 20th century we thus witness the development of a first generation of "venerable forefathers" of "modern" Senegalese Sufism, such as Ahmad Bamba (d. 1927), for the *Muridiyya,* or al-Hajj Malik Sy (d. 1922) and Abdallah Niass (d. 1922) for the *Tijaniyya.* These "grand marabouts" could be seen as a first generation of *post-jihad-marabouts* in the Senegambia which struggled to find "paths of accomodation" with the colonial administration. In the struggle over succession to this first generation of *post-jihadist* and "colonial" Sufi leaders, we observe within each Sufi-brotherhood dialectics of positioning through which religious, social and political issues were negotiated and re-negotiated in an intricate interplay between marabouts, the maraboutic clientele and the colonial administration. After the death of the first generation of *"grand marabouts"* in the 1920s, a new generation of *marabouts-"fils" (French: sons)* thus emerged in the 1930s, and this second generation of *marabouts-"fils"* tried to come to terms with the legacy of their fathers by either following the patterns of "accommodation" with colonial rule established by their fathers, or by trying to develop their own notions of accommodation.

In the 1970s, a number of marabouts of a third generation of *"marabouts-petit-fils"*[18] (French: grandsons) such as Abd al-Aziz Sy jr. finally came to assume a leading role in state controlled Islamic associations, such as the *Fédération des Associations Islamiques du Sénégal* (FAIS, see below), while others, such as Sidi Lamine Niass or Abdoulaye Khalifa Niass gained notoriety for their spectacular critique of Leopold Sédar Senghor's policies of development. Amadou Khalifa

17 See Magassouba 1985.
18 Gueye 2002: 200.

Niass (b. 1946) and Sidi Lamine Niass (b. 1951) indeed acquired, in the 1960s and 1970s, short lived fame as political opponents to the Senghor regime. While Sidi Lamine Niass was active in the national movement of students in Arabic, in the 1970s, and became the editor of *Wal Fadjri*, the first prominent Islamic newspaper in Senegal, in 1984,[19] Amadou Khalifa Niass established, in 1979, an "Islamist" party in Senegal, called "Hisbollah" after Iranian models, and later cultivated close ties with Libya.[20] Both brothers have become rather moderate today and are a proof to the capacity of the Senegalese state to pacify religio-political opposition and to integrate opponents into the existing political system by pointing out the advantages of cooperation within the framework of *"échange de services"*. In the 1990s, Ahmad Khalifa Niass was even appointed "Advisor to the President" for Islamic affairs.

In addition to these "wars of positioning" of the *marabouts* with respect to their relationship with the state, bitter disputes over the question of succession and positioning developed within both the *Tijaniyya* and the *Muridiyya*.[21] These and subsequent "dissident" careers attest to the longevity of family disputes in Senegal, and their religious and political implications.[22] The 50-year old family dispute in the Sy family, in particular, Sheikh Amadou Tidiane Sy's aborted succession to his father's "caliphate" in the 1950s which continues to divide the Sy family until today, shows that dynamics of political and religious development may be subordinated to a significant degree to family history and that political and/or religious disputes possibly hide other agendas. Sheikh Tidiane Sy, for instance, not only introduced, in the late 1950s, a different date for the annual family pilgrimage (*gammu*) to Tivaouane, but was also willing to cooperate with Sheikh Touré and the Senegalese reformist movement of the *Union Culturelle*

19 See Gomez-Perez 1991.

20 See Coulon 1981: 280 and Mattes 1989: 41ff.

21 Muhammad Niass' (d. 1959) succession to Abdallah Niass (d. 1922) was opposed by Ibrahim Niass (d. 1975), while Abubakar Sy's (d. 1957) and, later, Abd al-Aziz Sy's succession to al-Hajj Malik Sy were opposed by Sheikh Tidiane Sy.

22 Sheikh Tidiane Sy was the son of the second *Khalifa Général* of the Sy branch of the Tijaniyya, Abubakar Sy (d. 1957), through al-Hajj Malik Sy´s first wife, Rokhaya N'Diaye. Abubakar Sy, however, had two half-brothers, Manour (d. 1957) and Abd al-Aziz (d. 1997), through a different mother, namely Safiétou Niang, al-Hajj Malik Sy's second wife, who had come to dominate the house of the family in Tivaouane. In the dispute over succession to Abubakar Sy in 1957, first Manour and then Abd al-Aziz, managed to divert the succession from the direct patrilineage, i.e. Abubakar Sy to his son Sheikh Tidiane Sy, and established the dominance of the "Niang" branch of the Sy family as against the "N'Diaye" branch. This family dispute has continued since and is today in the hands of a third generation of grandsons and grand-nephews of al-Hajj Malik Sy. Today, Sérigne Mustafa Sy is representing the N'Diaye-branch, while the present *Khalifa Général* of the Sy family, Manour Sy (a son of Abd al-Aziz), is representing, since 1997, the Niang-branch.

Musulmane (UCM, *al-Ittihad ath-Thaqafi al-Islami, ITI*)[23] in order to fight the second branch of the family in religio-symbolic as well as political terms.[24] Disputes over questions of succession were not confined to the *Tijaniyya*, however, but also occurred within the *Muridiyya*.[25]

3. Modern Muslim Youth Movements

While marabouts of the second generation of *"marabouts-fils"* had dominated sufi-oriented discourses since the 1930s well into the 1960s, the *"marabouts-petit-fils"* who emerged as a third major generational group in the 1980s, came to develop modern youth movements within both the *Tijaniyya* and the *Muridiyya*. These movements, such as the *Da'irat al-Mustarshidin wa-l-Mustarshidat* (DMM, the "group of rightly guided men and women") for the *Tijaniyya* or the *Hizbu t-tarqiyya* (the "group for advancement", in Senegal: "Hizbut Tarkhiyya", HT) for the *Muridiyya*, were marked by their "associationist"[26] character and their "modern" ("reformist") style of approaching audiences, in particular, when we look at the way in which Mustapha Sy, the leader of the DMM, addressed his young followers.[27] Also, the generation of "grandsons" has cultivated independent strategies with respect to politics and seems to be increasingly prepared to question the authority of the "fathers", as expressed, for instance, in the *"ndiggël"*[28] of the *Khalifa Général* of the Muridiyya. We witness thus a distinctive process of fragmentation of authority within both Sufi-brotherhoods as well as a process of merging and blending of different modes of organization and expression of reform

23 There is not enough space to give a detailed account of the reformist movement in Senegal (or, by extension in Northern Nigeria and Tanzania). For a detailed presentation of both Sheikh Touré's biography as well as the development of the UCM see Loimeier 1994b and 2003.

24 For Sheikh Tidiane Sy's political career see, extensively, Behrman 1970, Villalon 2000, Loimeier 2001 and Samson 2005.

25 Within the Muridiyya Muhammad Mustafa Mbakke's (d. 1945) succession to Amadou Bamba was opposed by Sheikh Anta Mbakke (d. 1941); while Falilou Mbakke's (d. 1968) succession to Muhammad Mustafa was opposed by Sheikh Ahmad Mbakke (d. 1978). See Cruise O'Brien 1971 and Behrman 1970. Some of these marabouts were willing to cooperate with the UCM for a number of reasons: internal rivalries, the quest for political allies, dislike of L.S. Sengor, or genuine support for Senegal's struggle for independence.

26 Muslim "associations" (often defined, today, as Islamic NGOs) redublicate organizational structures which are defined by the "President-Secretary General-Treasurer"-set-up of functional associations (Vereine). Dieter Neubert has correspondingly characterized these associations as "Schatzmeister-Vereinigungen", "treasurer-associations".

27 See Kane/Villalon 1995.

28 The *ndiggël* may be defined as a "command" issued by the religious leader of the Muridiyya, the *Khalifa Général*.

beyond established ascriptions such as "Sufi-Islam". Finally, both DMM and HT have come out in support of "modern" expressions of youth culture such as music and sports, and Senegal's popular bands and musicians such as Youssou Ndour, Baba Maal, Ismail Lo as well as the plethora of Dakar's rap-bands reflect this "turn to the young" in their texts which have assumed, since the early 1990s a marked religious character.[29]

Both the DMM and the HT have seen, today, a number of stages of development which reflect their efforts to negotiate specific religious, political and social issues as well as personal disputes within their respective Sufi-brotherhoods. The DMM was established in the middle of the 1970s as a youth movement of the *Tijaniyya* and was led, since 1976, by its "responsable moral" Sérigne Mustafa Sy. In the 1980s, the DMM became a major movement of support for President Abdou Diouf. According to Mustapha Sy, the DMM has about 500.000 members, a claim that seems to be frequently made by a number of religio-political movements in Senegal.[30] In 1993 though, Mustapha Sy organized a complete political "volte-face" and switched support to Abdoulaye Wade, Abdou Dioufs challenger in the 1993 presidential elections. In a short period of time, the DMM became one of the most outspoken movements of opposition to Abdou Diouf. DMM protests against Abdou Diouf led to riots in Dakar which led to Mustafa Sy's imprisonment in 1993, while the DMM was interdicted in early 1994. In 1995, the movement was rehabilitated and subsequently renewed its support for Abdou Diouf, in late 1996, albeit for a short period of time only. When the *Khalifa Général* of the *Tijaniyya,* Abd al-Aziz Sy, died in 1997, Sheikh Tidiane Sy's efforts to rise to the position of the supreme leader of the family namely misfired again, and the old feud between the two branches of the Sy family as represented by Sérigne Mustafa Sy and the new *Khalifa Général,* Manour Sy, reopened. As a consequence, Mustafa Sy and the DMM decided to support Abdoulaye Wade's call for *sopi* (change). However, in the run-up for the elections of 2000, Mustapha Sy decided to switch political allegiances yet another time and to support the *Parti de l'Unité et du Rassemblement* (PUR) as established by Khalifa Diouf,[31] even though Mustafa Sy withdrew his candidature for the office of the President after only some few days. In the elections of February and March 2000 which brought about the victory of Abdoulaye Wade, the PDS and a coalition of smaller opposition parties,

29 See Loimeier 2001: 315ff.

30 See, for instance, corresponding claims of the *Hizbu t-tarqiyya* and the MMUD, the "Mouvement Mondial pour l'unicité de Dieu", another Murid youth movement; see Samson 2005: 48 and Audrain 2004: 99ff.

31 Khalifa Diouf's father had been a secretary of Abubakar Sy, Sheikh Ahmad Tidiane Sy's father, and had also worked with Sheikh Ahmed Tidiane Sy in the 1960s. Samson 2005: 120.

PUR, as well as all other "religious" candidates, failed to score a significant number of votes.[32] This failure of the "religious candidates" may essentially be explained by the fact that an overwhelming majority of (young) "Muslim" voters did not want to jeopardize the victory of the leader of the opposition, Abdoulaye Wade, by voting for a particularistic "religious" party: By following a political rationale, they did not opt against religion, but wanted "sopi" to prevail.[33]

While the DMM has dominated the development of a reformist youth movement within the *Tijaniyya*, the *Hizbu t-tarqiyya* had a similar role within the *Muridiyya* and also claims to have 500.000 members. The *Hizbu t-tarqiyya* which has gained attention by promoting new projects and concepts of *Murid* development,[34] was actually founded in 1978 in Dakar as a *Murid* students' *dahira*, namely, the "Dahira des Étudiants Mourides de Dakar" (DEM), under the patronage of the *Khalifa Général* of the Muridiyya, Abdou-Lahatte Mbakke. The movement became very popular in a short period of time and emerged as a major youth organization of the *Muridiyya*, led by Atou Diagne. When the rival "Association des Jeunes Mourides" was dissolved, in 1986, by Abdou Lahatte Mbakke, for being too outspoken, the dahira became even more important for the organization of the Murid youth as well as, more recently, the Murid diaspora, and was finally, in 1992, renamed *Hizbu t-tarqiyya* by the new *Khalifa Général*, Saliou Mbakke. In the 1990s, the influence of the *Hizbu t-tarqiyya* grew to such an extent that it was asked, in 1995, to organize the annual *magal* (shrine pilgrimage) in Touba in 1996.[35] As the *Hizbu t-tarqiyya* appropriated an increasingly larger role in the management of the brotherhood, not only with respect to the organization of the annual magal, but also in the representation of the *Muridiyya* in Senegal's public sphere, as well as with respect to access to the *Khalifa Général*, the *Hizbu t-tarqiyya* was about to exclude all other forms of legitimacy within the *Muridiyya* in the mid-1990s. The increasing prominence of the movement was resented, however, and regarded as a form of defiance and disrespect, by a number of third-generation *"marabouts petit-fils"* of the Mbakke family who objected against the

---

32 The outcome of these elections confirmed the "defeat of the *ndiggël politique*" (Villalon 1999: 142ff and Samson 2002: 164ff); for an analysis of the "religious vote" see Samson 2005: 326ff; for a presentation of the development of the DMM see Samson 2005. For a definition of the *ndiggël*, see paragraph 5 in this chapter.

33 Abdoulaye Wade had been fighting for a political change in Senegal since 1974. His slogan "sopi" (change) expressed the aspirations of a majority of Senegalese who were tired of the political manoevering and economic mismanagement of the Socialist Party (PS). For an analysis of the Presidential elections of 2000 see Audrain 2004: 99ff.

34 Cheikh Gueye and Cheikh Anta Babou, 12.9.2004; as well as Cruise O'Brien 2003: 76 and 89ff.

35 Gueye 2002: 245; see Gueye 2002: 239ff extensively for the development of the HT.

rise of a non-Mbakke group to leading ranks within the brotherhood[36] as well as certain Hizbu proclamations which publicly rejected the authority of the younger generation of Mbakke marabouts, and, thus, implicitly, the authority of inherited power. The leader of the *Hizbu t-tarqiyya*, Atou Diagne, even dared to challenge third generation *marabouts* of the Mbakke family by claiming that leadership within the *Muridiyya* must not necessarily be linked with the Mbakke family, that any *Murid* disciple could become the *Khalifa Général* and that the direct allegiance with Ahmad Bamba was more important for *Murids* than loyalty towards his grand-sons. When members of the *Hizbu t-tarqiyya* eventually refused Moustapha Saliou, the son of the *Khalifa Général*, Saliou Mbakke, access to his own father, the *Khalifa Général* disowned the group in July 1997.[37]

4. The "Reformist" Tradition of Political Islam

Senegal was characterized thus, since the late 19th century, by the emergence of a distinctive chain of traditions of reform which could be seen to translate multiple modernities into Muslim contexts while remaining true to established "Sufi"-modes of organization and expression. At the same time, however, a distinct second tradition of "reform" developed as well. This second tradition of reform has also tried to translate multiple colonial and post-colonial modernities into Muslim contexts, by adopting, amongst others, "associationist" forms of organization and by starting to criticize Sufi ritual as well as specific expressions of popular religious customs. The sufi-oriented chain of traditions was characterized by the fact that legitimatory references to sources of inspiration usually refer to the local, Senegalese context or the established centers of the *Tijaniyya* in Morocco and Algeria. This is particularly true for the *Muridiyya*, which is often presented as a "true Senegalese" Sufi-brotherhood. The different branches of the *Tijaniyya* also stress their Senegalese identity, however, by cultivating *ziyarat* (shrine pilgrimages) to the different places of *Tijani* history such as Tivavouane or Kaolack.

36 Gueye 2002: 248; Both Cheikh Gueye (2002) and Leonardo Villalon (1999 and 2000) have pointed out the importance of generational dynamics of development within Senegalese Sufi-brotherhoods and have stressed the role of the "marabout petit-fils" or "grandson-marabouts".

37 Villalon 1999: 138ff and Gueye 2002: 239ff. The Hizbu t-tarqiyya had eclipsed Moustapha Saliou's leading role in the brotherhood in the context of the organization of the Magal of 1996 (the Magal in Touba is celebrated annually and is Senegal's most important regional pilgrimage, "Wallfahrt"). Until 1996, Moustapha Saliou Mbakke had effectively led the brotherhood, represented the brotherhood in the context of international conferences and had been in charge, due to his managerial qualities, of major projects of development in Touba. Gueye 2002: 233.

Differing from Sufi-Brotherhoods, reformist associations not only established new translocal links with Algeria, Egypt, Libya, Saudi-Arabia and Iran, but also cultivated different interpretations of the scholastic canon, often influenced by *Salafi* and *Wahhabi* oriented traditions of thought. Both the *Salafiya* and the *Wahhabiya* are Muslim movements of reform. Yet, while the *Salafiya* may be said to represent a tradition of thought which tries to reconcile Islam with processes of modernization, the *Wahhabiya* is known for its rather conservative positions and its strict rejection of Sufi traditions of thought.[38]

Yet, both chains of tradition developed in constant interaction. As a consequence, associationist movements of reform have influenced sufi-oriented movements of reform to a considerable extent and vice versa.

As mentioned above, reformists established links with other Muslim countries, in particular, those representing "radical" (even if different) political interpretations of Islam (as in Libya, Saudi-Arabia, Pakistan, Iran or Sudan). This often attracts the attention of political observers who tend to interpret these links as "proof" of the alleged radical positions of local Muslim organizations. Such an analytical perspective not only minimizes the autonomy of agency of local actors but also neglects established experiences of local actors to "play with affiliations". Senegalese activist groups have indeed switched their affiliations among a series of Arab and other Muslim donor countries and have usually been prepared to sacrifice ideological commitments to Libya, Saudi-Arabia or Iran as soon as "local" Senegalese dynamics of development have suggested such a re-affiliation.

The development of the reformist tradition of Islam in Senegal is often associated with Sheikh Touré (1925-2005) and the *"Union Culturelle Musulmane" (al-Ittihad ath-Thaqafi al-Islami,* ITI, established in 1953). In fact, modern reformist thought in Senegal is much older and goes back to the mid-19th century.[39] In the context of the emergence of the so-called *quatre communes* (St. Louis, Gorée, Dakar and Rufisque) in Senegal after 1848, a "Muslim civil rights movement" namely developed which fought for the public recognition of distinctive Muslim norms, customs and rites as well as Islamic personal law. This Muslim civil rights movement was connected with the activities of Muslim intellectuals and scholars such as Amadou Ndiaye Hann, Muhammad Seck and Ndiaye Sarr. These *ulama-citoyens* (scholar-citizens) developed a first modus vivendi with French colonial rule by accepting to work within the institutional parameters (*qadi* courts, *madaris*) as established and defined by the French colonial administration.

---

38 For a discussion of both Salafiyya and Wahhabiyya see Hourani 1983.

39 For an extensive presentation of both the Senegalese as well as the East African traditions of reform see Loimeier 2003.

In the early 20th century, the Muslim civil rights movement in the *quatre communes* acquired a new character and developed the typical features of modern "French" political associations. These "associational" forms of organization were not only better suited to translate Muslim aspirations into the colonial context (and vice versa) but they were also familiar with French conceptions of organization and thus easily "recognizable" and identifiable for the French colonial administrators as "modern" religio-political movements. In order to improve the conditions of the pilgrims, a *"Union fraternelle des Pelèrins Musulmans de l'A. O.F."* was established, for instance, in 1922, followed suit by many other pilgrims' associations. In 1936, the French colonial administration estimated the number of these "associations" to be more than 50 in Dakar alone.[40] The avant-garde of this new form of reformist organization was the *Liwa ta'akhi al-muslim as-salih* (Brigade de la Fraternité du Bon Musulman, founded in 1934) which started to campaign for a more encompassing program of reform, such as modern concepts of Islamic education. Most of these associations were still confined to urban areas, however, and essentially fought for limited goals such as the improvement of the pilgrimage, Islamic personal law or a distinctive Muslim code of dress. In addition, the majority of the members of these "associations", and, in particular, their leadership, were still affiliated with a Sufi-brotherhood, in most cases the *Tijaniyya*.

The establishment of the *Ittihad ath-Thaqafi al-Islami* (ITI), in 1953, may thus be seen as the real watershed in the development of modern reformist organization, as the ITI, under the leadership of Sheikh Touré, was the first organization to develop an encompassing program of reform. In addition, the ITI cultivated a religio-political discourse which was not only critical of the French colonial administration policies but also attacked the Senegalese Sufi-brotherhoods, in particular, those marabouts who cooperated closely with the colonial administration. The ITI advocated thus a distinctive "anti-Sufi" (or better: anti-maraboutic) turn in the development of Senegal's Muslim communities and the polemics against the so-called "un-Islamic innovations", such as faith in amulets, became an important element of the public discourse of the ITI. The ITI could consequently be regarded as the first tradition of reform in Senegal which turned against what Louis Brenner has called the "esoteric episteme".[41] At the same time, the ITI

40 Loimeier 2001: 168.

41 Brenner 2001: 17ff . At the same time, this turn against the "esoteric episteme" could be seen as being part and parcel of the process of "secularization", a process which was characterized by Max Weber as a process of "disenchantment of the world" and a process of gradual rationalization of religion and society in which "all forms of magic are rejected as superstition". Weber 1920/1988 I: 94/5.

established Senegal's first "reformist" journal *(Le reveil islamique)* and propagated the theatre as a new form of expression of religious and political thought in Senegal's public sphere.[42] The ITI program of reform has influenced all subsequent movements of reform in Senegal and has exerted considerable influence on Muslim movements of reform in neighboring countries. In its program and public discourse, the ITI was influenced by North African traditions of reform, especially the Algerian *"Jam'iya al-ulama al-muslimin al-jazairin"* (the "Union of Algerian Muslim scholars").

When we take a closer look at Sheikh Touré, as well as the program of the ITI, we discover, however, that neither Sheikh Touré nor the ITI categorically refused to cooperate with the (colonial) state or condemned Sufism as a whole. Thus, Cheikh Touré never relinquished his ties with the *Tijaniyya*. In a personal communication in 1992 he even maintained that "concerning my affiliation with the *Tijaniyya*, I never really renounced it, neither in the 1950s, nor earlier, or later. It is only that my numerous activities have prevented me from practicing the ritual regularly".[43] At the same time, Sheikh Touré and his followers were prepared to work with the (post-)colonial state, when specific issues of reform (such as the struggle against "obsolete social and religious customs") could be linked with respective state policies of reform. Indeed, Muslim reformers have often supported the strategies of development as propagated by colonial or post-colonial administrations, in particular, when these strategies of development were presented as a kind of "Islamic state reformism". Such Islamic state reformism was characterized by its modernizing orientation as, for instance, in Mamadou Dia's policies of development in Senegal in the early 1960s, and was often directed against established religious scholars, in particular the marabouts of the Sufi-brotherhoods.[44]

When Senegal became semi-independent in 1958, Muslim reformers indeed quickly changed their oppositional position and started to support the reformist policies of the Mamadou Dia government until 1962, when the marabouts supported Leopold Sédar Senghor to depose Dia on account of his radical socialist policies. In the 1960s, Senghor could rely on the alliance with the *"grands marabouts"* and was subsequently able to gradually „domesticate" the reformist movement. In the 1960s and 1970s, Muslim reformist organizations in Senegal largely lost their political autonomy and were incorporated into state controlled associations such as the "Fédération des Associations Islamiques du Sénégal"

42 For a discussion of this term see Soares 2005a and 2005b.
43 Communication Cheikh Touré, 13.4.1992, for his biography see Loimeier 1994.
44 See Dia 1985.

(FAIS). Associations such as FAIS were again controlled by young *marabouts* of the *Tijaniyya* and *Muridiyya* who were closely associated with the ruling party, Senghor's *"Union Progressiste Sénégalaise"* (UPS). In this period of time, loyalist Muslim functionaries, "reformers in the pay of the state" came to dominate Muslim (and "étatist") developmentalist discourses. As a result, leading members of Sufi-brotherhoods such as the late *Khalifa Général* of the *Tijaniyya* in Senegal, Sheikh Abd al-Aziz Sy, have labeled Muslims reformers who came to support these state informed policies of modernization as "Islamologues fonctionnariés".[45]

Only in the late 1970s were Muslim activists able to free themselves of state control and to establish new and independent organizations such as the *Jama'at ilbad ar-Rahman* (JIR) or the *Harakat al-Falah* (HF). Today, the JIR may be regarded as Senegal's most important reformist organization, even though the JIR has not managed to break the overwhelming position of power of both the *Tijaniyya* and the *Muridiyya*. Initially, the JIR continued the reformist discourse of the ITI with respect to the so-called "un-Islamic innovations", such as excessive spending for marriage ceremonies, burials, the practice of the *dhikr,*[46] as well as specific features of local Islamic ritual and religious concepts as, for instance, faith in amulets (*gri-gris*). In the late 1980s, the JIR seems to have realized, however, that the struggle against the marabouts and the Sufi-brotherhoods was largely counter-productive on account of the persisting popularity of the marabouts. As a consequence, the JIR has suspended, since the early 1990s, its polemics against the religious leaders of the Sufi-brotherhoods and redirected its polemics against the secular state. Thus, the JIR has managed to escape the dilemma of being accused of creating *"fitna"* (disruption, chaos, anarchy) by fighting against fellow Muslims. More recently, the JIR seems to cultivate a public discourse which concentrates on topics such as the "moral decay of contemporary Senegalese society" and issues such as drug abuse, prostitution and some of the nefarious effects of modernization which may easily be pinned on the secular state and its incapability to provide for a balanced social development. At the same time, "unislamic innovations" and *marabouts* have stopped to be major targets of critique. Rather, contemporary movements of reform concentrate on the development of modern Islamic schools and social activities, in particular those which aim to incorporate the youth and women. In fact, the JIR as well as the *Harakat al-Falah* nowadays seem to focus largely on education. The *Jama'at ilbad ar-Rahman,* by contrast, has managed to expand in urban contexts and to multiply its network of schools. Due to the fact

45 Abd al-Aziz Sy, *Khalifa Général* of the Tijaniyya in Senegal, in: Wal Fadjri, No. 258, 25.4.1991.

46 The *dhikr* is the ritual of meditation propagated by Sufi-brotherhoods, often the solemn and rhythmic recitation of specific prayers. Each Sufi-brotherhood cultivates a specific dhikr.

that the JIR has stopped to attack the Sufi-brotherhoods in the 1990s, the organization has become increasingly acceptable to Muslims in Senegal. As a result, two leading members of the JIR, Sérigne Babou and Marietou Dieng, were nominated members of the Senegalese national pilgrimage board in 2002.[47]

Their educational efforts have stimulated, in the 1990s, the establishment of numerous reformist Islamic schools which not only teach established Islamic sciences but which also stress the importance of "marketable skills"[48] as well as female education. The success of the "Islamic" schools has possibly motivated President Abdoulaye Wade to introduce religious instruction in government schools in 2002.[49] The success of these new schools has again forced the Sufi-brotherhoods to follow suit with educational programs of their own which reproduce this trend in the development of modern Islamic education. In pedagogical terms, this transformation in Islamic education could be characterized as a move from "charismatic education" to "institutionalized learning".

For a long period of time, the government controlled daily *Le Soleil* dominated Senegal's media-scape. Efforts to establish independent papers such as *Le Politicien* in the late 1970s, were usually torpedoed by the Senghor government. Under President Abdou Diouf, the Senegalese state largely stopped to interfere into media affairs. As a result, the number of weekly, and, recently, daily papers has exploded. The most successful papers were *Le Cafard Libéré, Sud Hebdo* and *Wal Fadjri. Wal Fadjri* had started out, in the early 1980s, as an "islamist" weekly but turned, in the late 1980s, into a professional newspaper which still covers "Islamic topics", yet, has adopted a more programmatic approach. Public reactions in the late 1980s had namely shown, that "Islam did not sell any more".[50] In 1993, the Senegalese government also accepted the establishment of independent radio stations, which were soon established in the Cap Vert metropolitan region as well as regional centers such as St. Louis or Ziguinchor. Some few radical Islamic periodicals such as *Le Musulman*, a journal edited by the *Jama'at ilbad ar-Rahman,* have so far failed to attract a significant audience which largely prefers to read today one of Dakar's five daily or two weekly (non-religious, independent) papers.[51]

---

47 After a series of internal disputes, due to allegations of mismanagement of funds raised against the Khalil Marega, the President of the association, the *Harakat al-Falah* seems to have largely lost its impetus since 1993. See Gomez-Perez 2005: 197ff and 215. For the JIR see Loimeier 2001: 269ff, Augis 2005: 309ff, Cantone 2005: 119ff and Gomez-Perez 2005: 193ff and 219.

48 For this term see Launay 1992: 92.

49 Sow 2005: 300. For the development of Islamic education in Senegal in the postcolonial period see Loimeier 2001: 227ff and 349ff.

50 Communication Tidiane Kassé, editor-in-chief, 5.4.1993.

51 See Loimeier 2001: 287ff and Gellar 2005: 83ff.

5. Is there a Pattern of "Islamic Politics"?

Neither Sufi-brotherhoods nor "associationist" reformist groups do form homogenous religious movements in Senegal. Rather they have to be viewed as an array of competing networks that negotiate their relations with the state on an individual basis. This structure becomes particularly evident with respect to the *Qadiriyya* and the *Tijaniyya,* as network disputes are discussed more or less publicly within both movements. The *Muridiyya,* by contrast, seems to be a rather homogeneous movement dominated by the paramount authority of the respective *Khalifa Général.* This perspective on the *Muridiyya* has led many observers to accept *Murid* claims to spiritual, political and numerical superiority within Senegalese religio-political set-ups.

As Leonardo Villalon and others have convincingly shown, this presentation of the *Murids* is quite misleading, and Villalon has in fact characterized the focus on the *Muridiyya* as a form of "mouridocentrisme".[52] Not only are the different branches of the *Tijaniyya* much larger in numbers of followers in almost all parts of the country, except the regions of Diourbel, Thies and Louga, the only regions where *Murids* dominate (see the chart above), *Murids* have also been torn by a number of bitter succession disputes after the death of almost each *Khalifa Général.*[53] These succession disputes led to the evolution of a number of competing family networks within the *Muridiyya* that have managed, however, to conserve the formal unity of the *Murid* movement. Still, dissident voices have been raised repeatedly within the *Muridiyya,* as, for instance, in the context of the 1988 electoral campaign, when Sérigne Khadim Mbakke publicly refused to accept a *ndiggël politique* of the *Khalifa Général* to vote for Abdou Diouf.

The *ndiggël* is seen to be binding for all Murids as it expresses the ultimate submission of each individual *Murid* to the supreme authority of the *Khalifa Général.* In Senegal's political history, the different *Khalifa Général* of the *Muridiyya* have proclaimed a *ndiggël* to vote for the ruling party since independence.

The *ndiggël* of the *Khalifa Général,* in particular, the *ndiggël politique*[54] had indeed been questioned for the first time in 1988, when a number of young *Murid* marabouts as well as many of the Murid youth were not prepared any more to follow the *ndiggël* of *Khalifa Général* Abdou Lahatte Mbakke and to support the Socialist Party (Parti Socialiste, PS) in the presidential elections of that year, and

52 Villalon 1995: 68.

53 In particular, after the death of Amadou Bamba in 1927 when Mamadou Mustapha Mbakke and Sheikh Anta Mbakke fought for succession, as well as after the death of Mamadou Mustapha in 1945, when Falilou Mbakke and Sheikh Ahmad Mbakke competed for succession.

54 Cruise O'Brien 1992: 18.

rather supported Abdoulaye Wade, the leader of the opposition.[55] Abdou Lahatte Mbakké's successors, Abdou Khadre Mbakke (1989/1990) and Saliou Mbakke (from 1990) stopped to proclaim a *ndiggël politique*. Efforts to impose a *ndiggël politique* have since failed dramatically, as in the case of Modou Kara Mbakke's effort, in 1999, to ask his followers[56] to vote for the Socialist Party in the 2000 presidential elections. Gueye claims that the *ndiggël* has probably been overemphasized in the political analysis of the past as a spectacularly visible symbol of religious authority in the political domain. Still, the failure of the *ndiggël politique* since the late 1980s supports the argument of the fragmentation of the *Muridiyya* as a religio-political movement.[57]

Still, we have to make an important differentiation: while the *Murids* have, so far, managed to conserve internal unity and eventually follow the supreme religious guidance of their *Khalifa Général,* the *Tijaniyya* has disintegrated, in religio-political terms, in a number of family networks that do not accept the authority of a *Khalifa Général.* At the same time, the *Murids* appear to have been almost unanimously supporting the state in political terms, while *Tijanis* have brought forth a number of politically dissident personalities and movements and were prepared to form alliances of convenience with associationist reformist organizations. As the *Murids* have been rather successful, in the last decades to get "their goods delivered", they also appear to be the more successful group in political terms, while *Tijanis* seem to have been handicapped, in political terms, by their manifold internal religious divisions. This impression is due to the different religious and social set-ups of both *Tijaniyya* and *Muridiyya,* yet misleading. While *Murids* have been, for a large part of their history, an essentially rural movement, the branches of the *Tijaniyya* have been able to conquer the urban areas since the early 20th century. As a consequence, the *Tijaniyya* has evolved to become the brotherhood of urban middle classes, the political elite, the intelligentsia, the bureaucracy, the employees in education, health and virtually all state related agencies and institutions. The state has become *"Tijani"* a long time ago, and *Tijanis* have been sitting in government offices for decades and were, thus, able to "silently" look after the proper distribution of "their goods".

The *Murids,* by contrast, have always been aloof, rural, and proud of their separate, autonomous identity as symbolized by their holy city, Touba.[58] Also, *Murids* have been practically non-existent in state bureaucracies and the political

---

55 See Loimeier 2001: 328/329.

56 Modou Kara Mbakke is the leader of a Murid youth movement, the "Mouvement Mondial pour l'Unicité de Dieu". See Audrain 2004.

57 For an analysis of the "ndiggël electoral" see Audrain 2004: 104ff, as well as Gueye 2002: 280ff.

58 For Touba see Gueye 2002.

nomenclatura of the country. Thus, *Murids* always had to ask for "their goods" rather "loudly". Loudness of claims and politically conspicuous presentation should not automatically be associated, however, with corresponding political power, while discreetness of claims and inconspicuous political presentation do also not necessarily point to political weakness: *Tijanis* were, until 2000, not forced to resort to *"Murid"* strategies as they already were in power.

This scenario has changed dramatically, however, since 2000, when Abdou Diouf and the Socialist Party ("Parti Socialiste", PS) lost the elections and Maître Abdoulaye Wade and the "Parti Democratique Senegalaise" (PDS) as well as a coalition of opposition parties became the first democratically elected non-socialist government of Senegal. An analysis of this unprecedented turn-over of power in Senegal's post-colonial history shows that Abdou Diouf and the PS not only lost the 2000 elections as they had been virtually unable, in the economic crisis of the 1980s and 1990s, to "deliver the goods", and to provide sustained economic development, in particular, with respect to the growing urban populations, especially the youth. Abdou Diouf and the nomenclature of the PS had also become increasingly wary of the established system of "échange de services", as Leonardo Villalon has shown in his study of Fatick.[59] The sheikhs of the *Muridiyya*, in particular, felt increasingly neglected by the political nomenclature and subsequently started to think about political alternatives, especially, when Abdoulaye Wade stressed that he would become "their" President. When the *Khalifa Général* of the *Murids* did not proclaim a *ndiggël* in favour of Abdou Diouf in the elections of 2000 and the leading sheikhs of the *Tijaniyya*, except for Sheikh Tidiane Sy, who had performed another turn in political orientation, remained rather vague with respect to their political preferences, the voters, in particular, the rural electorate, eventually turned their back on the PS in masses.

What we witness in Senegal today is a redefinition of the relationship between state and Sufi-brotherhoods. This redefinition is not only due to a certain "disenchantment" of government functionaries with the established system of "échange de services", but also due to the fact that economic frame conditions have changed considerably since the 1970s. An ongoing economic crisis has forced the state to allow for a far-reaching policy of economic liberalization and lost, as a consequence, direct control over the "goods" to be allocated to loyal marabouts. On the other side, the marabouts have long ago started to diversify their economic activities:

59 Villalon 1995: 219; see also Cruise O'Brien 2003: 197. Dissatisfaction with marabоutic whims was not confined to the ranks of the Socialist Party. In 1995, the independent daily paper *Sud Quotidien*, for two consecutive days published the headline "Terrorisme spirituel: Ces petits marabouts qui nous tiennent en ôtage", while the respective articles criticized the "little marabouts" who took adavantage of their descent to profit personally. See Villalon 2000: 495.

groundnut production has, thus, stopped to be the major asset of the *Muridiyya*, while the informal sector, transport, commerce, large scale import-export and retail trade, as well as the organization of considerable expatriate activities (and capital transfers) have been largely conquered by *Murid* (but also a number of *Tijan*) marabouts and their followers in the last decades. The *marabouts* are thus not constrained any longer to pass "through politics" in order to gain access to resources.[60]

It is now rather interesting to see that the administration of Abdoulaye Wade has returned to established rules of "échange de services" and appears to be increasingly dominated by *Murid* interests, a perception enhanced by repeated visits of Abdoulaye Wade in Touba, his claim to be "le Président *Mouride*"[61] and his promises with respect to *"Murid"* development.[62] The reallocation of bonds that has started after 2000, has consequently triggered first signs of "loud" protest among *Tijanis* who are afraid to loose established pastures.[63] As a consequence, *Tijanis* have become increasingly outspoken, in the last years, while *Murid* public declarations have correspondingly become more "silent" and less conspicuous in their public presentation. As a matter of fact, there is at present a reversal of roles and positions in the relationship between the Sufi-brotherhoods: *Tijanis*, now removed from power, have started to become increasingly outspoken in public, while *Murids*, now closer to power, have started to become increasingly silent ("muët").[64] This reversal of roles is not unanimously greeted by the *Murids*, however. Some *Murids* seem to be rather torn with respect to the question how to assess their relationship with "le President *Mouride*": While one group is proud that the state has acquired a more visible *"Murid"* character, a second group dreads too close a relationship with the state and rather aspires to continue a political legacy of neutrality and aloofness as expressed, in historical times, by *Khalifa Général* Abdou Lahatte Mbakke. These *Murids* are afraid that the new character of their links with the state may become embarrassing in the future, particularly in the case of a political and economic failure of the Wade administration. The family of the incumbent *Khalifa Général* and successor to Saliou Mbakke thus refuses contact with Wade as far as possible.[65]

60 Mamadou Diouf in Samson 2005: 185.

61 Communication Cheikh Anta Babou, 12.9.2004, Wane 2003: 120.

62 Amongst others, he committed himself to the construction of an international airport in Touba. See Villalon 2004: 64 and Gervasoni/Gueye 2005: 621ff.

63 See Wane 2003: 45ff; 115ff.

64 Communication Mamadou Alassane Bâ, 10.5.2005.

65 Communication Sheikh Anta Babou, 14.11.2004.

6. Conclusion

This contribution has stressed the complexity of Sufi-brotherhoods and reformist movements and the relational and dialectical character of their links with the Senegalese state. It has also stressed the situatedness of "Sufi" (and reformist) politics in the local context, into which religious movements try to translate their interpretation of Islam (and politics) and find acceptance among Muslims. The success or failure of religious movements as both religious and political movements is consequently defined by processes of negotiation in the local context and not by their degree of integration into translocal relations, even if translocal links may be important for legitimizing purposes in local contexts of disputes as between different branches of a brotherhood. Similarly, the relations between Sufi movements and the state are equally open to change: A Sufi movement that has acquired fame for its resistance to the state in a specific historical context may eventually become a movement seen as closely cooperating with the state. Sufi relations with the state have to be seen, thus, as a function of state politics and as evolving in a dialectical process: They may appear "peaceful" at one moment, but transform, with a turn in state policies, into foci of opposition and resistance; seemingly "peaceful" Sufi sheikhs correspondingly have the potential to provide, under appropriate circumstances, a religio-dogmatic legitimization for *jihad*, as their forebears did in respective contexts in the past. The relational nature of the relationship between Sufi-brotherhoods and the state was shown in a lecture by Sidi Lamine Niass in June 2003, when this *Tijan marabout* reminded his public that "dialogue and engagement with the political authorities" should be seen as to constitute an important element in the relationship between the Sufis and the state, but that withdrawal and maintaining a distance between "the sacred and the secular" had to be considered as an important mark of Sufi relations with the state as well. Finally, he pointed out that it was important to remember that Sufis also have a legacy of active resistance to unjust rule, as in the colonial period, and have consequently become leaders of *jihad*.[66] To point out this potentially "militant" and radical dimension of "Sufi Islam" may appear unorthodox, yet, efforts to identify political and/or radical Islam exclusively with associationist movements of reform have to be seen as a rather one-sided and misleading focus on "political Islam" which excludes multiple expressions of Muslim politics.

66 As quoted by Leonardo Villalon 2004: 69.

7 . Bibliography

Audrain, Xavier (2004). Du “Ndiggël avorté” au parti de la verité. Évolution du rapport religion/politique à travers le parcours de Cheikh Modou Kara (1999-2004). *Politique Africaine,* 96, 99-118.

Augis, Erin (2005). Dakar’s Sunnite Women: the Politics of Person, in: Muriel Gomez-Perez (ed.). *L´islam politique au sud du Sahara. Identités, discours et enjeux.* Karthala, Paris, 309-26.

Babou, Cheikh (2004). The Senegalese “Social Contract” Revisited: The Muridiyya Muslim Brotherhood and State Politics in Senegal, 1968-2000. *ASA conference paper,* New Orleans, 2004.

Behrman, Lucy (1970). *Muslim Brotherhoods and Politics in Senegal.* Harvard University Press, Cambridge/Mass.

Brenner, Louis (2001). *Controlling Knowledge. Religion, Power and Schooling in a West African Muslim Society.* Indiana University Press, Bloomington.

Cantone, Cléo (2005). “Radicalisme” au féminin? les filles voilées et l´appropriation de l´espace dans les mosques à Dakar, in: Muriel Gomez-Perez (ed.). *L´islam politique au sud du Sahara. Identités, discours et enjeux.* Karthala, Paris, 119-30.

Charles, Eunice (1977). *Precolonial Senegal: The Jolof Kingdom, 1800-1890.* African Studies Center, Boston.

Coulibaly, Abdou Latif (2003). *Wade, un opposant au pouvoir. L’alternance piegée?* Les editions Sentinelles, Dakar.

--- (2004). Wenn der neue Machthaber nichts macht. *Der Überblick,* 1, 2004, 48-50.

Coulon, Christian (1981). *Le Marabout et le Prince.* Éditions A. Pedone, Paris.

Cruise O´Brien, Donal B. (1971). *The Mourides of Senegal, The Political and Economic Organization of an Islamic Brotherhood.* OUP, Oxford.

--- 1992). Le “contrat social” sénégalais à l´epreuve. *Politique Africaine,* 45, 9-20.

--- (1996). A lost generation? Youth identity and state decay in West Africa, in: Richard Werbner and Terence Ranger (eds.). *Postcolonial Identities in Africa.* Zed Books, London, 55-74.

--- (2003). *Symbolic Confrontations. Muslims imagining the State in Africa.* C. Hurst, London.

--- and Momar Coumba Diop, Mamadou Diouf (2002). *La construction de l´État au Sénégal.* Karthala, Paris.

Dahou, Tarik and Vincent Foucher (2004). Le Sénégal, entre changement politique et révolution passive. *Politique Africaine,* 96, 5-21.

Dia, Mamadou (1985). *Mémoires d’un militant du tiers-monde.* Publisud, Paris.

Diop, A.-B. (1981). *La société Wolof.* Karthala, Paris.

Diop, Momar Coumba and Mamadou Diouf (1990). *Le Sénégal sous Abdou Diouf.* Karthala, Paris.

Diouf, Mamadou (1994). L'échec de modèle démocratique du Sénégal, 1981-1993. *Afrika Spectrum,* 29 (1), 47-64.

Fall, Abdou Salam (2003). Les liens religieux confrériques, réseaux privilégiés d'insertion urbaine à Dakar, in: Adriana Piga (ed.). Islam et villes en Afrique au Sud du Sahara. *Entre soufisme et fondamentalisme.* Karthala, Paris, 325-44.

Fall, Papa Demba (2004). Les Mourides du Sénégal et le pouvoir central: jeu d'intérêt et stratégie de pouvoir, in: Aicha Taim, Fatima el-Moujahid and Saida Bel Moqaddam (eds.). *Confréries Soufis d'Afrique:* Nouveaux Rôles, Nouveaux Enjeux. Institut des Études Africaines, Université Muhammad V – Souissi, Rabat, 131-51.

Gellar, Sheldon (2005). *Democracy in Senegal. Tocquevillian Analytics in Africa.* Palgrave-Macmillan, New York.

Gervasoni, Olivia and Gueye, Cheikh (2005). La confrérie mouride au centre de la vie politique sénégalaise: le «Sopi» inaugure un nouveau paradigme?, in: Muriel Gomez-Perez (ed.). *L'islam politique au sud du Sahara. Identités, discours et enjeux.* Karthala, Paris, 621-40.

Gomez-Perez, Muriel (1991). Associations islamiques à Dakar. *Islam et sociétés au sud du Sahara,* 5, 5-20.

--- (1994). L'Islamisme à Dakar: d'un contrôle social total à une culture du pouvoir? *Afrika Spectrum,* 29 (1), 79-98.

--- (1997). *Une histoire des associations islamiques sénégalaises (Saint-Louis, Dakar, Thiès): itinéraires, stratégies et prises de parole (1930-1993).* Thèse pour le Doctorat (Nouveau Régime), Université de Paris VII, Paris.

--- (2005). Généalogie de l'islam réformiste au Sénégal des années 1950 à nos jours: figures, savoirs et réseaux, in: Laurent Fourchard, André Mary and René Otayek (eds.). *Entreprises religieuses transnationales en Afrique de l'Ouest.* Karthala, Paris, 193-220.

Gueye, Cheikh (2002). Touba, la capitale des Mourides: *L'organisation de l'espace dans une ville religieuse, Touba (Senegal).* ENDA, Dakar.

Hanson, John (1996). *Migration, Jihad and Muslim Authority in West Africa. The Futanke Colonies in Kaarta.* Bloomington University Press, Bloomington.

Havard, Jean-François (2004). De la victoire du "Sopi" à la tentation du "Nopi"? "Gouvernement de l'Alternance" et liberté d'expression des médias au Sénégal. *Politique Africaine,* 96, 22-38.

Hourani, Albert (1983), *Arabic throught in the liberal age 1798-1939.* Cambridge University Press: Cambridge.

Johnson, G. (1991). *Naissance du Sénégal contemporain: Aux origines de la vie politiques modernes (1900-1920).* Karthala, Paris.

Kane, Ousmane and Villalon, Leonardo (1995). Entre confrérisme, réformisme et islamisme: les Moustarshidin du Senegal. Analyse et traduction commentée du discours électoral de Moustapha Sy et reponse de Abdou 'Aziz Sy junior. *Islam et sociétés au sud du Sahara, 9,* 119-202.

Klein, Martin (1968). *Islam and Imperialism in Senegal: Sine-Saloum 1847-1914.* Stanford University Press, Stanford.

Kuhn, Tobias (2004). *HipHop und Muridiyya: Teilnehmende Beobachtung in einer Jugendkultur Senegals.* B.A. Thesis, University of Bayreuth, Bayreuth.

Launay, Robert (1992). *Beyond the Stream. Islam and Society in a West African Town.* California University Press, Berkeley.

Legros, Olivier (2004). Les tendances du jeu politique à Yeumbeul (banlieue est de Dakar) depuis l'alternance. *Politique Africaine,* 96, 59-77.

Loimeier, Roman (1994a) Religiös-ökonomische Netzwerke in Senegal: Das Beispiel der muridischen Expansion in Dakar. *Afrika Spectrum,* 29, 1, 99-112.

--- (1994b). Cheikh Touré: du réformisme à l'islamisme, un musulman dans le siècle. Islam et *Sociétés au Sud du Sahara,* 8, 55-66.

--- (2000a). Cheikh Tidiane Sy und die Dâ'irat al-Mustarshidîn wa-l-Mustarshidât, in: Roman Loimeier (Hrsg.). *Die Islamische Welt als Netzwerk – Möglichkeiten und Grenzen des Netzwerkansatzes im islamischen Kontext.* Ergon, Würzburg, 445-60.

--- (2000b). L'Islam ne se vend plus: The Islamic Reform Movement and the State in Senegal. *Journal of Religion in Africa,* 30, 2, 2000, 168-90.

--- (2001). *Säkularer Staat und Islamische Gesellschaft. Die Beziehungen zwischen Staat, Sufi-Bruderschaften und islamischer Reformbewegung in Senegal im 20. Jahrhundert.* LIT, Hamburg.

--- (2003). Patterns and Peculiarities of Islamic Reform in Africa. *Journal of Religion in Africa,* 33,3, 237-62.

Magassouba, Moriba (1985). *L'Islam au Senegal.* Karthala, Paris.

Mattes, Hanspeter (1989). *Die islamistische Bewegung des Senegal zwischen Autonomie und Aussenorientierung.* Edition wuqûf, Hamburg.

Mbacke, Khadim (2004). La confrérie sénégalaise des Mourides, in: Aicha Taim, Fatima el-Moujahid and Saida Bel Moqaddam (eds.). *Confréries Soufis d'Afrique: Nouveaux Rôles, Nouveaux Enjeux.* Institut des Études Africaines, Université Muhammad V – Souissi, Rabat, 87-130.

--- (2005). *Sufism and Religious Brotherhoods in Senegal.* Markus Wiener Publishers, Princeton.

Merad, Ali (1967). *Le reformisme musulman en Algérie de 1925-1940*. Mouton, Paris.

Niang, Mady (2004). *Maître Wade et l'alternance: le rêve brisé du Sopi*. L'Harmattan, Paris.

Piga, Adriana (2002). *Dakar et les ordes soufis. Processus socioculturels et développement urbain au Sénégal contemporain*. L'Harmattan, Paris.

Popovic, Alexandre and Veinstein, Gilles (1996). *Les Voies d'Allah. Les ordres mystiques dans le monde musulman des origines à aujourd'hui*. Fayard, Paris.

Robinson, David (1988). *La guerre sainte d'al-Hajj Umar*. Karthala, Paris.

--- (1993). Malik Sy: un intellectuel dans l'ordre colonial au Senegal. *Islam et Sociétés au sud du Sahara*, 7, 183-92.

--- (2000). *Paths of accomodation. Muslim Societies and French Colonial Authorities in Senegal, and Mauritania, 1880-1920*. OUP, Oxford.

Salzbrunn, Monika (1996). *Islamische Bruderschaften im Senegal und die Entwicklung der Zivilgesellschaft. Eine Neulektüre islamischer Sozialgeschichte im Lichte empirischer Beispiele*. Diplomarbeit. Universität Bielefeld.

--- (2002). *Espaces sociaux transnationaux: pratiques politiques et religieuses liées à la migration des musulmans sénégalais en France et en Alemagne, en particulier pendant les campagnes éléctorales du nouveau Président du Sénégal, Abdoulaye Wade (1994-2001)*. Thèse de doctorat, EHESS, Paris.

Samb, Amar (1972). *Contribution du Senegal à la littérature d'expression arabe*. IFAN, Dakar.

Samson, Fabienne (2002). Une nouvelle conception des rapports entre religieux et politique au Sénégal, in: Christian Coulon (ed.) *L'Afrique Politique 2002: Islams d'Afrique: Entre le Local et le Global*, Karthala, Paris, 161-72.

--- (2005). *Entre confrérie et islamisme, le Dahiratoul Moustarchidina wal moustarchidaty, un nouveau mouvement religieux au Sénégal*. Thèse de doctorat, EHESS, Paris.

Searing, James F. (2002). *"God alone is King": Islam and Emancipation in Senegal. The Wolof Kingdoms of Kajoor and Bawol, 1859-1914*. Heinemann, Portsmouth.

Seesemann, Rüdiger (2004). *Nach der „Flut". Ibrahim Niasse (1900-1975), Sufik und Gesellschaft in Westafrika*. Habilitationsschrift, 2 Bde., Bayreuth.

Sinou, Alain (1993). *Comptoirs et villes coloniales du Sénégal. Saint Louis, Gorée, Dakar*. Karthala, Paris.

Soares, Benjamin F. (2005a). *Islam and the Prayer Economy. History and Authority in a Malian Town*. Edinburgh University Press, Edinburgh.

--- (2005b). The Muslim Public Intellectual, the Media Star and Satan: Changing Modalities of Religious Expression in West Africa. *AEGIS conference paper*, London.

Sow, Fatou (2005). Les femmes, l'État et le sacré, in: Muriel Gomez-Perez (ed.). *L'islam politique au sud du Sahara. Identités, discours et enjeux*. Karthala, Paris, 283-309.

Villalon, Leonardo A. (1995). *Islamic Society and State Power in Senegal. Disciples and citizens in Fatick*. CUP, Cambridge.

--- (1999). Generational Changes, Political Stagnation, and the Evolving Dynamics of Religion and Politics in *Senegal. Africa Today*, 46, 3-4, 129-48.

--- (2000). The Moustarchidine of Senegal: The Family Politics of a Contemporary Tijan Movement, in: Jean Louis Triaud and David Robinson (eds.). *La Tijaniyya. Une confrérie musulmane à la conquête de l'Afrique*. Karthala, Paris, 469-98.

--- (2004). Senegal. *African Studies Review*, 47 (2), 61-72.

Wane, A.M. (2003). *Le Senegal entre deux naufrages? La Joola et l'alternance*. L'Harmattan, Paris.

Weber, Max (1920/1988). *Gesammelte Aufsätze zur Religionssoziologie Bd. I*. J.C.B. Mohr, Tübingen.

Glossar[1]

Bid'a (Arab. „ungesetzliche Neuerung"). Der Begriff bezeichnet jede im islamischen Recht als verboten geltende Neuerung.

Bilad al-Sudan (Arab. „Länder der Schwarzen"). Der historische Begriff kennzeichnet die afrikanischen Staaten südlich der Sahara.

Chahada (Arab. „Glaubensbekenntnis", auch *Shahada*). Die Rezitation des Glaubensbekenntnisses mit den Worten „Es gibt keinen Gott außer Gott und Muhammad ist sein Prophet".

Dhikr (Arab. „Gedenken"). Wichtige meditative Praxis des Sufismus als Vertiefung in das Gedenken an Gott oder den Propheten Muhammad. Der *Dhikr* findet einzeln oder in Gruppen statt und besteht aus einer Sammlung von Formeln, die still oder laut rezitiert werden und in der Regel von einem *Sheikh* vorgegeben werden.

Fiqh (Arab. „Geistige Erkenntnis, Erfassung"). Der Begriff wird heute in einer engeren Auslegung als das von islamischen Gelehrten entwickelte „islamische Juristenrecht" verstanden.

Hadith (Arab. „Erzählung, Gespräch"). Der Begriff umfasst die von den Gefährten des Propheten Muhammad überlieferten Aussprüche, Anordnungen und Handlungen des Propheten. Neben dem *Qur'an* gilt der *Hadith* als zweitwichtigste Quelle für religiöse und rechtliche Normen des Islam.

Imam (Arab. Grundbedeutung „Führer" oder „Vorsteher"). Der Begriff kennzeichnet den Vorbeter des gemeinschaftlichen Gebets. Ein *Imam* kann aber neben einer religiösen auch eine politische Autorität innehaben.

1 Dieses Glossar beruht auf Ralf Elker (Hg.): Kleines Islam-Lexikon. Geschichte, Alltag, Kultur. Bundeszentrale für politische Bildung, Bonn 2003.

Jihad (Arab. Grundbedeutung „Bemühung, ein bestimmtes Ziel zu erreichen"). Der Begriff umfasst im sogenannten „großen *Jihad*" eine individuelle Bemühung um den Glauben oder um moralisches Handeln. Unter „kleinem *Jihad*" versteht man im islamischen Recht eine der zulässigen Formen des Krieges.

Khutbah (Arab. „Predigt"). Die *Khutbah* begleitet das gemeinschaftliche Gebet am Freitag bzw. an den kanonischen Festtagen und wird – wenn möglich – von einem *Imam* in der Moschee gehalten. Die *Kuthbah* thematisiert heute häufig sozio-politische Fragen.

Mahdi (Arab. „der Rechtgeleitete"). Figur, die in der muslimischen Gemeinschaft einen Zustand des Rechts herstellen wird und die Gemeinschaft vom „Jüngsten Gericht" bis zur „Endzeit" führen wird.

Marabout (Franz. Fassung des arab. Begriffs „Murabit"). Der Begriff kennzeichnet etymologisch eine „Person, die in einer Art Kloster lebt" und wird im westafrikanischen Kontext für *sufistische* Muslime – insbesondere ihre Führer – verwendet.

Mazhab (Auch *Madhab*, arab. „Rechtsschule"). Verschiedene Auslegungsrichtungen des islamischen Rechts. Unterschiede zwischen den verschiedenen Schulen beziehen sich auf verschiedenartige Grundsätze der Rechtsauslegung, etwa in bezug auf Fragen der Eheschließung und -scheidung.

Madrasa (Arab. pl. *Madaris*). Traditionelle islamische Schule für die höhere Bildung – zu unterscheiden von der Koranschule, die für die Vermittlung einer religiös-islamischen Allgemeinbildung zuständig ist.

Muridiyya Eine der in Westafrika weit verbreiteten Sufi-Bruderschaften.

Ndiggël Gebot des religiösen Führers („*Khalifa Général*") der *Muridiyya*-Bruderschaft im Senegal.

Qadi (Arab. „Richter“). Der Begriff kennzeichnet insbesondere Richter nach islamischem Recht, die heute in den meisten Staaten Westafrikas in einer gewissen Konkurrenz zu den im staatlichen Recht ausgebildeten Richtern stehen. Die Gerichtsbarkeit des *Qadi* beschränkt sich heute zumeist auf einen Kernbereich des Ehe-, Familien- und Erbrechts.

Qadiriyya Eine der am weitesten verbreiteten Sufi-Bruderschaften weltweit.

Ramadan Der muslimische Fastenmonat, in dem die Gläubigen zwischen erstem Morgenlicht und Sonnenuntergang u.a. keinerlei Nahrung oder Genussmittel zu sich nehmen.

Salafiyya Eine Richtung des Reformislam, die eine Rückbesinnung auf das Vorbild der ersten Muslime (arab. „As-Aalaf As-Salih“, „die frommen Altvorderen“) als Gesellschaftsmodell proklamiert. Die *Salafiyya* wird oft mit „fundamentalistischen“ Strömungen in Verbindung gebracht.

Sheikh (Arab. „ehrwürdiger Mann“). Ehrentitel, der sich allgemein auf hohes Alter und damit verbundene Lebenserfahrung bezieht. Im engeren Sinn bezeichnet er die Führer von Stämmen oder von Sufi-Bruderschaften.

Shari'a Der Begriff bezeichnet heute meist das „Islamische Recht“. Plakativer Ausdruck des Gebrauchs dieses Rechtssystems ist die Anwendung der im *Qur'an* vorgesehenen Körperstrafen. Diese machen jedoch nur einen kleinen Teil des Rechtssystems der *Shari'a* aus.

Shura (Arab. etwa „Ratsversammlung“). Die gemeinschaftliche Beratung relevanter Fragen durch Räte. Zahlreiche muslimische Denker sehen im *Shura*-Prinzip einen Vorläufer repräsentativer Demokratie durch Parlamente.

Sufismus (Von der arab. Bezeichnung „Wolle", Kleidungsmaterial der ersten *Sufis*) Sammelbezeichnung für unterschiedliche Gruppierungen der islamischen *Mystik*, die als Ziel u.a. die Versenkung in Gott und den Propheten begreift. Hierzu praktizieren *Sufisten* etwa Fasten-Rituale, nächtliches Wachen oder den *Dhikr.* Sufisten sind in der Regel in Bruderschaften vereint, die von einem *Sheikh* geleitet werden. Die Sufi-Bruderschaften werden bisweilen auch als *Tariqa* (Arab. „Pfad") bezeichnet.

Tijaniyya Sufi-Bruderschaft, die im 18. Jahrhundert in Marokko entstand und sich von dort aus über Westafrika verbreitete.

Ulama (Arab. „Gelehrte"). Als *Ulama* werden traditionell all jene Muslime bezeichnet, die von der Offenbarung durch *Qur'an* und *Hadith* Kenntnisse erlangt haben. Im engeren Sinne bezeichnet der Begriff die Absolventen des traditionellen islamischen Bildungswesens, die verschiedene sozio-religöse Ämter ausfüllen können (*Qadi, Imam,* etc.).

Umma (Arab. „Gemeinschaft, Volk"). Bezeichnung für die Gemeinschaft aller Muslime weltweit.

Wahhabiyya Eine auf der arabischen Halbinsel entstandene islamische Bewegung, die von Muhammad ibn Abd al-Wahhab (1703-1791) gegründet wurde. Die Doktrin der *Wahhabiyya* beruht auf einer strengen und ausschließlichen Orientierung an *Qur'an* und prophetischer Überlieferung (arab. *Sunna*) und bekämpft jede Abweichung von diesen Normen.

Zakat Eine der fünf Säulen des Islam. Bezeichnet die Verpflichtung der Gläubigen, einen bestimmten Teil des Vermögens für wohltätige Zwecke zu spenden.

Zawiya (Arab. „Ecke" oder „Zelle"). Wohn- und Versammlungsort von *Sufis.* Die *Zawiya* erfüllt neben ihrer religiösen oft auch eine Funktion als *Madrasa,* Krankenhaus oder Herberge für Reisende.

Zongo Historische Bezeichnung für muslimische Wohnviertel in Ghana.

Autorenverzeichnis

Dr. Michael Bröning

studierte Geschichte, Internationale Beziehungen sowie Wirtschafts- und Sozialwissenschaften in Kiel, Canterbury, Kassel und Jerusalem (M.A. 2000, Dr. rer. pol. 2003). Seit 2004 Referent in der Abteilung Internationale Entwicklungszusammenarbeit der Friedrich-Ebert-Stiftung, Referat Afrika.

Dr. Ursula Günther

Studium der Islamwissenschaft und Romanistik in Tübingen, Paris, Tunis und Hamburg. Nach der Promotion zu Mohammed Arkoun, Forschung zur Bedeutung muslimischer Gruppen und Organisationen für den Umbruchprozess in Südafrika an der Universität Hamburg. Derzeit wissenschaftliche Assistentin an der Universität Hamburg, Fakultät für Erziehungswissenschaft, Psychologie und Bewegungswissenschaft im Bereich der Religionspädagogik. Habilitationsprojekt zu religiöser Bildung junger MuslimInnen im Spannungsfeld Schule und Moschee.

Dr. Ousmane Kane

Ousmane Kane is Associate Professor of International and Public Affairs at Columbia University. He received his MA in Islamic Studies at the Sorbonne Nouvelle and his Ph.D in Political Science from the Institut d'Etudes Politiques de Paris. He is the author of "Muslim Modernity in Postcolonial Nigeria" (Leiden and Boston, 2003), "Intellectuels non europhones" (Dakar, 2003) and co-editor of "Islam et islamisme au Sud du Sahara" (Paris, 1998). He was a fellow at Yale University, the University of London, Northwestern University and the Wissenschaftskolleg zu Berlin.

Dr. Franz Kogelmann

1985-1991 Studium der Islamwissenschaft, Ethnologie und Geschichte Afrikas an der Universität Bayreuth. 1992-1996 wissenschaftlicher Mitarbeiter des SFB 214 „Identität in Afrika" (Universität Bayreuth), 1997 Promotion in Islamwissenschaft. 2000-2004 wissenschaftlicher Mitarbeiter des Deutschen Orient-Instituts (Hamburg), 2003 Koordination des Forschungsprojekts „The Sharia-Debate and the Shaping of Muslim and Christian Identities in Northern Nigeria" (VolkswagenStiftung). 2005 wissenschaftlicher Mitarbeiter des Kulturwissenschaftlichen Forschungskollegs: „Lokales Handeln in Afrika im Kontext globaler Einflüsse". 2006 Leitung des Forschungsprojekts „Sharia Debates and their Perception by Muslims and Christians in Selected African Countries" (VolkswagenStiftung).

Dr. Roman Loimeier

Studium der Ethnologie an der Albert-Ludwigs-Universität Freiburg (1978-83). 1983-84: Studium an der School of Oriental and African Studies (SOAS) in London. 1984-90: Studium der Islamwissenschaft an der Universität Bayreuth, Promotion im Fach Islamwissenschaft (1990). 1991-1997: Wissenschaftlicher Assistent am Lehrstuhl für Islamwissenschaft der Universität Bayreuth, 1997: Habilitation. Wintersemester 2003/04: Professeur invité an der École des Hautes Études en Sciences Sociales (EHESS) in Paris. Wintersemester 2005/06 und Sommersemester 2006: Vertretungsprofessur an der Universität Göttingen (Islamwissenschaft und Arabistik).

Dr. Hamidou Magassa

Studium der Antropologie und der Linguistik an den Universitäten Jussieu Paris (Maîtrise: 1974) und an der Université de la Sorbonne Nouvelle Paris (Doctorat: 1980). Post-Doc an der University of Indiana Bloomington (USA) (Entwicklungspolitik). Freier Berater für zahlreiche internationale Organisationen in Mali und Westafrika.

Dr. Marie Miran

Since 2004 Marie Miran teaches at the School of Oriental and African Studies (SOAS), University of London. She is lecturer in the History of Islam in Africa (Department of History) and previously taught at Colby College (Maine, USA) from 1999-2000 and at Michigan State University (Michigan, USA) from 1997-99.

Dr. Holger Weiss

MA 1991 (Allgemeine Geschichte, Universität Helsinki), Lic. phil 1995 (Universität Helsinki), Dr. phil. 1997 (Universität Helsinki), Privatdozent zu Geschichte Afrikas 1998 (Universität Helsinki), Dozent in Globalgeschichte 2003 (Åbo Akademi Universität, Finnland). Forscher am Institut für Entwicklungsstudien 1994-2000, Universitätslektor für Afrikawissenschaften an der Universität Helsinki 2000-2003. Seit 2003 (stellvertretender) Professor für allgemeine Geschichte an der Åbo Akademi Universität. Postgraduales Studium an der Universität Bayreuth (Geschichte Afrikas, Islamwissenschaften).